담보물권법

김기정

fides
도서출판

PREFACE

물권법 강의 I (동아대학교 출판부)을 출간한 지 벌써 1년 반이 지났다. 용익물권까지 강의안을 정리한 것이어서 물권법을 완결한 것은 아니었다. 나머지 부분인 담보물권법도 가급적 속히 출간하리라고 마음먹었으나 출간이 예상보다 늦어지게 되었다. 이는 저자의 게으른 탓도 있지만 담보물권법이 너무 어려운 부분이 많은 영역이어서 마치 난공불락의 성벽을 만난 느낌이 들었기 때문이기도 하다. 핑계라면 코로나에 감염되어 입원 · 치료를 받게 되었다는 점도 들 수 있다. 이렇듯 우여곡절 끝에 이 책을 출간하게 되어 저자로서는 먼저 부채를 청산했다는 마음이 든다. 책을 낸다는 것은 지난한 인내의 시간을 견디는 과정이다. 달리기에 비유하자면 단거리 경주가 아니라 마라톤에 해당한다. 마라톤을 완주하였다는 점에서 기쁘고 뿌듯하다.

집필과정에서는 국내 10여권의 교과서와 민법 주해, 주석 민법, 담보물권법 관련 논문들, 그리고 일본의 교과서들을 참고하였다. 물권법 강의 I 과 비교하였을 때 책의 분량이 늘어나게 되었는바, 이는 이해가 어려운 부분이 많아 사례를 들어 상세히 설명한 부분이 많기 때문이다. 이 점에 대하여 넓은 양해를 구하는 바이다.

저자는 물권법 강의 I 의 머리말에서 물권법을 공부함에 있어 유념하여야 할 사항으로 다음과 같이 적은 바 있다.

① 물권법의 기본 개념을 정확히 숙지하여야 한다.
② 민법 조문의 의미를 충실히 이해하고 있어야 한다.
③ 법적 논증 능력(legal mind)을 배양하여야 한다.
④ 비교법적 이해, 연혁적 고찰도 소홀히 해서는 아니 된다.
⑤ 통설을 위주로 공부하되 유력한 소수설의 주장에도 귀를 기울여야 한다.
⑥ 대법원 판례에 대한 이해는 물권법 공부의 근간을 이루는 것이다.
⑦ 제도의 사회적 의미에 대하여도 이해하고 있어야 한다.

이는 담보물권법을 익힘에 있어서도 그대로 적용된다. 이에 더하여 담보물권법을 공부함에 있어서 강조하고 싶은 점은 민사집행법에 대한 이해이다. 담보물권은 채무불이행시 목적물을 경매에 부쳐 그 환가금을 배당받는 방법으로 채권의 만족을 얻는 권리이다. 따라서 담보권 실행을 위한 경매에 관한 민사집행법의 규정들을 제대로 이해하지 못한다면 담보물권법을 온전히 이해하였다고 할 수 없을 것이다. 이에 민사집행법에 관련된 내용도 적절히 설명해 놓았다. 그 내용이 어려워 이해가 잘 되지 않는 부분도 있을 것이나 일단 골간과 개요를 이해한 뒤 민사집행법을 본격적으로 공부하면서 깊이와 두께를 더하면 될 것이다.

핵심민사재판실무에 이어 이 책의 출간을 맡아 주신 피데스 출판사에 진심으로 감사드리는 바이다. 가족의 끊임없는 응원은 큰 힘의 원천이다. 동아대학교 법학전문대학원 동료, 선후배 교수님들의 헌신적인 노고도 잊을 수 없다. 학문을 바다에 비유하곤 한다. 바다는 비에 젖지 않는다고 하지만 바다를 적실 수 있는 비가 되기 위하여 오늘도 신발끈을 동여맨다.

2021년 늦가을 동아대학교 부민캠퍼스 연구실에서

저자 김 기 정

CONTENTS

이 저서는 동아대학교 저서과제로 선정되어 동아대학교 출판총서 제182호로 출간됨

제 1 장

총설

Ⅰ. 담보물권(擔保物權)의 의의와 사회적 작용

1. 금전대차와 신용

현대 자본주의 사회에서 금전은 기업에서는 자본으로서 기능하고, 개인에게는 소비생활에 필요한 교환수단이 되는 등 매우 중요한 것이 되었다. 그런데 금전을 충분히 소유하지 못한 자가 있는 반면에 필요한 이상으로 가지고 있는 자도 있어 금전의 대차(貸借)관계가 맺어지곤 하는데, 이렇게 이루어지는 금전 거래에 관한 경제현상을 "금융(金融)"이라고 한다. 이는 빌리는 자가 빌려주는 자에게 장차 반환할 것을 약속함으로써 이루어진다. 이처럼 금융은 현재의 화폐와 장래의 화폐의 교환이라고 할 수 있는바, 이를 "신용(信用)"이라고 한다. 신용은 법률적으로는 금전채권(일정액의 금전을 지급하기로 하는 채권)의 모습으로 나타나는 것이 원칙이다. 그러나 금전채권은 금융 또는 신용거래에서만 생기는 것이 아니다. 즉, 모든 채권은 금전채권으로 바뀔 가능성이 있다는 것이다. 채권은 채권자가 채무자에게 일정한 행위(이를 "급부"라고 한다)를 요구하는 권리이다. 따라서 채무자가 채권자에게 스스로 급부를 이행하면 그 채권은 소멸하게 된다. 그러나 채무자가 스스로 이행하지 않는 경우에는 채권자는 국가기관의 힘을 빌려서 채무의 내용을 강제적으로 실현할 수 있는데, 이를 "강제이행"이라고 한다. 이것이 불가능하거나 이를 원하지 않을 경우 채권자는 손해배상을 청구할 수 있다. 그런데 우리 법제에서 손해배상은 금전배상을 원칙으로 하기 때문에 모든 채권은 궁극적으로 금전채권으로 변할 가능성이 있다고 하는 것이다.

2. 금전채권의 효력과 채권자평등의 원칙

위와 같이 금전채권에서는 채권자가 채무의 내용을 이루는 금전의 지급을 청구하고, 채무자가 이에 응하여 변제를 하면 그 금전채권은 실현되어 소멸한다. 그러나 채무자가 임의로 변제하지 않으면 채권자는 법원에 채무자를 피고로 하여 이행의 소를 제기하고, 일정액의 금전 지급을 명하는 판결을 받을 수 있다. 이러한 권리 또는 권능을 "소권(訴

權)" 또는 "소구력(訴求力)"이라고 한다. 채권자는 그 판결에 기하여 채무자의 재산을 압류해서 경매(이를 "강제경매"라고 한다)를 하고, 그 매각대금으로부터 채권액에 해당하는 금전의 지급을 받는 방법으로 강제집행을 할 수 있다. 이러한 권능을 공취력(攻取力)이라고 한다.

이때 압류의 대상이 되는 재산은 원칙적으로 채무자의 재산 전체가 되는데, 이를 "책임재산(責任財産)"이라고 한다. 이와 같이 채무자의 재산은 채권자가 채권 실현을 위하여 마지막으로 의지할 수 있는 것이 된다. 여기서 채권자에게는 실체법상으로 일정한 요건을 갖춘 경우에 채무자의 재산을 부당하게 감소시키는 것을 막고 책임재산을 확보할 수 있는 권한(채권자대위권)과 책임재산을 감소시키는 채무자의 처분을 부정할 수 있는 권한(채권자취소권)이 인정되어 있다(채권자대위권과 채권자취소권을 합하여 "책임재산의 보전"이라 한다. 이는 채권총론에서 논한다). 그 밖에 채권자는 채권의 보전을 위하여 민사집행법상 보전처분(가압류, 가처분)을 신청할 수 있다.

그런데 채권자 상호간에는 그 발생원인, 발생시기의 선후와 상관없이 모두 평등하게 다루어지며, 어느 채권자만이 우선적으로 변제받을 수 없는 것이 원칙인데, 이를 "채권자평등(債權者平等)의 원칙이라 한다. 우리나라는 제한적 평등주의를 취하고 있는데, 어떤 채권자가 어느 채무자에 대하여 강제경매를 실시하는 경우 그 채무자의 모든 채권자가 제한 없이 배당에 참여할 수 있는 것은 아니라는 것이다. 이를 구체적으로 보면 민사집행법 제148조는 배당받을 채권자의 범위를 ① 배당요구의 종기까지 경매신청을 한 압류채권자, ② 배당요구의 종기까지 배당요구를 한 채권자(민사집행법 제88조에 규정된 채권자로서 집행력 있는 정본을 가진 채권자, 경매개시결정이 등기된 뒤에 가압류를 한 채권자, 민법·상법 그 밖의 법률에 의하여 우선변제청구권이 있는 채권자를 의미함), ③ 첫 경매개시결정등기 전에 등기된 가압류채권자, ④ 저당권, 전세권 그 밖의 우선변제청구권으로서 첫 경매개시결정등기 전에 등기되었고 매각으로 소멸하는 것을 가진 채권자로 한정하고 있다. 위 ①과 ②의 경우에는 배당요구의 종기까지 일정한 자격을 갖춘 채권자에 한하여 그가 경매신청 또는 배당요구를 하는 것을 전제로 배당을 받을 수 있으나 ③과 ④의 경우에는 배당요구와 관계없이 당연히 배당권자가 된다(이는 등기되었기 때문이다)는 점에서 차이가 있다. 배당받을 채권자의 범위에 포함되는 경우 그들 간에는 배당순위가 있는바, 우선특권 또는 우선변제권이 있는 채권자에게 우선 배당되고, 다른 채권자는 동순위에 있는 경우 그 채권액에 따라 안분(按分)배당을 받게 된다. 이처럼 채권자평등의 원칙은 제한된 범위에서 적용될 뿐이다. 결국 애써서 책임재산을 집행하여도 다른 채권자가 나타나면 각 채권자의 채권액에 비례하여 나누게 된다는 뜻이다(이를 "비례 변제의 원칙"이라 한다). 즉, 채무자의 재산은 모든 채권을 위한 책임재산이 된다는 것이다.

여기서 주목해야 할 점은 채무자의 책임재산으로부터 채권의 만족을 얻지 못하는 경우가 있게 된다는 것이다. 채무자의 재산 전체가 그가 부담하는 채무의 총액보다 적은 경우가 바로 그렇다. 이러한 경우를 "지급불능(支給不能)"이라고 하는데, 이때 채권자의 신청으로 파산절차 등 도산절차가 개시되기도 한다. 파산절차는 모든 채권자에 대한 관계에서 공평하게 채무자의 부족한 책임재산을 모두 청산하는 것으로 개개의 금전채권은 책임재산의 부족비율에 따라 그 채권액 중 일부만을 배당받을 수 있게 된다. 이에 따라 채무자가 파산하게 되면 파산자에 대한 금전채권은 실질적 값어치가 거의 없는 것이 되고 만다.

3. 담보(擔保)의 의의

위에서 본 바에 의하면 금전채권자는 채무자의 책임재산만으로는 안심할 수 없음을 알 수 있다. 채권자가 채권을 취득할 당시에는 채무자의 일반재산이 채권액을 초과하였을지라도 그 후에 다수의 채권이 성립하여 채무자의 재산이 채권 전체를 변제하기에 부족하게 될 수도 있고, 또한 채무자의 일반재산 자체가 증감변동하는데다가 채권자평등의 원칙이 적용되기 때문이다. 이에 금전채권자는 금전채권의 일반적 효력을 보강하기 위하여 "채권의 실현을 확보할 수 있는 길"을 찾게 되었는바, 이를 위한 수단이 담보인 것이다.

4. 인적담보와 물적담보

채권담보제도는 크게 인적 담보와 물적 담보로 나눌 수 있다.

(1) 인적(人的) 담보

채무자의 책임재산에 다른 제3자의 책임재산을 더하여 보태는 방법에 의한 담보제도이다. 채무자의 수를 늘리는 방법으로 예를 들면 채권총론에서 다루는 보증채무와 연대채무, 이행인수, 중첩적 채무인수 등이 그것이다. 여러 명의 책임재산이 있어 전체로서 책임재산의 총액이 늘어남으로써 지급불능의 위험이 분산되므로 금전채권의 실현이 보다 확실해진다.

(2) 물적(物的) 담보

채무자의 책임재산 중 특정된 것을 가지고 채권의 담보에 충당하는 제도이다. 특정된 재화의 교환가치가 책임을 지는 것이다. 채무자의 채무불이행이 있으면 채권자는 그 교환가치로부터 채권자평등의 원칙의 예외로서 다른 채권자보다 우선해서 변제를 받게 된다. 이러한 제도를 인정하는 이유는 사적자치의 관점에서 채권자와 채무자 사이의 이런 합의를 막을 이유가 없으며, 오히려 계획적인 재산관리라는 측면에서 보면 이런 합의에 대세적 효력을 부여하는 것이 채권자나 채무자에게 더 유리할 수도 있기 때문이다. 민법이 규정하는 각종의 담보물권이 그 전형적인 것이다. 물적 담보에 의하여 담보되는 채권을 "피담보채권"이라 한다.

(3) 두 제도의 비교

인적 담보제도는 채무자의 수를 늘림으로써 채권자가 추급할 수 있는 일반재산의 수나 양을 늘리는 것이다. 따라서 인적 담보를 제공하는 사람이 가지고 있는 일반재산의 상태에 의하여 담보로서의 가치가 좌우되게 된다. 뿐만 아니라 이들에 대한 다른 채권자의 채권이 증가함으로써 담보가치가 줄어들기도 한다. 따라서 담보로서의 효력도 불확실하다. 다만 물적 담보에 비하여 그 절차가 간편하다는 장점이 있다.

이에 반하여 물적 담보제도는 물건 또는 권리가 가지는 객관적 가치에 의하여 담보되는 점에서 담보제공자의 인적 요소에 의존하는 정도가 약하고, 채권자평등의 원칙을 깨뜨려서 담보권자로 하여금 우선변제를 받게 하는 점에서 채권자의 지위를 확실하게 한다. 즉, 목적물이 멸실되거나 그 값이 떨어지지 않는 한 확실하게 담보의 목적을 달성할 수 있게 한다. 이러한 이유로 물적 담보는 서로 알지 못하는 사람들 사이의 신용을 매개하는 작용을 한다. 이 점이 오늘날의 거래사회에서 주로 물적 담보제도가 이용되는 이유이다. 그러나 그 절차가 복잡하고 번거롭다는 단점이 있다. 한편 물적 담보의 목적물을 가지지 못하는 경우에는 인적 담보의 방법으로 금융거래를 할 수 밖에 없으므로 오늘날에도 인적 담보제도는 금융에 많이 이용되고 있다.

Ⅱ. 물적 담보제도의 유형

1. 제한물권의 법리에 의한 것

제한물권은 소유권에서 파생된 권리로서 목적물을 일정한 측면에서만 지배하는 물권이다. 그 중 목적물의 사용가치라는 측면에서 지배하는 것이 "용익물권"이고, 목적물의 교환가치라는 측면에서 지배하는 것이 "담보물권"이다. 그 결과 하나의 물건에 소유권과 담보물권이라는, 물권적으로 보호되는 두 지배가 병존하는 셈이 된다. 이를 소유자의 입장에서 보면 목적물의 소유권을 잃지 않고 그 교환가치만을 이용하여 자금을 차용할 수 있다는 의미가 된다. 담보물권은 파산절차에서 별제권(別除權)으로 보호된다(채무자 회생 및 파산에 관한 법률 제411조, 제412조).

담보물권은 법정담보물권과 약정담보물권으로 나누어진다.

(1) 법정(法定)담보물권

당사자 사이에 약정이 없더라도 법률의 규정에 의하여 당연히 성립하는 담보물권이다. 다음과 같은 것이 여기에 속한다.

(가) 유치권

변제가 있을 때까지 목적물을 채권자가 그의 지배 아래 두는 권리이다. 실제 거래에서 중요한 기능을 하지 않았으나 건설 공사와 관련하여 부동산에 대하여 유치권을 주장하는 사건이 급증하였다.

(나) 법정질권 · 법정저당권

후술하는 바와 같이 질권과 저당권이 일정한 경우에 법률상 당연히 성립하는 경우가 있다. 매우 예외적인 것으로 그다지 중요한 기능을 하고 있지는 않다.

(다) 우선특권

목적물을 유치하지 않더라도 우선변제권이 인정되는 권리이다, 이것이 성립하는 경우도 매우 제한되어 있다. 주로 사회정책적 관점에서 인정하고 있다. 다만 경매청구권은 인정되지 않는다. 근로자의 임금우선특권, 주택임차인에게 인정되는 보증금 우선특권과 소액보증금 우선특권, 상법상 각종의 우선특권(제468조, 제777조, 제779조 등)이 이에 속한다.

(2) 약정(約定)담보물권

당사자 사이의 약정에 의하여 성립하는 담보물권이다. 민법이 인정하는 약정담보물권은 다음의 세 가지(가, 나, 다)가 있다.

(가) 질권

목적물의 점유를 채권자에게 이전하는 것을 요건으로 하는 담보물권이다.

(나) 저당권

목적물의 점유를 채권자에게 이전하는 것을 요건으로 하지 않는 담보물권이다.

(다) 전세권

민법은 전세권자를 보호하기 위하여 전세금의 우선변제적 효력을 인정하고 있다. 따라서 전세권은 용익물권인 동시에 일종의 담보물권이다.

(라) 동산담보권과 채권담보권

이에 관하여는 "동산 · 채권등의 담보에 관한 법률"이 정하고 있다. 동산담보권은 동산을 담보로 제공하고 담보등기를 한 담보권을 말하고, 채권담보권은 채권을 담보로 제공하고 담보등기를 한 담보권을 말한다.

(3) 민법상 담보물권의 내용을 개괄적으로 비교해 보면 다음의 표와 같다.

	유치권	질권	저당권
성립	법정담보물권	약정담보물권	약정담보물권
목적물	동산·부동산과 유가증권	동산과 재산권	부동산
효력	유치적 효력 점유를 요건으로 함	유치적 효력과 우선변제적 효력 점유를 요건으로 함	우선변제적 효력 점유를 요건으로 하지 않음
경매권	인정됨	인정됨	인정됨

2. 소유권이전의 법리에 의한 것

이는 소유권 자체를 채권자에게 이전하되, 다만 그것을 채권담보의 목적에 의하여 제한한다는 법률구성에 의하는 것이다. 피담보채권이 변제되지 못하면 채권자가 소유권을 확정적으로 취득하거나 목적물을 환가하여 정산하게 된다. 즉, 경매가 아닌 사적실행의 방식으로 채권을 회수하게 된다는 것이다. 다만 채무자가 변제를 하면 소유권은 되돌아오게 된다. 이에는 다음과 같은 것이 있으며, 부동산에 관한 양도담보와 가등기담보에 관하여는 "가등기담보 등에 관한 법률"에 의하여 규율된다.

(1) 양도담보

담보에 제공하려는 물건을 채무자가 채권자에게 양도하는 형식을 취해서 담보의 목적을 달성하는 것이다. 다만 점유는 채무자가 그대로 보유하는 경우가 대부분이다.

(2) 환매, 재매매예약

제590조 내지 제595조와 제564조가 규정하고 있는데, 이들을 합하여 매도담보(賣渡擔保)라고 한다.

(3) 대물변제의 예약

대물변제(제466조)와 예약(제564조)이라는 두 제도가 결합한 것인데, 금전대차에 따른 채권을 담보하는 작용을 한다(제607조, 제608조 참조).

(4) 소유권유보부 매매

상품의 매도인이 그 대금을 모두 지급받을 때까지 매각한 상품의 소유권을 자기에게 유보하고 매수인에게 이전하지 않는 것으로 함으로써 대금채권의 실현을 확보하는 것이다.

3. 전형적 담보와 비전형적 담보

위에서 본 바와 같이 물적 담보제도는 제한물권의 법리에 의한 것과 소유권이전의 법리에 의한 것이 있으나 그 중 민법 물권편에서 규율하고 있는 것은 전자뿐이다. 후자 중에는 채권편에서 규율하고 있는 것도 있으나 이들은 처음부터 특별한 담보제도로서 규율된 것은 아니고, 거래계에서 담보제도로서 이용되고 발전된 것이다. 이런 현상이 일어난 이유는 위 물권편에서 규율하고 있는 제한물권의 법리에 의한 담보물권만으로는 거래계의 필요와 요청을 충분히 충족시켜 주지 못하였기 때문이다. 즉, 이들 담보물권은 그 종류에 따라서 이용대상이 한정되며, 이용절차도 매우 번거로울 뿐만 아니라 그 효력도 충분하지 않은 것으로 여겨져 왔다. 그리하여 거래계에서는 일찍부터 그러한 흠을 보완해서 자기들의 요청을 충족할 수 있는 특수한 모습의 물적 담보제도를 이용하고 발전시켜 왔다. 이에 위 물권편에서 규정하고 있는 물적 담보제도를 원칙적 내지 전형적 담보제도라고 부르는 한편, 거래계에서 발달한 물적 담보제도를 변칙적(變則的) 내지 비전형적(非典型的) 담보제도라고 부르게 되었다. 은행 등 금융기관에서는 물적 담보제도 가운데 저당권, 특히 근저당권이 많이 이용되고 있으나 금융기관이 아닌 사인 간에는 양도담보나 소유권유보부 매매와 같은 비전형적 담보제도도 많이 이용되고 있다. 비전형 담보제도에 관하여는 채무자 보호를 위하여 1983년에 "가등기담보 등에 관한 법률"을 제정하여 가등기담보와 양도담보에 관하여 규율하고 있다.

Ⅲ. 물적 담보제도의 연혁

물적 담보제도의 발달과정을 역사적으로 살펴보면 처음에는 채권담보의 목적을 위하여 담보목적물의 소유권을 이전하는 양도담보(신탁질, fiducia)의 방식으로 행하여졌다. 채권자는 담보목적물을 취득하였다가 채무자가 채무를 변제하면 담보목적물의 소유권을 다시 채무자에게 반환하고, 채무자가 변제기에 채무를 변제하지 않으면 그 목적물의 소유권을 확정적으로 취득하였다.

그 후 담보목적물의 소유권을 이전하지 않고 그 목적물의 점유만을 채권자에게 이전하는 질권(점유질, pignus)의 형태가 나타나서 이용되었다. 이는 채무자가 채무를 변제할 때까지 채권자가 담보목적물을 계속 유치함으로써 채무자로 하여금 채무를 변제하도록 심리적으로 압박하는 것이다. 양도담보는 채무자가 변제하지 않으면 채권자가 담보목적물의 소유권을 취득함으로써 폭리(暴利)를 취할 수 있는 방법으로 악용될 수 있지만 질권 형태의 물적 담보제도 하에서는 양도담보에서와 같은 폭리행위를 방지할 수 있는 장점이 있었다. 그러나 채무자가 담보목적물을 이용할 수 없는 한계가 있으므로 채무자의 경제적 활동은 제약받을 수밖에 없는 단점이 있었다.

그 후 담보목적물의 점유조차 이전하지 않고 오로지 담보목적물의 환가권(換價權)만을 양도하는 저당권(무점유질, hypotheca)의 형태로 발전하였다. 이는 담보목적물이 갖는 교환가치만을 지배하는 가치권(價値權)으로서 폭리행위의 위험성도 없고, 점유상실로 인한 심리적 강제도 없으며, 채권자로서는 오로지 자기 채권액만큼만 담보목적물로부터 우선적으로 변제받을 수 있을 뿐이다. 그리하여 저당권 형태의 담보물권이 담보물권의 가장 발달된 모습이 되었다.

이와 같이 물적 담보제도는 역사적으로 소유권이전형태의 양도담보에서 점유이전의 점유질로, 다시 점유질에서 무점유질인 저당권의 형태로 발전하여 왔다. 이러한 경위로 인하여 현재 물적 담보제도로서 가장 합리적인 제도는 저당권이라고 할 수 있다.

Ⅳ. 담보물권의 본질

1. 가치권

담보물권은 본래 채권의 담보를 목적으로 하는 물권이라는 점에서 물권의 사용·수익을 목적으로 하는 용익물권과 다르다. 용익물권은 목적물의 사용가치를 취득하는 것을 목적으로 하는 것으로서 일반적으로 이용권(Nutzungsrecht)이라고 한다. 이에 반하여 담보물권은 목적물의 교환가치를 취득하는 것을 목적으로 하는 것으로서 일반적으로 가치권(Wertrecht)이라고 한다. 특히 저당권에서 물건의 이용은 전적으로 채무자에게 남겨지고, 권리자는 변제가 없는 경우에 물건의 가치로부터 우선적으로 만족을 얻을 권리만을 가질 뿐이므로 저당권은 담보물권 중에서 가장 순수하게 가치권으로서의 모습을 보여준다고 할 수 있다.

담보물권에 가치권으로서의 성격을 얼마나 부여할 것인가 하는 문제는 나라마다 차이가 있다. 특히 독일의 저당권은 가치권으로서의 성격이 한층 뚜렷하다. 독일 민법에서 저당권은 특정한 채권을 담보하기 위한 보전저당권(Sicherungshypothek)보다 투하자본 회수의 수단이 되는 유통저당권(Verkehrshypothek)이 중요한 위치를 차지하고 있을 뿐만 아니라 피담보채권의 존재를 전제로 하지 않는 토지채무(Grundschuld)와 정기토지채무(Rentenschuld), 그리고 소유자 저당권(Eigentümerhypothek, 자기 소유의 토지에 저당권을 설정하는 것)도 인정하고 있다(토지채무가 보전저당권보다 더 많이 이용되고 있다). 토지채무는 채권의 담보라는 관념을 떠나 목적물을 환가하여 그로부터 일정한 금액을 지급받는 권리, 즉 순수한 가치권이다. 또한 소유자저당은 저당권의 순위를 확정하고, 유통성을 보장하기 위하여 인정되는바, 소유자가 자기 소유의 부동산에 대한 저당권을 갖게 되는 경우에도 저당권은 소멸하지 않고, 따라서 후순위저당권의 순위는 승진하지 않으며, 소유자는 다시 자기가 가진 저당권을 타인에게 양도하여 신용을 수수할 수 있게 된다.

그러나 우리 민법의 저당권은 담보물권 중에서는 가장 순수한 가치권이지만 특정 채권의 담보를 위해 설정되며, 피담보채권에 종속하는 정도(부종성)가 강해서 저당권 자체를 거래의 대상으로 하여 투하자본을 회수하는 수단이 되지 못한다. 게다가 물건의 교환가치를 파악하는 것과 거리가 먼, 법정 담보물권인 유치권이라는 것도 인정되어 있어 우리 민법의 담보물권을 가치권이라고 하기에는 아직 부적당하다고 할 것이다.

2. 담보물권의 물권성

그렇다고 하더라도 담보물권의 물권성을 부인할 수는 없다. 민법의 담보물권은 물건 또는 재산권을 직접 지배할 수 있는 권리라는 점에서 채권과 확연히 다르다. 물론 가치권으로서의 성격이 가장 강한 저당권에서는 권리자가 목적물을 점유하지는 않으나 배타성이 있고, 그 물건으로부터 교환가치를 파악하여 채무자가 변제하지 않을 경우 직접 우선변제 받을 수 있는 권능이 있으며, 공시의 원칙이 적용된다는 점에서 여전히 물권의 성격을 가지고 있다고 할 것이다.

V. 담보물권의 특성

각종의 담보물권은 각각 특수한 성질을 가지고 있으나 채권담보라는 공통의 목적을 가지고 있다는 점에서 다음과 같은 공통적인 성질을 가지고 있다. 다만 이들 담보물권의 공통적 성격(통유성, 通有性)이 모든 담보물권에 똑같이 인정되는 것은 아니고, 담보물권마다 약간의 차이는 있다(이에 관하여는 후술한다).

1. 부종성(附從性)

피담보채권의 존재를 전제로 해서만 담보물권이 존재할 수 있다는 성질을 의미하는데, 담보물권이 채권담보를 목적으로 한 것이라는 점에서 기인하는 성질이다. 성립과 존속, 그리고 소멸에서 부종성이 있다. 예컨대 피담보채권이 성립하지 않았거나 소멸한 때에는 담보물권도 무효이거나 소멸한다. 부종성의 정도는 담보물권별로 차이를 보이는바, 법정담보물권인 유치권은 특정의 채권이 존재하는 경우에 법률상 당연히 그 채권을 보호하려는 것이므로 부종성은 엄격하게 적용된다(제320조 참조). 그러나 질권과 저당권은 신용의 수수를 매개하는 것이므로 그 적용이 다소 완화되고, 특히 장래의 채권에 대해서도 저당권을 설정하는 것(근저당권, 제357조 참조)을 인정하고 있다. 즉, 채권이 증감·변동하는 경우에는 근저당권을 설정할 수 있는데, 채권이 일시적으로 소멸하더라도 근저당권의 효력에는 아무런 영향이 없다.

2. 수반성(隨伴性)

담보물권이 피담보채권의 이전에 따라 이전하고, 피담보채권에 부담이 설정되면(예컨대 질권이 설정되면) 그 부담에 복종하는 성질을 의미한다. 법정담보물권은 구체적으로 채권자가 누구인지를 문제 삼지 않으므로 채권의 이전에 따라서 당연히 이전된다. 약정담보물권은 당사자 사이의 계약으로 어떤 채권의 변제를 확실하게 하고, 경제적 가치를 늘어나게 하는 것이므로 그 채권의 거래에서 채권과 더불어 거래의 객체가 되는 것으로 하여 채권과 함께 이전해서 계속 그 채권의 경제적 가치를 유지하도록 한 것이다(제361조 참조). 수반성은 존속상의 부종성의 일부에 불과하다는 견해도 있으나 판례는 수반성이라는 용어를 사용하고 있다(2003다61542 참조). 부종성과 수반성을 합하여 "부수성"이라고 하기도 한다.

3. 물상대위성(物上代位性)

담보물권의 목적물의 멸실 · 훼손 · 공용징수 등으로 그 목적물에 갈음하는 금전 기타의 물건이 목적물 소유자에게 귀속하는 경우에 담보물권이 그 목적물에 갈음하는 것(변용물, surrogat)에 관하여 존속하는 성질을 의미한다(제342조, 제370조 참조). 담보물권은 목적물의 교환가치를 취득하는 것을 목적으로 하는 권리이므로 비록 담보목적물이 멸실되거나 훼손되더라도 그 교환가치를 대표하는 것이 그대로 존재하는 경우에는 담보물권은 여전히 이 가치의 대표물에 존속한다고 보는 것이 담보물권의 본질에 적합하기 때문에 인정되는 것이다. 물상대위성은 담보권으로서 추급이 가능한 경우에는 인정되지 않으므로 담보물권이 소멸하는 경우에만 인정된다. 다만 유치권은 목적물을 계속 점유하여 채무자의 변제를 간접적으로 강제하는 것을 목적으로 하는 것으로서 교환가치의 취득을 목적으로 하지 않기 때문에 유치권에는 물상대위성이 인정되지 않는다. 결국 물상대위성은 우선변제적 효력이 있는 담보물권에만 인정된다. 동산 · 채권 등의 담보에 관한 법률에 따른 동산담보권과 채권담보권에도 인정되고(동법 제14조, 제37조), 양도담보의 경우에도 인정하고 있다(2006다37106).

4. 불가분성(不可分性)

피담보채권 전부를 변제받을 때까지 목적물의 전부에 관하여 권리를 행사할 수 있는 성질을 의미한다. 피담보채권의 일부가 변제나 상계 등으로 소멸하더라도 남은 금액이 있는 한, 담보물의 전부에 담보물권의 효력이 미친다는 원칙이다. 담보물권의 효력을 강화하기 위한 것으로 피담보채권을 전액 변제를 받게 하자는 취지에서 인정하는 것이다. 이에 따라 담보물의 일부가 불가항력 기타 사유로 멸실한 경우에도 멸실한 부분의 비율로 채권액의 일부가 감소되지 않고, 나머지 부분이 모든 채권을 담보한다. 또한 담보물이 공유자 사이에서 분할된 경우에도 담보물권자는 분할된 각 부분 위에 채권액 전부에 관하여 그 효력을 미치게 할 수 있다. 이는 유치권을 비롯한 모든 담보물권에 인정된다(제321조, 제343조, 제370조).

Ⅵ. 담보물권의 효력

제한물권인 담보물권에 일반적으로 인정되는 효력은 다음과 같다.

1. 우선변제적 효력

채권자는 채무를 변제받지 못한 경우 담보의 목적물을 환가해서 다른 채권자보다 먼저 변제를 받게 되는데, 이와 같이 목적물의 교환가치를 파악하는 효력을 의미한다. 담보물권으로서의 진정한 본래적 기능이라 할 수 있는데, 약정담보물권(질권과 저당권)에 인정된다.

2. 유치적 효력

채권담보를 위하여 목적물을 채권자가 유치(목적물을 인도받아 점유를 계속하는 것)해서 채무자를 심리적으로 압박하여 채무의 변제를 촉구하는 효력을 의미한다. 물건이 가지는 사용가치를 채권자가 빼앗아 간접적으로 채무 변제를 독촉하는 것이다. 유치권과 질권에 인정된다.

3. 수익적 효력

채권자가 목적물에서 나오는 수익으로 우선변제를 받는 효력을 의미한다. 민법이 인정하는 담보물권에는 인정되지 않으나 용익물권인 동시에 담보물권인 전세권(일종의 부동산질로 볼 수 있다)에 인정된다고 할 수 있다.

Ⅶ. 담보물권의 순위(Rangordnung)

동일한 물건에 두 개 이상의 담보물권이 존재하는 경우에 담보물권 상호간의 순위가 문제된다. 목적물의 잔여가치가 있는 때에는 다른 채권자가 같은 종류의 담보물권을 설정받을 수 있기 때문에 생기는 문제이다. 특히 목적물을 점유하지 않는 저당권에서 중요하다. 이는 목적물을 현금화한 금액이 담보물권의 피담보채권 총액에 미치지 못하는 경우에 어느 피담보채권의 변제에 우선적으로 충당하여야 하는지의 문제이다. 우리 민법에서는 동일한 물건에 대한 각 담보물권의 상대적 우열의 문제로서 설정순위에 의하며(제333조, 제370조), 선순위의 담보물권이 소멸하면 후순위의 담보물권의 순위는 올라가는 것이 원칙이다(이를 "순위승진의 원칙"이라 한다). 이에 반하여 독일 민법에서는 선순위의 저당권이 소멸하여도 후순위의 저당권의 순위는 올라가지 않는데(이를 "순위확정의 원칙"이라 한다), 이는 저당권(특히 토지채무)이 독립한 가치권으로 확립되어 있기 때문이다.

Ⅷ. 물적 담보제도의 과제[1]

오늘날 금융거래시장의 발달로 인해 전통적인 제한물권으로서의 물적 담보제도만으로는 그 수요에 충족할 수 없게 되었다. 이러한 금융시장의 수요를 충족시키기 위하여 물적 담보제도에 관한 새로운 법적 구성과 제도 개선이 요구되고 있다.

1. 양도담보 · 가등기담보의 공시방법의 개선

금융거래 실제에서는 점유를 이전하지 않는 양도담보가 널리 이용되고 있는데, 양도담보는 담보의 목적을 위하여 소유권이전의 형식을 취하므로 폭리행위로 이용될 가능성을 내재하고 있다. 이에 관한 법적 규율로 1983년 가등기담보등에 관한 법률이 제정되었는데, 이에 의하면 등기나 등록에 의해서 공시할 수 있는 물건의 양도담보에 대하여 비록 소유권이전의 형식을 취한다고 하더라도 채권자는 소유권을 취득하는 것이 아니라 양도담보권이라는 제한물권을 취득하는 것으로 법적 구성을 취하고 있다. 그러나 문제는 양도담보의 공시방법은 소유권이전의 형식을 취하는데, 등기부상으로는 그것이 진정한 소유권이전등기인지, 아니면 양도담보권의 설정등기인지 구별되지 않는다는 것이다. 부동산등기법에 이에 관한 규정이 없음에도 등기실무상 양도담보를 등기원인으로 기재하는 것이 인정되고 있기는 하나 양도담보를 등기원인으로 등기할 수 있도록 부동산등기법을 개정할 필요가 있다. 즉, 등기부상 담보목적의 소유권이전임을 표시할 수 있도록 등기제도의 개선이 요청된다. 그것은 가등기담보권의 경우에도 마찬가지이다. 실질적으로는 담보가등기라고 하더라도 등기부상으로는 청구권보전의 가등기와 전혀 구별되지 않으므로 가등기원인이 담보목적임을 기재할 수 있도록 하여 담보설정자 및 이해관계 있는 제3자를 보호하여야 한다.

2. 담보물권의 가치권적 구성과 담보물권의 유동화

원래 물적 담보권은 특정채권의 담보를 위하여 설정되므로 피담보채권에 부종하는 것이 원칙이다. 그러나 물적 담보권은 점차 피담보채권으로부터 분리하여 독립된 가치권으로서의 법적 구성을 할 필요성이 증대되고 있다. 이러한 담보물권의 가치권성은 저당권에 있어 가장 두드러지게 나타난다. 그리하여 저당권이 특정채권의 보전을 위한 담보

---

1) 김상용, 물권법 제4판, 제547-549면 참조.

물권에서 그 자체 독립한 가치권으로서 전전유통시킬 필요성이 증대되고 있다. 이러한 저당제도를 근대적 저당제도라고 한다.

오늘날 선진제국에서는 근대적 저당제도를 운용하고 있다. 그러나 우리나라는 아직도 특정채권의 보전을 위한 저당권의 활용에 머물러 있다. 저당권의 증권화가 필요하고, 더 나아가 저당권을 담보로 하여 새로운 채권(債券)을 발행하는 방법으로 저당권의 유동화가 필요하다. 저당권은 본래 부동산의 자금화를 위하여 시작되었으나 오늘날은 저당권 그 자체가 독립한 가치권으로 발전하여 저당권의 상품화 단계에 와 있다.

저당권의 발달은 부동산등기 제도의 발달 없이는 불가능하다. 그리하여 근대적 저당제도의 운용을 위해서는 등기에 공신력을 인정하거나 공신력 인정과 동일한 효과를 가져올 수 있는 권원보험의 시행이 필요하다.

우리나라에서도 자산유동화에 관한 법률 등이 제정되어 제도상으로는 담보물권의 유동화가 가능하게 되었으나 선진제국에서와 같은 저당권유동화의 전제조건이 아직 충분하게 갖추어져 있지는 않다. 오늘날 담보물권의 과제, 그 중에서도 저당권의 과제는 저당권의 유동화에 있다고 할 수 있다.

3. 근저당제도의 개선

증감변동하는 불특정다수의 피담보채권을 확보하기 위한 근담보제도에 관하여 우리 민법은 오로지 근저당권에 관한 1개 조문(제357조)만을 두고 있다. 그러나 금융실무에서는 근담보제도를 여러 가지로 나누어 운용하고 있다. 1개 조문만으로는 근담보제도를 규율하기에 지극히 불충분하다. 그러므로 근담보제도의 적절한 규율을 위해서는 입법적 보완이 필요하다. 그리고 실제상 널리 이용되고 있는 포괄근저당제도에 관하여 적절한 입법적 규율이 절실히 요청되고 있다.

4. 새로운 담보방법의 개발

기존의 제한물권의 방법 내지 소유권이전의 방법에 의한 물적 담보권의 설정 이외에 다양한 물적 담보방법의 개발이 필요하다. 그 중에서도 특히 신탁의 방법에 의한 담보권의 설정과 기업 그 자체를 담보로 제공하는 방법의 제도화가 요청되고 있다. 신탁의 방법에 의한 담보제도는 신탁법의 전면개정에 의해 실현되었으나 기업 그 자체를 담보로 제공하는 방법은 아직 입법화되지 못한 상태에 있다. 그리고 재단저당의 확대도 필요하다.

제2장

유치권

제1절 총설

Ⅰ. 유치권(留置權)의 의의와 사회적 작용

1. 의의

유치권은 타인의 물건 또는 유가증권을 점유한 자가 그 물건이나 유가증권에 관하여 생긴 채권이 변제기에 있는 경우 채권의 변제를 받을 때까지 물건 또는 유가증권을 유치할 수 있는 권리이다(제320조 제1항). 예컨대 시계를 수리한 자는 수선료를 지급받을 때까지 시계의 인도를 거절할 수 있는데, 이 경우 수선을 부탁한 자는 수리비를 지급하지 않고서는 물건을 찾아오지 못한다. 또한 임차물에 관하여 필요비를 지출한 임차인은 그 필요비를 상환 받을 때까지 임대인의 목적물 반환청구를 거절할 수 있는데, 이 경우 임대인은 필요비를 지급하지 않고서는 임대목적물을 찾아오지 못한다. 이렇게 되면 수선을 부탁한 자나 임대인은 간접적으로나마 심리적인 압박을 받아 채무를 변제하려고 노력할 것이고, 그 결과 물건의 점유자는 채권을 확보하게 된다. 뿐만 아니라 후술하는 바와 같이 유치권자는 목적물을 경매할 수 있고, 경우에 따라서는 목적물로 직접 변제에 충당할 수도 있으며, 목적물이 다른 채권자나 담보물권자에 의하여 경매되거나 강제집행 되더라도 그 경매절차에서 변제를 받을 때까지 매수인의 목적물 인도청구를 거절할 수 있다(이를 "사실상 우선변제를 받게 된다"라고 설명한다).

유치권은 위와 같이 당사자의 의사와는 관계없이 일정한 요건이 있으면 법률상 당연히 발생하는바, 이러한 의미에서 유치권을 법정담보물권이라고 한다. 법률이 이러한 권리를 인정하고 있는 이유는 공평을 위해서이다. 즉, 타인의 물건을 점유하고 있는 자가 물건에 관하여 생긴 채권을 가지고 있는 경우에 채권의 변제를 받기 전에 먼저 그 점유를 상대방에게 이전하여야 한다면 채권의 추심이 어렵게 되어 불공평하게 되기 때문이다. 다시 말한다면 공평을 위해 채권자 평등의 원칙의 예외를 인정함으로써 목적물의 점유자가 가진 채권을 보호하는 것이 유치권제도이다.

2. 연혁

오늘날의 유치권은 로마법상 악의의 항변(exceptio doli)에서 유래한다. 이는 두 사람이 각각 상대방에게 채무를 부담하는 경우에 그 일방이 자기의 채무를 이행하지 않으면서 자기의 채권을 행사하는 것이 신의칙에 반한다고 인정되는 경우에 그 상대방도 자신의 채무 이행을 거절할 수 있는 인적 항변권을 말한다. 근대법에서는 독일이나 프랑스처럼 채권법상의 급부거절권(Zurückbehaltungsrecht)으로 법적 구성을 하기도 하고(따라서 독일 민법에는 채권편에 그 규정이 있다), 스위스나 일본처럼 담보물권으로 법적 구성을 하기도 한다(다만 스위스 민법은 부동산에 대해서는 인정하지 아니함).

3. 유치권과 동시이행의 항변권의 비교

제536조 제1항 본문은 "쌍무계약의 당사자 일방은 상대방이 그 채무이행을 제공할 때까지 자기의 채무이행을 거절할 수 있다"라고 "동시이행의 항변권"에 관하여 규정라고 있다. 이는 쌍무계약에서 이행에 관한 견련성을 당사자 쌍방에게 인정한 것으로 유치권과 마찬가지로 공평의 원칙에 근거한 것이다. 여기서 유치권과 동시이행의 항변권의 차이점에 관하여 보기로 한다.

(1) 동시이행의 항변권은 채권계약인 쌍무계약의 효력으로서 상대방의 청구에 대한 항변을 그 내용으로 하나, 유치권은 물권으로서 목적물을 직접 지배하는 것을 내용으로 한다는 점에서 근본적인 차이가 있다. 그 결과 동시이행의 항변권은 계약의 상대방에 대해서만 행사할 수 있는 것이지만 유치권은 누구에게 대해서든지 행사할 수 있다.

(2) 동시이행의 항변권에 의하여 거절할 수 있는 급부에는 제한이 없지만 유치권에 의하여 거절할 수 있는 급부는 목적물의 인도에 한한다. 그리고 동시이행의 항변권에 의하여 보호되는 채권은 원칙적으로 동일한 쌍무계약에 의하여 발생한 것에 한하지만 유치권자의 채권은 그 발생 원인이 무엇인지 묻지 않는다. 또한 동시이행의 항변권의 경우 상대방이 일부 이행을 한 뒤에 청구하면 원칙적으로 잔여부분에 상응하는 범위에서 채무의 이행을 거절할 수 있지만 유치권의 경우에는 불가분성이 있어 유치권자는 채권 전부를 변제받을 때까지 유치물 전부에 대하여 그 권리를 행사할 수 있다.

(3) 모두 공평의 원칙에 입각하여 인정되는 것이지만 공평을 요구하는 목적은 둘 사이에 차이가 있다. 동시이행의 항변권은 당사자의 일방이 선이행을 강요당하지 않도록 하는 것을 목적으로 하는데 반하여, 유치권은 유치권자의 채권담보를 그 목적으로 한다. 제327조가 다른 담보를 제공하는 경우에 유치권의 소멸을 인정하고 있지만 동시이행의 항변권에 관하여는 그러한 소멸 원인을 인정하지 않는 것도 둘 사이의 위와 같은 차이에

서 기인한다.

(4) 유치권과 동시이행의 항변권은 동시에 함께 존재할 수 있다. 즉, 유치권은 채권이 변제되지 않는 한 소멸하지 않으므로 동시이행의 항변권이 존재하는 경우에도 유치권은 동시에 존재할 수 있다. 그러한 경우에는 결국 상대방은 유치권의 행사로 인하여 사실상 선이행의무를 부담하는 셈이 되고, 동시이행의 항변권은 무의미해진다.

(5) 유치권의 담보물권성을 강조한다면 상대방의 목적물인도청구에 대하여 유치권이 인정되는 경우 원고패소의 판결(청구기각)을 하여야 할 것이나 유치권의 목적 또는 공평의 원칙에 비추어 실무에서는 질권이나 저당권 등 약정담보물권이 인정되는 경우(청구기각 또는 선이행판결을 한다)와 달리 상환이행의 판결을 한다. 동시이행의 항변권이 인정된 때에도 상환이행의 판결을 하므로 이 점에서는 둘 사이에 차이가 없다.

4. 상사유치권

상법이 인정하는 유치권을 말하는데, 일반상사유치권(제58조)과 특별상사유치권(제91조 대리상, 제111조 위탁매매인, 제120조 운송주선인, 제147조 운송인, 제807조 선장)이 있다. 그 중 일반상사유치권은 상인 간의 상행위로 인한 채권이 변제기에 있는 때에 다른 약정이 없으면 채권자가 변제를 받을 때까지 채무자에 대한 상행위로 인하여 자기가 점유하고 있는 채무자 소유의 물건 또는 유가증권을 유치할 수 있는 법정담보물권이다. 민법상 유치권과 그 효력은 같으나 성립요건은 약간 다르다(자세한 것은 후술한다). 즉, 민법에서는 후술하는 바와 같이 피담보채권과 물건과의 견련성을 요하지만 물건이나 유가증권이 채무자 소유임을 요하지 않는다. 이에 반하여 상사유치권은 위와 같은 견련성을 요하지 않으나 물건이나 유가증권이 채무자 소유임을 요한다. 이는 상사유치권의 연혁과 관련되는 바, 중세 이탈리아에서의 상인단체의 관습법에서 유래한 것으로 상인은 일반적으로 동일인과 장기간 계속해서 거래하고 서로 채권·채무관계에 있으므로 위와 같은 견련성을 완화하는 것이 상인간의 신용을 유지하고, 거래관계를 안전하게 지속시키는 데에 적합하고, 한편 이처럼 견련성을 완화하면 유치권의 인정범위가 너무 넓어져서 채무자 아닌 자 소유의 물건에까지 유치권이 인정되게 되어 제3자에게 불측의 손해를 주는 경우가 많게 되므로 채무자 소유의 물건이나 유가증권으로 제한하게 된 것이다.

Ⅱ. 유치권의 법적 성질

1. 민법은 유치권을 물권으로 구성하고 있어, 그 결과 다음과 같은 성질을 가진다.

(1) 목적물의 소유자가 누구이든 그 권리를 주장할 수 있고, 채권의 변제를 받을 때까지 채권자는 목적물을 유치할 수 있다. 채무자뿐만 아니라 물건의 양수인, 경매절차에서의 매수인 등에 대하여도 권리를 주장할 수 있다. 유치적 효력으로 인해 채무자가 목적물의 소유자인 경우 채무자는 그 물건을 용익하지 못하고, 또한 처분하려고 해도 처분하기 어려우므로 채무를 변제해야 한다는 심리적 압박을 받게 된다. 채무자가 유치물의 소유자가 아닌 경우에도 소유자가 용익하지 못하는 등의 불편을 채무자에게 호소할 것이므로 채무자는 마찬가지로 채무를 변제해야 한다는 압박을 받게 되고, 유치물의 소유자 입장에서는 자신이라도 변제(제3자 변제에 해당함)해야겠다는 심리적인 압박을 받는다.

(2) 그러나 법정담보물권으로서 다른 물권과 비교할 때 다음과 같은 차이가 있다.

먼저 점유를 잃으면 유치권은 소멸한다. 즉, 유치권의 목적물의 소유권이 이전되더라도 유치권은 영향을 받지 않으나 유치권자가 점유를 잃게 되면 유치권은 소멸한다. 이는 유치권이 유치하는 것을 본래의 효력으로 하는 권리라는 점에서 당연한 것이다. 이런 의미에서 유치권은 추급력(追及力)이 없다고 하는바, 이는 물권으로서는 예외적인 것이다. 추급력은 객체인 물건이 누구의 손안에 들어가더라도 그 소재에 추급하여 권리를 주장할 수 있는 효력을 말한다.

다음으로 유치권은 동산, 부동산, 그리고 유가증권에 관하여 성립하나 법률상 당연히 발생하는 것이어서 부동산 위에 성립하는 경우에도 등기는 그 요건이 아니며, 유가증권 위에 성립하는 경우에도 배서는 필요하지 않다. 유치권은 언제나 목적물을 점유하여야 하는 권리이므로 이로써 충분히 공시의 목적을 달성할 수 있기 때문이다.

2. 유치권은 담보물권의 일종으로 다음과 같은 성질을 가진다.

(1) 법정담보물권이다, 일정한 요건을 갖추게 되면 법률상 당연히 성립하는 권리이다.

(2) 부종성이 있다. 유치권의 부종성은 담보물권 중에서도 가장 강하며, 채권이 발생하지 않거나 소멸하는 때에는 유치권도 성립하지 않거나 소멸한다.

(3) 수반성이 있다. 유치권은 특정의 채권을 담보하는 것이므로 그 채권이 이전되면 유치권도 당연히 이전한다. 다만 이전되는 채권과 함께 목적물의 점유도 이전하여야 한다. 양수인이 목적물을 점유하는 때에 유치권이 이전된다고 본다.

(4) 불가분성이 있다. 유치권자는 채권 전부를 변제받을 때까지 유치물 전부에 대하여 그 권리를 행사할 수 있다. 민법은 이 불가분성을 유치권에 관하여 규정하고(제321조), 이를 질권(제343조)과 저당권(제370조)에 준용하고 있다. 유치물은 그 각 부분으로써 피담보채권의 전부를 담보하며, 이와 같은 유치권의 불가분성은 그 목적물이 분할 가능하거나

수개의 물건인 경우에도 적용된다. 따라서 다세대주택의 창호 등의 공사를 완성한 하수급인이 공사대금채권 잔액을 변제받기 위하여 위 다세대주택 중 한 세대를 점유하여 유치권을 행사하는 경우, 그 유치권은 다른 사정이 없는 이상 위 한 세대에 대하여 시행한 공사대금만이 아니라 다세대주택 전체에 대하여 시행한 공사대금채권의 잔액 전부를 피담보채권으로 하여 성립한다(2005다16942).

(5) 물상대위성은 없다. 유치권은 본래 목적물을 유치하는 권리이고, 목적물의 교환가치를 목적으로 한 것이 아니기 때문이다. 이에 따라 경매권은 있어도 우선변제권은 없다. 다만 도산법은 유치권에 관하여 파산절차와 개인회생절차에서 별제권을 인정하고 있고(채무자 회생 및 파산에 관한 법률 제411조, 제586조), 회생절차에서는 회생담보권으로 취급하고 있다(동법 제141조).

제 2 절 유치권의 성립요건

1. 목적물

가. 유치권의 목적이 될 수 있는 것은 동산·부동산과 유가증권이다. 이미 설명한 바와 같이 부동산 유치권은 등기를 필요로 하지 않고, 유가증권 유치권도 배서가 필요하지 않다. 피담보채권이 양도되고 목적물의 점유가 이전되면 부종성에 따라 유치권도 당연히 양도된다. 따라서 부동산 유치권의 양도에 제187조 단서도 적용되지 않는다.

나. 건축공사현장에서 수급인이나 하수급인이 공사대금채권에 기하여 유치권을 행사하는 경우가 근래 들어 많아졌다. 이처럼 건물의 신축공사를 한 수급인이나 하수급인이 공사대금채권에 기하여 그 채권을 변제받을 때까지 건물을 유치할 권리가 있음은 당연하다. 그렇지만 기성고 대금을 아직 받지 못했다는 이유로 공사를 진행하지 않으면서 부동산을 계속 점유함으로 인하여 재화의 활용이 방해되는 경우도 많다. 심지어 부동산 경매를 방해하기 위하여 허위의 유치권을 주장하거나 피담보채권을 부풀려 주장하는 경우도 많아지고 있다. 유치권을 주장하면 경매절차가 지연되거나 매수가격이 떨어진다. 뿐만 아니라 매수인에게 대항할 수 있는 유치권인지 구별하는 것도 법률전문가가 아니면 매우 어렵다. 이러한 이유로 근래 부동산 유치권이 중요한 문제로 대두되었다. 한편 부동산물권의 공시수단으로 등기제도를 채택하고 있는데도 부동산 점유자에게 유치권이라는 물권을 인정하는 것은 체계상 적절하지 않다는 이유로(부동산 물권을 점유에 의하여 공시하는 것이 되기 때문이다) 부동산의 경우에는 미등기 부동산에 한하여 유치권을 인정하고, 등기된 부동산에는 유치권을 인정하지 않는 것이 바람

직하다는 견해도 있다.

건물의 신축공사를 도급받은 수급인이 사회통념상 독립한 건물이라고 볼 수 없는 정착물을 토지에 설치한 상태에서 공사가 중단된 경우에 위 정착물은 토지의 부합물에 불과하여 이러한 정착물에 대하여 유치권을 행사할 수 없는 것이고, 또한 공사중단 시까지 발생한 공사금 채권은 토지에 관하여 생긴 것이 아니므로 위 공사금 채권에 기하여 토지에 대하여 유치권을 행사할 수도 없다(2007마98).

2. 피담보채권

가. 채권이 유치권의 목적물에 "관하여 생긴 것"이어야 한다. 즉, 채권과 목적물 사이에 견련관계(Konnexität)가 있어야 한다. 이 견련관계는 독일의 여러 학자들의 주장(특히 Goldschmidt)과 판례를 통해 인정되기 시작한 것이다.

유치권은 당사자의 의사와는 관계없이 인정되는 법정담보물권이므로 그 물권의 소유권을 양도받은 제3취득자로서는 점유자로부터 유치권의 성립을 주장 받아 점유자의 채권이 변제되지 아니하고는 그 물건을 인도받을 수 없다는, 불측의 손해를 입을 상황에 처할 수 있다. 또한 점유가 피담보채권을 공시하지도 않는다. 게다가 우리 민법은 채무자 소유가 아닌 물건에 대하여도 유치권의 성립을 인정하고 있다는 점과 유치권은 물권으로 강력한 보호를 받는다는 점도 고려하여야 한다. 이러한 이유로 채권이 목적물과 일정한 관계가 있을 것을 요하는 것이다. 다만 유치권의 성립요건으로서 견련관계를 요구하는 태도는 어떠한 논리적 필연성과는 상관없이 긴 역사적 과정을 통하여 점차 동의를 얻어 온 경험물이다. 구체적으로 어떠한 경우에 그와 같은 견련관계를 인정할 것인가 하는 점은 시대와 나라에 따라 다른 모습으로 발현되었다.

그렇다면 우리 민법에서 목적물에 관하여 생긴 채권이란 구체적으로 무엇을 의미한다고 보아야 할까. 유치권이 인정되는 취지에 비추어 다음의 두 경우에 견련관계가 있는 것으로 이해하는 이원설(二元說)이 다수설, 판례이다. 즉 ① 채권이 목적물 자체로부터 발생하는 경우와 ② 채권이 목적물의 반환청구권과 동일한 법률관계 또는 사실관계로부터 발생하는 경우이다(위 ①요건은 유치권을 물권이 아닌 채권적 급부거절권으로 규정하고 있는 독일 민법 제273조 제2항이, 위 ②요건은 동조 제1항이 규정하는 내용과 같다). 위 ①이나 ② 중 어느 하나에 해당하면 유치권은 성립한다고 본다. 위 이원설에 대하여는 그 기준이 유치권이 성립하는 경우를 적절하게 설명하지 못하고 있을 뿐만 아니라(이원적인 기준이 실질적인 판단기준으로서 제대로 기능하는 것인지가 의심스럽다) 그 인정 범위를 너무 넓게 봄으로써 제3자를 해하는 경우가 많고, 물권의 효력에 있어서 순위의 원칙을 간접적으로 잠탈하는 결과가 된다고 비판하는 견해와 독일 민법상 채권적 급부거절권의 요건을 물권인 유치권의 요건으로 원용하는 것에 관하여 비판하는 견해도 있다. 또한 위 ①만이 요건이라는 견해도 있다. 일반적으로 판례는 어떠한 실질적인 기준을 매개하지 않고, 구체적 사실관계에 따라 그때그때 점유자의 채권이 목적물에 관하여 생긴 것인지 아닌지를 판시하고 있다고도 한다.

아래에서는 다수설이 지지하는 위 두 기준에 관하여 설명하기로 한다.

(1) 채권이 목적물 자체로부터 발생하는 경우에 관하여 본다. 먼저 목적물에 지출한 비용상환청구권, 예컨대 점유자의 비용상환청구권, 임차인의 비용상환청구권을 들 수 있다. 이 경우 해당 물건 자체에 현재 포함되어 있는 가치의 일부가 현재 그 물건을 점유하고 있는 자의 출연에 유래하고 있다는 것, 즉 그 물건 자체 내에 침전하고 있는 현점유자의 재산적 기여가 "그 물건을 그 기여에 관한 채권의 담보로 하는 것이 공평에 맞는다"라는 점에 대한 실질적 근거가 된다.

목적물로부터 받은 손해에 대한 배상청구권으로도 유치권을 행사할 수 있다. 예컨대 원고 소유의 말이 그 점유를 이탈하여 피고 소유의 밭에 들어가 그 곳에 심어 놓은 곡식을 먹어 치워 피고가 이를 끌고 가 보관중인 상태에서 원고가 소유물반환청구를 한 데 대하여 피고는 손해배상청구권에 기한 유치권항변을 할 수 있다. 이처럼 동시이행의 항변권이 인정될 여지가 없어 유치권을 인정하지 않으면 그의 이익을 보호할 수단이 없는 경우에는 견련관계를 인정하는 방향으로 해석함이 옳다.

그러나 채권이 목적물 그 자체를 목적으로 하는 경우에는 견련관계가 인정되지 않는다. 예컨대 임차물을 사용·수익하는 임차인의 채권, 즉 임차권은 임차물을 목적으로 하여 성립하는 것이며, 임차물에 관하여 생긴 채권이 아니다. 따라서 이러한 목적물 자체를 목적으로 하는 채권은 유치권의 발생 원인이 되지 못한다. 이와 같은 채권은 채권자가 권리의 내용이 급부청구를 물건에 대하여 행사함으로써 직접 변제를 받을 수 있으므로 목적물을 유치하여 그 변제를 담보한다는 문제는 생기지 않기 때문이다. 임차인의 보증금 반환청구권에 대해서도 유치권이 인정되지 않는다(75다1305). 만일 이를 인정한다면 임차권이 대항력이 없음에도 불구하고 보증금반환청구권에 대항력을 인정하는 결과가 되어 부당하기 때문이다. 만일 임차보증금반환채무와 임대목적물반환의무가 동일한 생활관계로부터 생긴 것이라고 주장한다면 이는 유치권의 성립을 미리 인정하고, 사후적으로 이를 뒷받침하기 위한 가장(假裝)이유를 댄 데 불과한 것이다. 또한 건물 신축공사 수급인과 체결한 약정에 따라 공사현장에 시멘트와 모래 등의 건축자재를 공급한 경우 매도인의 건축자재대금채권은 매매계약에 따른 매매대금채권에 불과할 뿐 건물 자체에 관하여 생긴 채권이라고 할 수는 없다(2011다96208). 일반적으로 물건에 관한 매매대금이나 임대차보증금은 물건의 가치의 전부나 일부가 피담보채권으로 변용되어 있는 것으로 볼 수 있지만 매매대금이나 임대차보증금이 물건의 가치로 변용되어 있는 것으로 볼 수는 없다. 매매나 임대차 목적물은 매매나 임대차 계약이 체결되기 전부터 존재하면서 매매대금이나 임대차보증금과 무관하게 가치가 창출되어 유지되어 온 것이기 때문이다. 따라서 양자는 모두 유치권의 피담보채권이 될 수 없는 것이다.

이중 매매의 경우 제1매수인의 매도인에 대한 손해배상청구권도 그 부동산에 관하여 생긴 채권이 될 수 없다(일본 판례. 그 이유는 위 채권은 그 물건 자체를 목적으로 하는 채권이 그 태양을 바꾼 것에 불과하기 때문이라고 한다). 그 근거에 관하여 유치권의 성립요건으로서의 견련관계라는 것은 유치권을 취득하게 되는 자와 상대방과의 사이에 물건의 점유자가 그 물건의 가치를 증대시키거나 그 물건으로부터 손해를 입었기 때문에 그 물건의 반환을 청구하는 자에 대하여 이득의 상환 또는 손해의 배상을 받을 때까지 인도를 거절해서 간접적으로 변제를 촉구하는 것을 의미하는데, 제1매수인과 매도인 사이에는 이러한 관계가 성립되지 않기 때문이라고 설명하는 견해도 있다. 또 다른 견해에 의하면 만일 제1매수인에게 유치권을 인정한다면 물권변동에 관하여 등기를 효력발생요건으로 하는 형식주의를 취한 입법자의 정책적 결단을 잠식하는 것이 되고, 소유권에 속하는 물권적 권능 중의 일부가 제3자(제1매수인)에게 남아 있게 되어 결국 소유권의 분속(分屬)을 인정하는 것으로서 우리 입법자의 의도에 반하며 물권관계의 안정을 불필요하게 해치게 된다고 한다.

한편 2011마2380 결정을 보면 “부동산 매도인이 매매대금을 다 지급받지 아니한 상태에서 매수인에게 소유권이전등기를 마쳐주어 목적물의 소유권을 매수인에게 이전한 경우에는, 매도인의 목적물인도의무에 관하여 동시이행의 항변권 외에 물권적 권리인 유치권까지 인정할 것은 아니다. 왜냐하면 만일 이를 인정한다면 매도인은 등기에 의하여 매수인에게 소유권을 이전하였음에도 매수인 또는 그의 처분에 기하여 소유권을 취득한 제3자에 대하여 소유권에 속하는 대세적인 점유의 권능을 여전히 보유하게 되는 결과가 되어 부당하기 때문이다. 또한 매도인으로서는 자신이 원래 가지는 동시이행의 항변권을 행사하지 아니하고 자신의 소유권이전의무를 선이행함으로써 매수인에게 소유권을 넘겨 준 것이므로 그에 필연적으로 부수하는 위험은 스스로 감수하여야 한다. 따라서 매도인이 부동산을 점유하고 있고 소유권을 이전받은 매수인에게서 매매대금 일부를 지급받지 못하고 있다고 하여 매매대금채권을 피담보채권으로 매수인이나 그로부터 부동산 소유권을 취득한 제3자를 상대로 유치권을 주장할 수 없다.”라고 판시하고 있다.

(2) 채권이 목적물의 반환청구권과 동일한 법률관계 또는 사실관계로부터 발생한 경우에 관하여 본다. 예컨대 매매계약이 취소된 경우에 매매대금 상당의 부당이득반환청구권과 목적물의 반환의무는 매매계약의 취소라는 동일한 법률관계에서 생긴 것이다. 이 경우 견련관계가 인정되므로 부당이득반환청구권자는 그 청구권에 기하여 목적물에 유치권을 행사할 수 있다. 또한 우연히 서로 물건(예컨대 우산이나 구두)을 바꾸어 간 경우와 같이 동일한 사실관계로부터 생긴 상호간의 반환청구권 사이에도 견련관계가 인정된다.

명의신탁자와 명의수탁자가 이른바 계약명의신탁약정을 맺고 명의수탁자가 당사자가 되어 명의신탁약정이 있다는 사실을 알지 못하는 소유자와 부동산에 관한 매매계약을 체결한 뒤 수탁자 명의로 소유권이전등기를 마친 경우에는, 명의신탁자와 명의수탁자 사이의 명의신탁약정은 무효이지만 그 명의수탁자는 당해 부동산의 완전한 소유권을 취득하게 되고(부동산 실권리자명의 등기에 관한 법률 제4조 제1항, 제2항 참조), 반면 명의신탁자는 애초부터 당해 부동산의 소유권을 취득할 수 없고, 다만 명의수탁자에 대하여 부동산 매수자금 상당의 부당이득반환청구권을 가질 뿐이다. 명의신탁자의 이와 같은 부당이득반환청구권은 부동산 자체로부터 발생한 채권이 아닐 뿐만 아니라 소유권 등에 기한 부동산의 반환청구권과 동일한 법률관계나 사실관계로부터 발생한 채권이라고 보기도 어려우므로 견련관계를 인정할 수 없다(2008다34828).

나. 견련관계는 위에서 살핀 바와 같은 채권과 목적물 사이의 관계 이외에 채권과 목적물의 점유 사이에도 있어야 하는지 문제된다. 채권은 목적물의 점유 중에 또는 점유와 더불어 생긴 것이어야 하는지의 문제이다. 이에 대하여는 민법에 그러한 요건이 규정되어 있지 않으므로 이를 부정하는 것이 통설이다. 따라서 목적물을 점유하기 전에 그 목적물과 관련된 채권이 발생하고, 그 후 어떤 사정으로 목적물을 점유하게 된 경우에도 유치권은 성립한다.

3. 채권의 변제기 도래

채권이 변제기에 있어야 한다. 채권의 변제기가 도래하지 않은 동안에는 유치권이 발생하지 않는다. 변제기가 도래하지 않았음에도 유치권을 인정하게 되면 변제기 전에 채무이행을 간접적으로 강제하는 것이 되기 때문이다. 민법은 여러 곳에서 유익비상환청구권에 관하여 법원이 기한을 허락하여 줄 수 있는 것으로 규정하고 있는데(제203조 제3항, 제310조 제2항, 제626조 제2항 후단 등), 이러한 경우 채권자는 유치권을 잃게 된다. 유치권 이외의 다른 담보물권에서는 피담보채권의 변제기가 되어야 한다는 것은 담보물권의 실행을 위한 요건일 뿐, 성립요건은 아니다. 이 점에서 유치권은 다른 담보물권과 다르다. 기한의 정함이 없는 채권의 경우에는 채권성립과 동시에 채권자가 이행을 청구할 수 있으므로(제387조 제2항) 채권의 성립과 동시에 유치권이 성립한다.

4. 점유

유치권자는 타인의 물건 또는 유가증권의 점유자이어야 한다. 즉, 유치권자는 타인의 물건이나 유가증권을 반드시 점유하고 있어야 한다.

가. 유치권은 점유하고 있는 물건 또는 유가증권에 관하여 생기는 권리이므로 목적물의 점유를 떠나서는 성립하지 못한다. 유치권자가 목적물의 점유를 잃게 되면 유치권은 당연히 소멸한다(제328조). 유치권의 성립요건이자 존속요건인 유치권자의 점유는 직접점유이든 간접점유이든 상관없으나, 다만 유치권은 목적물을 유치함으로써 채무자의 변제를 간접적으로 강제하는 것을 본체적 효력으로 하는 권리인 점 등에 비추어, 그 직접점유자가 채무자인 경우에는 유치권의 요건으로서의 점유에 해당하지 않는다고 할 것이다(2007다27236).

나. "타인의 물건 또는 유가증권"이라고 할 때의 "타인"은 채무자만을 의미하는지, 아니면 채무자에 한하지 않고 제3자라도 상관없는지 문제된다. 제3자도 포함한다는 데 학설이 일치하고 있다. 유치권의 기초인 공평의 요구는 채권자가 점유를 취득한 물건의 소유권이 누구에게 있는지에 따라서 달라지는 것이 아니기 때문이다. 예컨대 시계의 임차인이 부탁하여 그것을 수선한 시계상은 시계의 소유자에 대하여도 유치권을 주장할 수 있다.

다만 상사유치권은 민사유치권과 달리 피담보채권이 '목적물에 관하여' 생긴 것일 필요는 없지만 유치권의 대상이 되는 물건은 '채무자 소유'일 것으로 제한되어 있다(상법 제58조 참조). 이와 같이 상사유치권의 대상이 되는 목적물을 '채무자 소유의 물건'에 한정하는 취지는, 상사유치권의 경우에는 목적물과 피담보채권 사이의 견련관계가 완화됨으로써 피담보채권이 목적물에 대한 공익비용적 성질을 가지지 않아도 되므로 피담보채권이 유치권자와 채무자 사이에 발생하는 모든 상사채권으로 무한정 확장될 수 있고, 그로 인하여 이미 제3자가 목적물에 관하여 확보한 권리를 침해할 우려가 있어 상사유치권의 성립범위 또는 상사유치권으로 대항할 수 있는 범위를 제한한 것으로 볼 수 있다. 즉 상사유치권이 채무자 소유의 물건에 대해서만 성립한다는 것은, 상사유치권은 성립 당시 채무자가 목적물에 대하여 보유하고 있는 담보가치만을 대상으로 하는 제한물권이라는 의미를 담고 있다 할 것이고, 따라서 유치권 성립 당시에 이미 목적물에 대하여 제3자가 권리자인 제한물권이 설정되어 있다면 상사유치권은 그와 같이 제한된 채무자의 소유권에 기초하여 성립할 뿐이고, 기존의 제한물권이 확보하고 있는 담보가치를 사후적으로 침탈하지는 못한다고 보아야 한다. 그러므로 채무자 소유의 부동산에 관하여 이미 선행(先行)저당권이 설정되어 있는 상태에서 채권자의 상사유치권이 성립한 경우, 상사유치권자는 채무자 및 그 이후 채무자로부터 부동산을 양수하거나 제한물권을 설정받는 자에 대해서는 대항할 수 있지만, 선행저당권자 또는 선행저당권에 기한 임의경매절차에서 부동산을 취득한 매수인에 대한 관계에서는 상사유치권으로 대항할 수 없다(2010다57350).

다. 근저당권설정 후 경매로 인한 압류의 효력 발생 전에 취득한 유치권(민사유치권을 의미함)으로 경매절차의 매수인에게 대항할 수 있는지에 관하여 판례(2008다70763)는 "부동산 경매절차에서의 매수인은 민사집행법 제91조 제5항에 따라 유치권자에게 그 유치권으로 담보하는 채권을 변제할 책임이 있는 것이 원칙이나, 채무자 소유의 부동산에 경매개시결정의 기입등기가 경료되어 압류의 효력이 발생한 후에 채무자가 위 부동산에 관한 공사대금 채권자에게 그 점유를 이전함으로써 그로 하여금 유치권을 취득하게 한 경우, 그와 같은 점유의 이전은 목적물의 교환가치를 감소시킬 우려가 있는 처분행위에 해당하여 민사집행법 제92조 제1항, 제83조 제4항에 따른 압류의 처분금지효에 저촉되므로 점유자로서는 위 유치권을 내세워 그 부동산에 관한 경매절차의 매수인에게 대항할 수 없다. 그러나 이러한 법리는 경매로 인한 압류의 효력이 발생하기 전에 유치권을 취득한 경우에는 적용되지 아니하고, 유치권 취득시기가 근저당권설정 후라거나 유치권 취득 전에 설정된 근저당권에 기하여 경매절차가 개시되었다고 하여 달리 볼 것은 아니다."라고 판시하고 있다.

라. 이상을 정리해 보면 민사유치권은 압류의 효력이 발생한 때(=경매개시결정 기입등기시)가 기준이고, 상사유치권은 저당권설정등기를 한 때가 기준이 되는바, 그 차이는 민사유치권과 달리 상사유치권의 대상이 되는 물건이 '채무자 소유'일 것으로 제한되어 있기 때문에 생기는 것이다.

마. 한편 부동산에 가압류등기가 경료된 후에 채무자의 점유이전으로 제3자가 유치권을 취득하는 경우 가압류의 처분금지효에 저촉되는지 문제된다. 판례(2009다19246)는 "부동산에 가압류등기가 경료되면 채무자가 당해 부동산에 관한 처분행위를 하더라도 이로써 가압류채권자에게 대항할 수 없게 되는데, 여기서 처분행위란 당해 부동산을 양도하거나 이에 대해 용익물권, 담보물권 등을 설정하는 행위를 말하고 특별한 사정이 없는 한 점유의 이전과 같은 사실행위는 이에 해당하지 않는다. 다만 부동산에 경매개시결정의 기입등기가 경료되어 압류의 효력이 발생한 후에 채무자가 제3자에게 당해 부동산의 점유를 이전함으로써 그로 하여금 유치권을 취득하게 하는 경우 그와 같은 점유의 이전은 처분행위에 해당하나, 이는 어디까지나 경매개시결정의 기입등기가 경료되어 압류의 효력이 발생한 후에 채무자가 당해 부동산의 점유를 이전함으로써 제3자가 취득한 유치권으로 압류채권자에게 대항할 수 있다고 한다면 경매절차에서의 매수인이 매수가격 결정의 기초로 삼은 현황조사보고서나 매각물건명세서 등에서 드러나지 않는 유치권의 부담을 그대로 인수하게 되어 경매절차의 공정성과 신뢰를 현저히 훼손하게 될 뿐만 아니라, 유치권신고 등을 통해 매수신청인이 위와 같은 유치권의 존재를 알게 되는 경우에는 매수가격의 즉각적인 하락이 초래되어 책임재산

을 신속하고 적정하게 환가하여 채권자의 만족을 얻게 하려는 민사집행제도의 운영에 심각한 지장을 줄 수 있으므로, 위와 같은 상황 하에서는 채무자의 제3자에 대한 점유이전을 압류의 처분금지효에 저촉되는 처분행위로 봄이 타당하다는 취지이다. 따라서 이와 달리 부동산에 가압류등기가 경료되어 있을 뿐 현실적인 매각절차가 이루어지지 않고 있는 상황 하에서는 채무자의 점유이전으로 인하여 제3자가 유치권을 취득하게 된다고 하더라도 이를 처분행위로 볼 수는 없다."라고 판시하고 있다. 요컨대 점유의 이전과 같은 사실행위는 압류의 처분금지효에는 저촉되지만 가압류의 처분금지효에는 저촉되지 않는다는 취지이다.

5. 불법점유가 아닐 것

점유가 불법행위로 인한 경우이어서는 안 된다(제320조 제2항). 불법행위에 의하여 점유를 취득한 자에게까지 유치권을 인정하여 그의 채권을 보호할 이유는 없기 때문이다. 예컨대 타인의 물건을 훔치거나 횡령한 자가 물건을 수선해도 수선비 채권에 관하여 유치권은 성립하지 않는다. 점유가 불법행위에 의하여 시작된 경우(일본 민법에는 이렇게 규정되어 있다)라는 것은 점유의 취득이 점유의 침탈이나 사기·강박 등에 의한 경우뿐만 아니라 채무자에게 대항할 수 있는 점유의 권원 없이, 고의 또는 과실로(즉 이를 알거나 과실로 알지 못하고) 점유를 시작한 경우를 포함한다고 새기는 것이 다수설과 일본의 판례(위 조항을 유추적용한 결과라고 판시함)이다. 따라서 예컨대 건물의 임차인이 임대차계약이 해제나 해지된 후에 이를 알고도 계속 점유하여 필요비나 유익비를 지출하여도 그 상환청구권에 관하여는 유치권이 성립하지 않는다는 것이다. 그러나 우리 판례(2009다5162)는 "물건의 점유자는 소유의 의사로 선의, 평온 및 공연하게 점유한 것으로 추정되고 점유자가 점유물에 대하여 행사하는 권리는 적법하게 보유하는 것으로 추정되므로(민법 제197조 제1항, 제200조), 점유물에 대한 필요비와 유익비 상환청구권을 기초로 하는 유치권 주장을 배척하려면 적어도 점유가 불법행위로 인하여 개시되었거나 점유자가 필요비와 유익비를 지출할 당시 점유권원이 없음을 알았거나 중대한 과실로 알지 못하였다고 인정할 만한 사유에 대한 상대방 당사자의 주장·증명이 있어야 한다."라고 판시하고 있다. 즉, 경과실로 이를 알지 못한 경우에는 유치권이 성립되며, 고의 또는 중대한 과실 있음을 상대방이 주장·증명하여야 한다는 취지이다.

6. 유치권 배제 특약이 없을 것

당사자 사이에 유치권의 발생을 배제하는 특약이 있지 않아야 한다. 즉, 당사자가 미리 유치권의 발생을 막는 계약을 하면 그 계약은 유효하다.

제3절 유치권의 효력

Ⅰ. 유치권자의 권리

1. 목적물의 유치

유치권자는 그의 채권의 변제를 받을 때까지 목적물을 유치할 수 있다. 이것이 유치권의 가장 중심적 효력이다.

가. "유치한다"는 것은 목적물의 점유를 계속하면서 인도를 거절한다는 의미한다. 문제는 건물 또는 토지의 임차인이 그의 비용상환청구권에 관한 유치권을 행사하면서 종전대로 거주하거나 토지의 사용을 계속할 수 있는지 여부이다. 민법 제324조에 유치권자는 소유자의 승낙 없이 유치물을 보존에 필요한 범위를 넘어 사용하거나 대여 또는 담보제공을 하지 못하며(제2항), 유치권자가 이를 위반한 때에는 채무자는 유치권의 소멸을 청구할 수 있다(제3항)라고 규정하고 있으므로 유치권자가 목적물을 유치권자의 이익을 위하여 이용하는 것은 원칙적으로 허용되지 않는다고 할 것이다.

그러나 종래 거주해 온 건물을 비워 빈집으로 하거나 특별한 보관조치를 하여야 한다는 것도 실정에 맞지 않는다. 여기서 판례는 유치권자가 종전의 사용 상태를 계속하는 것을 인정하고, 다만 그동안의 실질적 이득은 부당이득으로 반환하여야 한다고 한다. 즉, 공사대금채권에 기하여 유치권을 행사하는 자가 스스로 유치물인 주택에 거주하며 사용하는 것은 특별한 사정이 없는 한, 유치물인 주택의 보존에 도움이 되는 행위로서 유치물의 보존에 필요한 사용에 해당한다고 할 것이나(이에 대하여 다수설은 거주나 사용은 유치권자의 이익을 위한 것이므로 보존행위라고 할 수 없다고 하면서 결국 종전의 사용 상태를 계속하는 것이 그 유지방법이라고 본다) 유치권자가 유치물의 보존에 필요한 사용을 한 경우 특별한 사정이 없는 한 차임에 상당한 이득을 소유자에게 반환할 의무가 있다(2009다40684). 또한 그 경우에 그 반환의무의 구체적인 내용은 다른 부당이득반환청구에서와 마찬가지로 의무자가 실제로 어떠한 구체적 이익을 얻었는지에 좇아 정하여진다. 따라서 유치권자가 유치물에 관하여 제3자와의 사이에 전세계약을 체결하여 전세금을 수령하였다면 전세금이 종국에는 전세입자에게 반환되어야 할 것임에 비추어 다른 특별한 사정이 없는 한, 그가 얻은 구체적 이익은 그가 전세금으로 수령한 금전의 이용가능성이고, 그가 이와 같이 구체적으로 얻은 이익과 관계없이 추상적으로 산정된 차임 상당액을 부당이득으로 반환하여야 한다고 할 수 없다. 그리고 이러한 이용가능성은 그 자체 현물로 반환될 수 없는 성질의 것이므로 그 '가액'을 산정하여 반환을 명하여야 하는바, 그 가액은 결국 전세금에 대한 법정이자 상당액이다(2009다32324). 한편 다수설(변제충당가능설)은 위 이득은 유치물에서 생긴 과실과 동일시할 수 있으므로 제323조를 유추적용하여 채권의 변제에 충당할 수 있다고 본다.

나. 유치권은 물권이기 때문에 유치권자는 채무자에 대해서뿐만 아니라 그 밖의 모든 사람에 대해서도 대항할 수 있다.

(1) 유치물이 제3자의 소유인 경우에 유치권자는 채무자에게 변제를 청구할 수밖에 없지만 유치권은 제3자에 대하여도 행사할 수 있다. 이와 관련한 사례를 본다.

乙이 甲으로부터 甲 소유 건물을 보증금 1,000만원에 임차하여 사용하던 중(대항력은 없다고 전제함) 수리비로 300만원을 지출하였는데, 그 후 丙이 甲으로부터 위 건물을 매수하여 소유권이전등기를 한 후 乙을 상대로 건물의 명도를 구하였다. 이 경우 乙은 甲에 대하여 가지는 보증금반환청구권과 유익비상환청구권을 피담보채권으로 하여 丙의 청구를 거부할 수 있는가.

위 임대차가 대항력을 갖추지 못한 경우 乙은 임차인이라는 채권자적 지위에 그치기 때문에 임대차 계약의 당사자가 아닌 丙에 대하여는 보증금의 반환을 청구할 수 없다. 그렇다면 乙은 甲에 대하여 가지는 임대차계약에 기한 보증금 반환청구권과 유익비상환청구권을 피담보채권으로 하여 유치권을 주장하여 丙의 인도청구를 거부할 수 있는지 검토해 보아야 한다.

먼저 임차보증금 반환청구권에 관하여 보건대 이 채권이 유치권의 피담보채권이 될 수 없음을 앞서 본 바와 같다. 목적물 자체를 목적으로 하는 채권은 유치권의 발생 원인이 되지 않기 때문이다.

다음으로 유익비 상환청구권에 관하여 보건대 앞서 본 바와 같이 이 청구권은 유치권의 피담보채권이 될 수 있다. 따라서 乙로서는 유치권 행사 결과 위 300만원의 유익비와 상환으로 위 건물을 인도할 의무가 있으므로 300만원을 상환받을 때까지 丙의 인도를 거부할 수 있다. 다만 그동안 사용 · 수익한 것에 대하여는 丙에게 부당이득으로 반환하여야 할 것이다. 또한 乙은 丙에 대하여 유치권을 행사하여 그 반환을 거부할 수 있을 뿐이고, 위 유익비를 직접 청구할 권원은 없다.

(2) 어떤 부동산에 이미 저당권이 설정되어 있는 상태에서도 그 부동산에 관하여 민사유치권은 성립할 수 있다. 그리고 경매의 경우 민사집행법 제268조에 의해 담보권실행을 위한 경매에도 준용되는 동법 제91조 제5항이 "매수인은 유치권자에게 그 유치권으로 담보하는 채권을 변제할 책임이 있다."라고 규정하고 있으므로 부동산 유치권을 가지고 매수인에 대하여 대항할 수 있다(부동산 유치권에 관하여 인수주의를 채택한 것이다). 이와 같이 유치권자는 그의 채권을 변제받지 않는 한, 경매에서 매수인에 대해서도 유치물의 인

도를 거절할 수 있는데다가 후술하는 바와 같이 경매청구권도 인정되므로 유치권자는 마치 우선변제권을 가지는 것과 같은 법률적 지위가 있다고 할 수 있다.

그 결과 매수인이 목적물의 인도를 받으려면 그 피담보채권을 변제할 수밖에 없는데, 유치권의 존재를 모르는 매수인은 그 채권도 목적물의 가격에 반영된 것을 전제로 매각대금을 정하게 될 것이므로 피담보채권을 변제하면 이중의 지급을 하게 되는 문제가 있다. 물론 이 경우 매수인은 구상권을 행사하거나 담보책임(제575조)을 물을 수는 있다. 그렇다고 하더라도 저당권자에게 불측의 손해를 줄 우려가 있어 저당권실행경매에서 목적물이 잘 매각되지 않거나 매각되더라도 매각대금이 현저히 하락할 것이 예상된다. 유치권제도는 "시간에서 앞선 사람은 권리에서도 앞선다"는 일반적 법원칙의 예외로 인정되는 것으로서, 특히 부동산담보거래에 일정한 부담을 주는 것을 감수하면서 마련된 것이라고 할 수 있다. 이러한 점을 고려한다면 유치권의 성립을 제한할 필요가 있는바, 판례는 유치권의 효력을 다음과 같이 제한하고 있다.

① 매수인은 유치권자에게 그 유치권으로 담보하는 채권을 변제할 책임이 있는바, 여기에서 '변제할 책임이 있다'는 의미는 부동산상의 부담을 승계한다는 취지로서 인적 채무까지 인수한다는 취지는 아니므로, 유치권자는 경락인에 대하여 그 피담보채권의 변제가 있을 때까지 유치목적물인 부동산의 인도를 거절할 수 있을 뿐이고 그 피담보채권의 변제를 청구할 수는 없다(95다8713).

② 위에서 본 바와 같이 민사유치권은 경매개시결정 기입등기가 되어 압류의 효력이 발생한 이후에 취득한 경우 경매절차에서 매수인에게 대항할 수 없다. 또한 저당권설정등기가 된 이후에 취득한 상사유치권도 경매절차에서 매수인에게 대항할 수 없다.

③ 다만 부동산에 관한 민사집행절차에서는 경매개시결정과 함께 압류를 명하므로 압류가 행하여짐과 동시에 매각절차인 경매절차가 개시되는 반면, 국세징수법에 의한 체납처분절차에서는 그와 달리 체납처분에 의한 압류(이하 '체납처분압류'라고 한다)와 동시에 매각절차인 공매절차가 개시되는 것이 아닐 뿐만 아니라, 체납처분압류가 반드시 공매절차로 이어지는 것도 아니다. 또한 체납처분절차와 민사집행절차는 서로 별개의 절차로서 공매절차와 경매절차가 별도로 진행되는 것이므로, 부동산에 관하여 체납처분압류가 되어 있다고 하여 경매절차에서 이를 그 부동산에 관하여 경매개시결정에 따른 압류가 행하여진 경우와 마찬가지로 볼 수는 없다. 따라서 체납처분압류가 되어 있는 부동산이라고 하더라도 그러한 사정만으로 경매절차가 개시되어 경매개시결정등기가 되기 전에 부동산에 관하여 민사유치권을 취득한 유치권자가 경매절차의 매수인에게 유치권을 행사할 수 없다고 볼 것은 아니다(2009다60336(전) 판결).

④ 채무자 소유의 건물에 관하여 증·개축 등 공사를 도급받은 수급인이 경매개시결정의 기입등기가 마쳐지기 전에 채무자로부터 건물의 점유를 이전받았다고 하더라도 경매개

시결정의 기입등기가 마쳐져 압류의 효력이 발생한 후에 공사를 완공하여 공사대금채권을 취득함으로써 그때 비로소 유치권이 성립한 경우에는, 수급인은 유치권을 내세워 경매절차의 매수인에게 대항할 수 없다(2011다50165).

⑤ 유치권제도와 관련하여서는 거래당사자가 유치권을 자신의 이익을 위하여 고의적으로 작출함으로써 앞서 본 유치권의 최우선순위담보권으로서의 지위를 부당하게 이용하고 전체 담보권질서에 관한 법의 구상을 왜곡할 위험이 내재한다. 이러한 위험에 대처하여, 개별 사안의 구체적인 사정을 종합적으로 고려할 때 신의성실의 원칙에 반한다고 평가되는 유치권제도 남용의 유치권 행사는 이를 허용하여서는 안 될 것이다. 채무자가 채무초과의 상태에 이미 빠졌거나 그러한 상태가 임박함으로써 채권자가 원래라면 자기 채권의 충분한 만족을 얻을 가능성이 현저히 낮아진 상태에서 이미 채무자 소유의 목적물에 저당권 기타 담보물권이 설정되어 있어서 유치권의 성립에 의하여 저당권자 등이 그 채권 만족상의 불이익을 입을 것을 잘 알면서 자기 채권의 우선적 만족을 위하여 위와 같이 취약한 재정적 지위에 있는 채무자와의 사이에 의도적으로 유치권의 성립요건을 충족하는 내용의 거래를 일으키고 그에 기하여 목적물을 점유하게 됨으로써 유치권이 성립하였다면, 유치권자가 그 유치권을 저당권자 등에 대하여 주장하는 것은 다른 특별한 사정이 없는 한 신의칙에 반하는 권리행사 또는 권리남용으로서 허용되지 아니한다(2011다84298).

(3) 유치권의 목적물이 동산 또는 유가증권인 경우에는 위에서 본 부동산이 유치권의 목적인 때와는 달리 경매절차에서 매수인에 대하여 유치권으로 담보되는 채권을 변제할 책임이 있다는 규정을 두고 있지 않다. 그러나 동산 또는 유가증권의 유치권자는 집행관에 대하여 목적물의 인도를 거절할 수 있다(민사집행법 제191조 참조). 그런데도 집행관이 경매를 하는 경우에는 유치권자는 제3자이의의 소(동법 제48조)를 제기하여 그 집행의 배제를 구할 수 있다. 따라서 유치권자가 집행관에게 목적물을 스스로 인도한 때에만 경매를 할 수 있다(동법 제271조). 이 경우에 유치권자는 간접점유를 가지고 있다고 본다. 나아가 집행관이 목적물을 유치권자에게 그대로 보관시킨 경우(동법 제189조 제1항)에는 유치권자는 직접점유를, 집행관은 간접점유를 각각 가진다고 새겨야 할 것이다.

다. 유치권 행사의 효과

목적물인도청구의 소에서 피고가 유치권을 행사하여 목적물의 인도를 거절할 것인지 여부는 유치권자의 자유이다. 만일 유치권자가 그 권리를 행사하겠다는 의사표시를 하지 않으면 변론주의의 원칙상 법원은 유치권을 이유로 원고의 청구를 배척하지 못한다. 그러나 피고가 유치권에 기하여 인도를 거절하는 경우에는 유치권의 담보물권성을 강조한다면 목적물인도청구에 대하여 유치권이 인정되는 경우 원고패소의 판결(청구기각)을 하여야 할 것이나 판례 및 통설은 위에서 이미 설명한 바와 같이 유치권의 목적 또는 공평의 원칙에 비추어 채권의 변제와 상환으로 목적물을 인도하여야 한다는 뜻의 상환이행판결을 하여야 한다고 본다. 소송경제상 원고에게 유리하고, 당사자 사이의 공평을 꾀할 수도 있기 때문이다.

2. 경매청구권과 우선변제권

(1) 경매청구권

유치권자는 채권을 변제받기 위하여 유치물을 경매할 수 있다(제322조 제1항). 경매는 민사집행법이 정하는 절차에 의하여 행해진다(민사집행법 제274조 제1항, 담보권실행을 위한 경매의 예에 따라 실시한다). 이는 환가를 위한 경매로서 집행권원을 필요로 하지 않으며, "형식적 경매"라고도 한다. 배당절차를 밟지 않고, 매각대금은 유치권자에게 채권액만큼 교부되어야 하고, 나머지가 있으면 목적물 소유자에게 교부한다. 유치권자는 그 금전을 소유자에게 반환할 채무를 자기의 피담보채권과 상계함으로써 사실상 우선변제를 받게 된다. 유치권에 의한 경매절차는 목적물에 대하여 강제경매 또는 담보권실행을 위한 경매절차가 개시된 경우에는 이를 정지하고, 채권자 또는 담보권자를 위하여 그 절차를 계속하여 진행한다(동조 제2항). 위 강제경매 또는 담보권실행을 위한 경매가 취소되면 유치권에 의한 경매절차를 계속하여 진행하여야 한다(동조 제3항).

유치권에 의한 경매도 강제경매나 담보권 실행을 위한 경매와 마찬가지로 목적부동산 위의 부담을 소멸시키는 것을 법정매각조건으로 하여 실시되고 우선채권자뿐만 아니라 일반채권자의 배당요구도 허용되며, 유치권자는 일반채권자와 동일한 순위로 배당을 받을 수 있다고 봄이 상당하다. 다만 집행법원은 부동산 위의 이해관계를 살펴 위와 같은 법정매각조건과는 달리 매각조건 변경결정을 통하여 목적부동산 위의 부담을 소멸시키지 않고 매수인으로 하여금 인수하도록 정할 수 있다(2010마1059, 다만 다수설은 위 판례와 달리 일반채권자의 배당요구는 허용되지 않는다고 본다). 그런데 부동산에 관한 강제경매 또는 담보권 실행을 위한 경매절차에서의 매수인은 유치권자에게 그 유치권으로 담보하는 채권을 변제할 책임이 있고, 위에서 본 바와 같이 유치권에 의한 경매절차는 목적물에 대하여 강제경매 또는 담보권 실행을 위한 경매절차가 개시된 경우에는 정지되도록 되어 있으므로 유치권에 의한 경매절차가 정지된 상태에서 그 목적물에 대한 강제경매 또는 담보권 실행을 위한 경매절차가 진행되어 매각이 이루어졌다면, 유치권에 의한 경매절차가 소멸주의를 원칙으로 하여 진행된 경우와는 달리 그 유치권은 소멸하지 않는다고 봄이 상당하다(2011다35593).

후술하는 바와 같이 민법 제322조 제2항은 유치권자가 간이변제충당을 법원에 청구하는 경우에는 미리 채무자에게 통지하여야 한다고 규정하고 있으나 경매에 관하여는 그런 규정이 없다. 그러나 경매의 경우에도 유치권자는 미리 채무자에게 채무의 이행을 최고하고, 유치물에 대하여 경매를 한다는 것을 미리 알려야 한다고 본다(통설). 채무자로 하여금 채무를 변제하거나 또는 다른 담보를 제공하여 유치권을 소멸시킬 수 있는 기회를 주는 것이 타당하기 때문이다.

(2) 우선변제권

유치권자는 우선변제권을 가지지 않는다. 이는 유치권에 관한 제320조를 질권에 관한 제329조와 저당권에 관한 제356조와 비교해 보면 명백하다. 다만 채무자 또는 제3자가 목적물을 인도를 받으려면 유치권자에게 변제하여야 하므로 사실상 우선변제권이 있다고 하는 것이다. 채무자가 파산한 경우 유치권자는 별제권을 가진다. 예외적으로 우선변제권이 인정되는 경우가 있다. 먼저 간이변제충당에 관하여 본다(과실수취와 관련한 내용은 후술한다).

유치권자가 채권의 변제를 받기 위해서는 언제나 경매에 의하여야 한다고 하면 부적당한 경우가 적지 않다. 경매는 비용이 많이 들고, 그 절차가 복잡하고 까다롭기 때문이다. 이러한 경우를 대비하여 민법은 유치물로써 직접 변제에 충당할 수 있도록 하고 있다(제322조 제2항). 이를 "간이변제충당"이라고 하는데, 그 요건은 다음과 같다.

① 정당한 이유가 있어야 한다. 정당한 이유가 있는지 여부는 결국 법원이 판단하게 되는데, 예컨대 목적물의 값이 적어서 많은 비용을 들여 경매를 하는 것이 불합리하다든가 또는 경매에 부친다면 정당한 값으로 매각되기 어려운 사정이 있는 경우에는 정당한 이유가 있다고 본다. 유치물의 처분에 관하여 이해관계가 있는 권리자가 다수 있는 경우에도 같다(2000마4002).

② 법원에 청구하여야 한다. 유치권자가 임의로 변제에 충당하지 못하며, 반드시 법원에 신청하여 허가를 받아야 한다(질물에 관한 비송사건절차법 제56조 참조).

③ 목적물의 값은 감정인이 평가한다.

④ 유치권자는 간이변제충당을 법원에 청구하기 전에 미리 채무자에게 그 뜻을 통지하여야 한다. 앞서 설명한 바와 같이 채무자로 하여금 채무를 변제하거나 또는 다른 담보를 제공하여 유치권을 소멸시킬 수 있는 기회를 주기 위함이다. 유치권자가 이 통지를 하지 않고 신청을 한 경우 법원은 그 신청을 각하할 수 있다. 그러나 만일 법원이 통지 없음을 간과하고 허가를 한 경우에 채무자는 허가결정에 대하여 불복을 신청할 수 없다(비송사건절차법 제59조).

이상과 같은 요건을 갖추어 간이변제충당을 허가하는 결정을 받으면 유치권자는 유치물의 소유권을 취득한다. 이는 제187조의 법률의 규정에 의한 물권변동에 해당한다. 유치권자는 소유권 취득과 동시에 평가액의 한도에서 변제를 받은 셈이 되고, 이에 따라 채권은 소멸한다. 평가액이 채권을 초과하는 경우에는 그 초과액은 유치권자가 이를 채무자에게 반환하여야 하고, 평가액이 채권액이 미치지 못할 경우에는 채무자가 그 부족액을 유치권자에게 변제하여야 한다.

3. 과실수취권

유치권자는 유치물의 과실을 수취하여 다른 채권자보다 먼저 그의 채권의 변제에 충당할 수 있다(제323조 제1항 본문). 유치권자는 선량한 관리자의 주의로 유치물을 점유하여야 하므로(제324조 제1항) 그 노무에 대한 보수로서 이러한 권리를 인정하는 것이 공평할 뿐만 아니라 거두어들인 과실을 채권의 변제에 충당하여도 채무자의 이익을 해치지 않기 때문이다. 여기서의 과실에는 법정과실도 포함된다. 수취한 과실에 대하여 다수설은 유치권자가 우선변제권 있는 유치권을 취득한다고 보나 소수설은 유치권자가 소유권을 취득한다고 본다.

수취한 과실은 먼저 채권의 이자에 충당하고, 나머지가 있으면 원본에 충당하여야 한다(제323조 제2항). 과실이 금전이 아닌 때에는 경매하여야 한다(동조 제1항 단서). 그러나 당사자의 합의에 의하여 평가할 수 있음은 물론이고, 경매로 지체하게 되면 손해가 생길 염려가 있는 때에는 유치권자가 스스로 현금화하여야 할 것이다(제324조 제1항 참조).

4. 유치물 사용권

유치권자는 보존에 필요한 범위에서 유치물을 사용할 수 있다(제324조 제2항 단서). 채무자의 승낙 없이 이러한 사용을 허용하더라도 채무자의 이익을 해하지 않기 때문이다. 경우에 따라서는 이러한 사용을 하지 않으면 선량한 관리자의 주의를 게을리한 것이 될 수 있다. 예컨대 승마용 말을 점유하고 있는 경우 유치권자가 말을 타지 않으면 이 말이 승마로서의 역할을 하지 못하게 되므로 가끔은 말을 타야 한다.

5. 비용상환청구권

(1) 유치권자가 유치물에 관하여 필요비를 지출한 때에는 소유자에게 그 상환을 청구할 수 있다(제325조 제1항). 상환의무자는 소유자이고, 채무자는 포함되지 않는다(채무자라고 규정하고 있는 제322조 제2항, 제324조 제2항, 제3항, 제327조와 비교된다).

(2) 유치권자가 유치물에 관하여 유익비를 지출한 때에는 그 유치물의 가액의 증가가 현존한 경우에 한하여 소유자의 선택에 좇아 그 지출한 금액이나 증가액의 상환을 청구할 수 있다. 그러나 법원은 소유자의 청구에 의하여 상당한 상환기간을 허여할 수 있다(제325조 제2항). 이는 유치권자가 상대방의 무자력을 이용하여 다액의 유익비를 지출하여 상대방이 반환청구권을 행사할 수 없도록 하는 것을 방지하기 위함이다. 위 유익비상

환은 유치권 존속 중에도 청구할 수 있다(반환 시에 한하여 행사할 수 있다고 규정하고 있는 제203조 제2항, 제626조 제2항과 다르다).

Ⅱ. 유치권자의 의무

1. 유치권자는 선량한 관리자의 주의로 유치물을 점유하여야 한다(제324조 제1항). 유치권자는 채권을 담보하기 위하여 목적물을 점유하고 채무자의 변제가 있으면 반환할 의무를 부담하므로 유치권자로 하여금 더욱 주의를 기울여서 점유할 것을 요구할 필요가 있어 이러한 선관주의의무를 부여한 것이다.

2. 유치권자는 채무자의 승낙 없이 유치물의 사용·대여 또는 담보제공을 하지 못한다(동조 제2항 본문). "채무자의 승낙"이라고 규정하고 있으나 목적물의 소유자가 채무자가 아닌 경우에는 소유자만이 승낙할 수 있을 뿐이다. 보존에 필요한 사용은 채무자의 승낙이 없더라도 유치권자가 할 수 있다(같은 항 단서). 이를 인정한 이유는 만일 이를 금지한다면 유치권자가 유치물을 완전히 보존할 수 없게 되는데, 이는 선관주의에 의한 보호의무를 위반하게 된다는 모순에 빠지게 되기 때문이다. 위에서 본 바와 같이 공사대금채권에 기하여 유치권을 행사하는 자가 스스로 유치물인 주택에 거주하며 사용하는 것은 특별한 사정이 없는 한 유치물인 주택의 보존에 도움이 되는 행위로서 유치물의 보존에 필요한 사용에 해당한다고 할 것이고, 유치권자가 유치물의 보존에 필요한 사용을 한 경우에도 특별한 사정이 없는 한 차임에 상당한 이득은 소유자에게 반환하여야 한다. 이러한 사용권이 권리인지 의무인지는 일반적으로 양면을 모두 가진다고 보나 어느 쪽을 중시하는지에 관하여는 견해가 나뉜다.

3. 유치권자가 위 1, 2의 의무를 위반한 경우에 채무자는 유치권의 소멸을 청구할 수 있다(동조 제3항). 유치권자가 소유자의 승낙 없이 목적물을 임대하거나 담보제공하여도 그것만으로 곧바로 유치권이 소멸하지는 않고(점유는 계속되고 있기 때문이다), 채무자가 소멸청구를 해야 비로소 소멸한다. 이 청구권은 형성권으로서 소유자의 유치권자에 대한 일방적 의사표시에 의하여 그 효과가 생긴다. 따라서 이 청구는 단독적 물권행위이지만 목적물이 부동산인 경우 등기 없이도 효력이 생긴다. 채무자와 소유자가 다를 경우에는 채무자와 소유자 모두 소멸 청구를 할 수 있다고 본다.

제4절 유치권의 소멸

Ⅰ. 유치권의 일반적 소멸사유

1. 유치권도 물권이므로 물권의 일반적 소멸사유에 의하여 당연히 소멸한다. 즉, 목적물의 멸실, 토지 수용, 혼동, 포기 등으로 유치권은 소멸한다. 다만 유치권은 시효로 소멸하지는 않는다. 유치권자가 유치물을 점유하고 있는 동안은 그 권리를 행사하고 있는 것이 되어 소멸시효가 진행하지 못한다. 유치물의 점유를 잃으면 유치권은 소멸하므로(제328조) 유치권이 소멸시효에 걸린다는 일은 있을 수 없다. 같은 이유로 취득시효의 반사적 효과로 소멸한다는 일도 없다.

2. 유치권은 담보물권이므로 담보물권에 공통하는 소멸사유로 소멸한다. 따라서 피담보채권이 소멸하면 유치권도 소멸한다. 유치권의 행사는 채권의 소멸시효의 진행에 영향을 미치지 않는다(제326조). 다시 말한다면 채권자가 유치권을 행사하고 있더라도 그와 같은 이유로 피담보채권의 소멸시효의 진행이 방해되지는 않는다(즉 불행사 상태가 계속된다). 유치권의 행사와 피담보채권의 청구는 다른 것이고, 물건의 유치는 채권의 행사가 아니므로 양자를 결합시키는 것은 소멸시효제도의 취지에 반하기 때문이다. 그렇지만 일본 판례에 의하면 소송상 유치권 항변이 제출된 경우 유치권자는 피담보채권의 존재를 주장하여야 하고, 법원은 심리 결과 이를 긍정하는 때에는 피담보채권의 이행과 상환으로 목적물 인도를 명할 것이기 때문에 이러한 항변에는 권리 주장의 의사표시가 있는 것이라고 볼 것이므로 위 항변에 시효중단의 효력(제174조의 최고에 해당함)을 인정하고 그 효력은 당해 소송 계속 중에 존속한다고 본다.

Ⅱ. 유치권에 특수한 소멸사유

1. 채무자의 소멸청구

유치권자가 그의 의무를 위반한 경우 채무자는 유치권의 소멸을 청구할 수 있으며, 채무자의 이 청구로 유치권이 소멸함은 이미 설명하였다(제324조).

2. 다른 담보의 제공

채무자는 상당한 담보를 제공하여 유치권의 소멸을 청구할 수 있다(제327조). 통설과 판례(2001다59866)에 의하면 소유자도 이 청구를 할 수 있다고 본다. 이러한 청구권을 인정하는 이유는 다음과 같다. 유치권에 의하여 담보되는 채권은 목적물의 교환가치보다 훨씬 적은 경우가 많다. 이러한 경우 얼마 되지 않는 채권액 때문에 그 물건을 유치 당한다는 것은 채무자 측에게는 큰 고통이 아닐 수 없다. 한편 유치권자 측에서도 유치물에 갈음하여 채권액에 상당하는 다른 담보를 제공받는다면 손실을 볼 염려가 없다는 것이다.

담보의 종류에는 제한이 없으므로 물적 담보든 인적 담보든 상관없다(다만 독일 민법은 인적 담보를 제외하고 있다). 유치권의 소멸청구는 형성권의 행사로서 채무자의 일방적 의사표시로써 충분하나 담보의 제공이 상당한지에 관하여 유치권자의 승낙이 필요하므로 결국 유치권자의 승낙이나 이에 갈음할 만한 판결이 있어야 한다.

3. 점유의 상실

유치권은 점유의 상실로 인하여 소멸한다(제328조). 점유는 유치권의 요소이므로 이를 잃는 경우에 유치권이 소멸하게 됨은 당연하다. 점유를 빼앗긴 경우에도 유치권은 소멸하나 점유물반환청구권에 의하여 점유를 회복한 때에는 점유를 잃지 않았던 것이 되어(제192조 제2항 단서) 유치권은 되살아나지만 위와 같은 방법으로 점유를 회복하기 전에는 유치권이 되살아나지 않는다(2011다72189). 점유는 유치권자가 스스로 하여야 하는 것은 아니며, 제3자로 하여금 점유하게 하는 것도 상관없다. 즉, 유치권자의 점유는 직접점유이든 간접점유이든 상관없다. 또한 전술한 바와 같이 유치권자가 소유자의 승낙 없이 목적물을 임대하거나 담보제공하여도 그것만으로 곧바로 유치권이 소멸하지는 않고, 채무자가 소멸청구를 해야 비로소 소멸한다.

제3장 질권

제1절 총설

Ⅰ. 질권(質權)의 의의와 사회적 작용

1. 의의

질권(Pfandrecht)은 채권자가 채권의 담보를 위하여 채무자 또는 물상보증인으로부터 제공받은 동산을 점유하거나 재산권에 관한 증서를 보유함으로써 그 동산이나 재산권으로부터 우선적으로 변제를 받는 권리이다(제329조, 제345조). 예컨대 乙이 甲으로부터 돈을 빌리고, 그 담보로 시계를 입질(入質)하면 甲은 빌려준 원금과 이자를 변제받을 때까지 시계를 점유하여 반환을 거절할 수 있을 뿐만 아니라 乙이 이행지체에 빠지게 되면 시계를 경매에 부쳐 다른 채권자에 우선하여 변제를 받을 수 있다.

질권은 유치적 효력이 있는 점에서 유치권과 같으나 우선변제적 효력을 가지는 점에서는 저당권과 같다. 질권은 저당권과 함께 약정담보물권이라는 점에서 법정담보물권인 유치권과 다르다. 약정담보물권인 질권은 당사자 사이의 계약에 의하여 성립하므로 저당권과 더불어 금융의 수단이 된다.

2. 종류

(1) 적용법규에 의한 분류

민법의 규정이 적용되는 민사질과 상법이 적용되는 상사질로 구분할 수 있다. 상사질은 상행위에 의하여 생긴 채권을 담보하기 위하여 설정되는 질권으로 유질계약 금지에 관한 제339조가 적용되지 않는다는 특질이 있다(상법 제59조). 상법 제338조 이하에서는 주식에 관한 질권에 대하여 규정하고 있다.

(2) 목적물에 의한 분류

동산을 목적으로 하는 동산질권(제329조 내지 제344조)과 부동산을 목적으로 하는 부동산질권, 채권 기타의 재산권을 목적으로 하는 권리질권(제345조 내지 제355조)으로 구분할 수 있다. 부동산질권은 구민법과 프랑스 민법에서 인정하고 있으나 현행 민법은 인정하고 있지 않다. 이를 인정하지 않는 이유는 저당권제도의 존재로 그 효용이 없을 뿐만 아니라 부동산의 용익에 관심이 없는 금융업자에게는 오히려 신용을 제공하는 데 지장이 되며, 전세권이 실질적으로 부동산질권의 기능을 하고 있기 때문이다. 일본 민법은 동산질권, 부동산질권, 권리질권으로 구분하여 인정하고 있다(일본 민법의 부동산질권은 수익질이고, 프랑스민법과 달리 우선변제권도 있다).

(3) 성립요건에 의한 분류

법률의 규정에 의하여 당연히 성립하는 법정질권과 당사자 사이의 설정계약에 의하여 성립하는 약정질권이 있다. 민법은 두 가지를 모두 인정하나 약정질권을 원칙으로 한다. 구민법은 공익이나 특수채권자를 보호하기 위하여 선취특권(先取特權)이라는 법정 담보물권을 인정하고 있었으나 현행법은 이를 폐지하면서 특별히 보호할 필요가 있는 채권에 관하여 개별적으로 법정질권을 인정하고 있다.

(4) 내용에 의한 분류

질물을 수익할 수 있는지 여부에 따라 점유질과 수익질로 나눌 수 있다. 점유질의 질권자는 단순히 질물을 점유할 수 있을 뿐이나 수익질의 질권자는 이를 사용·수익할 수 있다. 구민법의 부동산질은 수익질에 해당하는 것이었으나 현행법은 점유질만 인정하고 있다.

3. 사회적 작용

질권과 저당권은 약정담보물권으로서 신용수수의 법률적 수단이 된다. 그러나 질권은 유치적 효력이 있으나 저당권은 유치적 효력이 없다는 점에서 둘의 역할에 큰 차이가 있다. 저당제도를 이용한다면 신용을 제공하는 자(채권자)는 목적물의 교환가치만을 파악하고, 신용을 얻는 자(채무자)는 목적물의 사용가치를 그대로 이용할 수 있다. 이에 반하여 유치적 효력이 있는 질권은 목적물을 설정자로부터 빼앗아 그로 하여금 사용·수익을 하지 못하게 하므로 저당권보다는 비합리적이고, 비경제적이다. 사용·수익에 관심이 없는 저당권자가 점유를 한다는 점에서 그러하다. 연혁적으로도 점유질에서 담보목적물의 점유를 이전하지 않는 저당권(무점유질)의 형태로 발전하였다는 점은 앞서 설명하였다. 그렇지만 다음과 같은 이유에서 질권은 사회적으로 나름의 작용을 한다.

저당권은 목적물의 교환가치를 파악할 뿐, 점유를 이전받지 않으므로 외부에서는 그 존재를 알 수 없기 때문에 등기나 등록과 같은 공시방법이 요구된다. 따라서 등기나 등록에 의하여 공시되지 않는 동산 등은 저당권의 객체가 되지 못한다. 이러한 이유로 동산이나 유가증권을 담보로 하여 신용을 얻으려면 질권 제도를 이용할 수밖에 없다.

그렇다고 하더라도 저당권의 객체가 되지 못하는 것은 모두 질권에 의한 금융이 가능한지, 질권의 유치적 효력과 관련하여 문제된다. 오늘날 질권의 객체가 되는 동산은 제한적일 수밖에 없다. 만일 생산에 이용되는 기계나 영업에 필요한 기구와 같은 동산을 입질하게 된다면 질권의 유치적 효력으로 인하여 그 이용을 빼앗기게 되므로 그것은 생산이나 영업을 그만둔다는 것을 의미하게 된다. 반면에 생산이나 영업에 필요한 기계나 도구가 아닌 일상생활에 쓰이는 동산에 관하여는 그 이용을 빼앗긴다고 하더라도 질권설정자가 큰 불편을 겪게 되는 것은 아니다. 이러한 한도에서 질권제도는 빛을 발한다고 할 수 있다. 이로써 질권은 서민금융의 수단으로 작용하고 있는 것이다. 민법이 유저당계약은 허용하면서도 유질계약을 금지하고 있는 것(제339조)도 질권이 서민 금융의 수단이기 때문이다. 결국 질권은 서민들의 급박한 생활자금을 융통하기 위하여 소액의 금융수단으로만 활용될 공산이 크다. 이처럼 질권제도는 서민금융수단으로서의 기능에 중요한 의의가 있으므로 채무자의 보호라는 측면에 제도의 중점을 두고 있다(반면에 저당권은 투자수단으로서의 기능이 보다 강조되므로 저당권자의 지위를 확보함에 중점을 둔다).

한편 동산 중에도 제조업자나 상인이 소유하는 상품에 관하여는 그 상품을 표상하는 증권(창고증권, 화물상환증, 선화증권)에 의한 상품의 입질제도가 마련되어 있다. 이 경우 상품소유자는 상품을 입질하면서 그것을 매각하거나 송부할 수 있기 때문에 상품으로서의 이용을 빼앗기지 않으므로 질권에 특유한 유치적 작용은 그 효용을 발휘할 여지가 없으며 질권은 매우 중요한 작용을 한다. 앞으로 질권의 중점은 권리질, 그 중에서도 증권질로 옮겨갈 것이라고 예상된다.

동산질 외에 재산권을 목적으로 하는 질권, 즉 권리질도 인정된다. 질권의 대상이 되는 중요한 재산권은 유가증권화한 채권과 주식이다. 이러한 권리에서는 교환가치만이 문제되며, 이용가치는 거의 없다. 그 증권의 점유는 우선변제권을 확보하기 위하여 처분을 금지하는 것을 의미할 뿐이고, 간접적으로 심리적 강제를 한다는 유치적 작용은 거의 없다.

이상에서 본 바와 같이 질권은 본래 유치적 효력으로 말미암아 서민금융이라는 좁은 기능밖에 하지 못하는 것이나 그러한 유치적 효력이 작용을 발휘하지 못하는 영역을 가지게 됨으로써 그 활동범위는 넓어지고, 더욱 중요해져 가고 있다. 창고증권·화물상환증·선화증권은 상품을 일정한 증권으로 화체화한 것인데, 이러한 증권의 배서에 의하여 재고상품 또는 운송 중의 상품을 입질하는 경우에는 일종의 동산질이지만 일반의 동산질과 달리 유치적 효력은 그 작용을 발휘하지 못한다. 이렇게 되면 결국 우선변제권을 확보하기 위한 처분권능의 제한이라는 의미밖에 없는 것이 된다. 이러한 이유로 권리질 중 유가증권질은 제조업자나 상인의 훌륭한 금융수단으로 이용되고 있다. 즉 서민금융의 틀을 벗어나 기업금융의 방법으로 그 기능이 확대되고 있는 것이다.

Ⅱ. 질권의 법적 성격

1. 질권은 약정담보물권으로서 다음과 같은 성질이 있다.

(1) 질권은 담보물권이다. 따라서 질권은 목적물이 가지는 교환가치를 직접, 그리고 배타적으로 지배하는 권리이다. 배타적인 지배권능은 동산질권에 비하여 권리질권의 경우에는 다소 관념적이다. 다만 권리질권에 있어서도 담보목적의 범위 안에서 우선변제권능에 의하여 목적물의 교환가치를 지배한다는 점에서 유체물에 대한 지배와 다를 바 없다.

(2) 질권은 채권의 담보로서 채무자나 제3자로부터 받은 물건을 점유하는 권리이다. 즉 유치적 효력을 가지고 있다. 이 유치적 효력은 설정자에게 심리적으로 압박을 주어 간접적으로 그 변제를 촉구하는 것을 목적으로 하는 것이다. 이 점에서 저당권과 근본적으로 구별된다. 다만 이것이 그대로 타당한 것은 일상용품의 입질에 한하며, 그 밖의 물건이나 권리에 대한 질권에서는 이 효력이 거의 발휘되지 못함은 위에서 이미 설명한 바 있다.

(3) 질권은 목적물의 교환가치로부터 우선변제를 받는 권능을 가지고 있다. 이 점에서 유치권과 다르고, 저당권과 같다.

(4) 질권은 약정담보물권이다. 이 점에서 저당권과 그 성질이 같고, 유치권과 다르다.

2. 질권은 일종의 담보물권으로서 다음과 같은 성질도 가지고 있다.

(1) 질권은 타인의 권리 위에 있는 제한물권이다. 자기의 물건이나 권리 위에 질권이 성립하는 경우도 있을 수 있으나 이는 혼동의 예외로서 인정되는 특수한 경우이다.

(2) 부종성이 있다. 피담보채권이 계약의 무효·취소 또는 해제 등으로 처음부터 효력을 발생하지 않거나 계약의 성립 후에 소멸하는 때에는 이를 담보하는 질권도 효력이 없거나 소멸한다.

(3) 수반성이 있다. 피담보채권이 상속, 회사의 합병, 채권양도 등으로 동일성을 잃지 않고 승계되는 때에는 질권도 이에 따라 승계된다. 본래 질권은 특정의 채권을 담보하는 것이므로 이와 같이 새기는 것이 질권의 성질에 부합하고, 채권이 당사자의 의사에 의하여 이전하는 경우 그 당사자의 의사에도 부합하기 때문이다. 다만 제3자에게 불측의 불이익을 주어서는 아니 되므로 물상보증인이 설정한 질권은 그의 동의를 요한다고 본다 (통설). 또한 당사자가 질권이 수반하지 않는 것으로 할 수 있는바, 이 때 질권은 소멸한

다. 한편 피담보채권의 이전에 의한 질권의 이전에서는 질권의 목적물의 종류에 따라서 정해져 있는 공시방법 또는 대항요건을 갖추어야 한다(다수설).

(4) 불가분성이 있다(제343조, 제321조). 따라서 질권자는 채권 전부를 변제받을 때까지 유치물 전부에 대하여 그 권리를 행사할 수 있다.

(5) 물상대위성이 있다. 민법은 동산질에 관하여 이를 규정하고(제342조), 이를 권리질(제355조)에 준용하고 있다. 이에 대하여는 후술한다.

제2절 동산질권

제1관 동산질권의 성립

Ⅰ. 동산질권설정계약

동산질권은 원칙적으로 당사자 사이의 질권설정계약과 목적물인 동산의 인도에 의하여 설정된다. 예외적으로 법률의 규정에 의하여 성립하는 경우(법정질권)도 있다.

1. 계약당사자

질권설정계약의 당사자는 질권을 취득하게 되는 자(질권자)와 목적 동산에 질권을 설정하는 자(질권설정자)이다.

(1) 질권자는 피담보채권의 채권자에 한한다.

(2) 질권설정자는 피담보채권의 채무자인 것이 보통이나, 채무자가 아닌 제3자인 경우도 있다(제329조). 타인의 채무를 위하여 자기의 재산에 질권을 설정하는 자를 물상보증인이라고 한다. 예컨대 채무자 甲의 친구인 乙이 자기의 시계를 甲의 채무를 위하여 입질하는 경우 乙을 물상보증인이라고 한다. 물상보증인은 자신이 피담보채권의 채무를 부담하지 않는다(이를 "책임은 있되 채무는 없다"라고 한다). 따라서 채권자가 물상보증인에게 채무자의 채무를 변제할 것을 청구하거나 이행의 소를 제기하지 못하고, 물상보증인의 일반재산에 대하여 집행하지 못한다. 이 점에서 보증인과 다르다.

그러나 물상보증인이 타인의 채무를 위하여 자기의 재산 위에 질권이나 저당권 등 물적 담보를 부담하고 있는 점에서 물상보증인의 지위는 보증인과 비슷하다. 채무자가 변제하지 않으면 물상보증인 소유의 질물이 경매되어 물상보증인은 소유권을 잃게 될 수도 있다. 물상보증인이 이를 면하기 위하여는 이해관계 있는 제3자로서 자진하여 채권자에게 변제하여야 한다(제469조). 물상보증인이 이와 같이 변제를 하거나 질권의 실행으로 질물의 소유권을 잃은 때에는 자기의 출연으로 타인의 채무를 소멸시킨 점에서 보증인이 주채무자의 채무를 변제한 것과 비슷한 관계에 놓이게 된다. 그리하여 민법은 보증인이 주채무자에 대하여 가지는 구상권을 물상보증인에게도 인정하고 있다(제341조, 제370조에 의하여 저당권에도 준용됨). 물상보증인으로부터 질물이나 저당목적물을 취득한 자(제3취득자)에게도 제341조가 유추적용된다(2012다49285).

물상보증은 채무자가 아닌 사람이 채무자를 위하여 담보물권을 설정하는 행위로서 물상보증인이 변제 등에 의하여 채무자를 면책시키는 것은 위임사무의 처리가 아니고, 의무 없이 채무자를 위하여 사무를 관리하는 것과 유사하다. 따라서 물상보증인의 채무자에 대한 구상권은 그들 사이의 물상보증 위탁계약의 법적 성질과 상관없이 민법에 의하여 인정된 별개의 독자적인 권리이고, 그 소멸시효에 관하여는 상사채권관계라고 하더라도 일반채권에 관한 규정이 적용된다(2001다6237).

물상보증인이 채무자의 부탁을 받아 물상보증인이 되었는지 여부에 따라 구상의 범위가 달라지는 점은 보증인의 경우와 같다. 따라서 보증인의 구상권에 관한 제441조 내지 제447조와 제481조 내지 제485조의 규정은 대부분 물상보증인에 준용된다. 다만 민법 제370조에 의하여 민법 제341조가 저당권에 준용되는데, 민법 제341조는 타인의 채무를 담보하기 위한 저당권설정자가 그 채무를 변제하거나 저당권의 실행으로 인하여 저당물의 소유권을 잃은 때에 채무자에 대하여 구상권을 취득한다고 규정하여 물상보증인의 구상권 발생 요건을 보증인의 경우와 달리 규정하고 있는 점, 물상보증은 채무자 아닌 사람이 채무자를 위하여 담보물권을 설정하는 행위이고 채무자를 대신해서 채무를 이행하는 사무의 처리를 위탁받는 것이 아니므로 물상보증인은 담보물로서 물적 유한책임만을 부담할 뿐 채권자에 대하여 채무를 부담하는 것이 아닌 점, 물상보증인이 채무자에게 구상할 구상권의 범위는 특별한 사정이 없는 한 채무를 변제하거나 담보권의 실행으로 담보물의 소유권을 상실하게 된 시점에 확정된다는 점 등을 종합하면, 원칙적으로 수탁보증인의 사전(事前)구상권에 관한 민법 제442조는 물상보증인에게 적용되지 아니한다(2009다19802). 따라서 물상보증인은 변제를 하거나 질권의 실행으로 질물의 소유권을 잃은 경우에 비로소 구상권을 행사할 수 있을 뿐이다.

(3) 질권의 설정은 일종의 처분행위이므로 설정자는 소유권 등 목적물을 처분할 권리나 권능(관리권이나 대리권)을 갖고 있어야 한다. 즉, 질권설정자는 원칙적으로 질물의 소유자이어야 하지만 소유자가 아니더라도 처분권을 가지고 있으면 질권을 설정할 수 있다. 다만 설정자에게 위와 같은 처분권이 없는 경우라도 채권자가 설정자에게 그러한 처분권

이 있다고 믿었고, 그렇게 믿은 데에 과실이 없는 경우에는 제343조에 의하여 준용되는 제249조에 의하여 질권을 선의취득할 수 있다. 이 때 목적물의 소유자는 질권설정자가 아니지만 그의 소유물 위에 질권의 부담을 안게 되고, 물상보증인과 같은 처지에 놓이게 되므로 제341조의 적용을 받는다고 본다(통설).

甲이 그 소유의 동산을 乙에게 보관시킨 상태에서 丙에게 목적물반환청구권 양도의 방식으로 질권을 설정해 주었는데, 그 후 丙이 丁에게 乙이 보관 중인 위 동산을 자신의 소유로 속이고 반환청구권 양도의 방식으로 소유권을 양도한 경우 丁은 소유권을 취득하는가. 만일 丁이 선의이고 과실이 없어 선의취득의 요건을 갖추었다면 소유권을 취득하는 것은 당연하겠지만 악의이거나 과실이 있는 경우에는 소유권을 취득하지 못하는 것도 당연하다. 여기서 丁이 소유권을 취득하지는 못할지라도 질권을 취득할 수는 없는지 문제된다. 담보물은 피담보채권과 분리하여 양도할 수 없고, 피담보채권과 분리되어 질권만이 양도된 경우 그 질권은 부종성의 원칙에 따라 무효로 된다. 그런데 丙과 丁은 소유권을 양도한다는 의사로 거래를 하였기 때문에 통상 피담보채권의 양도절차를 취하지 않았을 것이다. 따라서 丁은 질권도 취득할 수 없게 될 것이다.

2. 질권설정계약의 성질

질권설정을 약정하는 채권계약과 질권설정 그 자체를 목적으로 하는 물권계약(물권적 합의)을 분리하여 체결하는 것이 불가능하지는 않지만 보통은 위 두 가지 계약을 하나의 행위로 함께 하게 된다. 그러나 물권행위의 독자성을 인정하는 견해는 질권설정계약을 물권계약이라고 본다.

Ⅱ. 목적 동산의 인도

1. 동산에 관한 물권의 양도는 그 동산을 인도하여야 효력이 생긴다(제188조 제1항). 여기서 "양도"란 이미 존재하는 물권을 전제로 이것의 귀속주체를 법률행위에 의하여 변경하는 것을 말한다. 따라서 동산에 관한 질권을 설정하는 것은 양도에 해당되지 않는다. 질권설정에 관하여는 민법에 별도의 규정을 두고 있다. 즉, 제330조에서 조문의 제목을 설정행위의 요물성(要物性)이라고 하면서 "질권의 설정은 질권자에게 목적물을 인도함으로써 그 효력이 생긴다"라고 별도로 규정하고 있다. 위와 같은 이유로 질권설정계약을 요물계약이라고 설명하기도 한다. 그러나 물권변동에 관하여 대항요건주의를 취하고 있던 의용민법에서는 그렇게 새길 수 있으나 성립요건주의를 취하는 현행법상 질권설정계약을 요물계약이라고 설명하는 것은 타당하지 않다. 만일 요물계약이라고 한다면 질권설정에 관하여 당사자 간의 합의가 있는 것만으로는 법적 효과가 발생하지 않는다. 따라서 가령 자기 소유의 동산 위에 질권을 설정하기로 약속한

자가 나중에 그 동산의 인도를 거부하더라도 상대방은 그 인도를 구할 권리가 없는 것이 되는바, 이러한 결과는 부당하기 때문이다. 또한 민법은 "질권의 설정은 질권자에게 목적물을 인도함으로써 그 효력이 생긴다"고 규정하고 있을 뿐, "질권설정계약은 …… 그 효력이 생긴다"라고 규정하고 있지 않다. 이상의 이유로 질권설정계약을 요물계약이라고 하는 주장은 받아들일 수 없다. 위 제330조는 독자적인 의미를 찾기 어렵기 때문에 조문의 제목을 수정하거나 조문을 삭제하는 것이 바람직할 것이다.

2. 동산 질권의 설정에 요구되는 인도에 관하여 민법 제332조는 "질권자는 설정자로 하여금 질물의 점유를 하게 하지 못한다"라고 규정함으로써(조문 제목에 "대리점유"라는 표현은 부적절하다) 점유개정에 의한 인도는 허용하지 않고 있다. 그 결과 동산 질권의 설정에 요구되는 인도는 현실의 인도, 간이인도, 목적물반환청구권의 양도에 의한 인도의 세 가지 방법에 의해서만 가능하다. 이와 같이 질권의 설정에 점유개정에 의한 인도를 제외하는 것은 독일 민법을 비롯하여 근대 민법에 공통되는 것인데, 그 취지는 질권의 특질인 목적물을 설정자로부터 빼앗아서 그의 사용·수익을 금지하는 유치적 효력을 확보하기 위함이라고 본다(일본의 통설도 같다). 이에 대하여는 점유개정에 의한 선의취득을 인정하지 않는 것과 마찬가지로 공시의 이상을 관철하기 위한 것(즉 공시를 보다 명확히 하려는 것)이 입법취지라고 설명하는 견해도 있으나 점유개정에 의한 소유권 취득을 인정하는 이상 이 견해는 옳지 못하다고 본다. 위 규정은 성질상 강행규정이므로 이에 반하는 합의는 무효이다. 다만 동산 양도담보는 관습법에 의하여 점유개정에 의한 취득이 인정된다.

3. 위 규정이 질권이 성립한 후에도 설정자에게 질물을 반환하는 것까지 금지하는 취지인지 문제된다. 독일 민법은 이를 금지하고 있으나 우리 민법은 이에 관한 아무런 규정을 두고 있지 않다. 이에 관하여 위 제332조는 질권의 효력발생요건을 규정한 것이고, 일단 효력이 발생한 후 질권자가 질물을 반환한 경우에도 질권은 소멸하지 않고, 다만 질권을 가지고 제3자에게 대항할 수 없을 뿐이라고 주장하는 견해(대항력소멸설)도 있으나 다수설(질권소멸설)은 위 규정의 주된 취지가 유치적 효력을 확보하는 데 있으므로 질물을 설정자에게 반환하는 것은 이 질권의 특질을 깨뜨리는 것이 되어 질권이 소멸한다고 본다.

Ⅲ. 동산질권의 대상(질물)

질권은 양도할 수 없는 물건을 목적으로 하지 못한다(제331조). 질권에는 우선변제권이 있으므로 양도할 수 없는 물건에 동산질권을 설정하지 못함은 당연하다. 양도할 수 없는 물건은 그것을 현금화해서 우선변제를 받을 수 없기 때문이다. 민사집행법 등에 의하여 압류가 금지된 동산에 질권을 설정할 수 있는지 문제된다. 양도해서는 안 되는 동산이기 때문에 압류를 금지한 경우에는 질권을 설정할 수 없으나 단순히 채무자의 보호를 위하여 압류가 금지되는 동산에는 질권을 설정할 수 있다고 보아야 한다.

집합물인 동산들(예컨대 양식업자가 양식하는 유동집합물 등)에 질권을 설정할 수 있는지 문제된다. 이에 관하여는 질권 실행 시에 특정 가능하면 족하다고 보는 긍정설과 질권의 객체를 특정하기 어렵고, 점유를 이전하거나 유치적 효력을 확보하기 어렵다는 이유로 부정하는 견해가 있다. 다만 후술하는 바와 같이 판례는 집합동산에 대하여 양도담보 설정은 가능하다고 본다.

Ⅳ. 피담보채권

1. 질권에 의하여 담보되는 채권에 관하여 법률상으로는 아무런 제한이 없다. 따라서 그 발생원인이 계약이든 불법행위, 그 밖의 법률상 원인이든 상관없다. 채권의 목적, 즉 급부의 종류에도 제한이 없다. 금전채권이 보통이겠지만 금전의 지급 이외의 급부를 목적으로 하는 채권은 물론, 금전으로 가액을 산정할 수 없는 채권(제373조 참조)도 질권에 의하여 담보될 수 있다. 질권은 이러한 채권에 관하여도 그의 유치적 효력에 의하여 채무자를 심리적으로 압박해서 채무를 이행하게 하는 작용을 하고, 그 불이행이 있는 때에는 금전에 의한 손해배상채권으로 변하여 질물에서 우선변제를 받을 수 있기 때문이다. 다만 저당권에 비해 피담보채권의 범위가 넓은데, 그 이유는 질권자는 동산을 점유하고 있어 후순위 질권자와 같은 이해관계인이 생기기 어려워 그 범위에 제한을 가할 필요가 저당권에 비해 적기 때문이다.

2. 장래채권

동산질권을 설정할 수 있는 채권은 현재 존재하는 것이어야 하는지, 아니면 조건부 채권이나 기한부 채권과 같이 장래 성립할 것이라도 무방한지 부종성과 관련하여 문제된다. 이미 설명한 바와 같이 유치권과 같은 법정담보권에서는 부종성의 정도가 강하여 피담보채권이 아직 발생하지 않은 경우 그 담보권이 미리 생긴다는 것은 생각할 수 없다. 그러나 질권이나 저당권과 같은 약정담보권은 전적으로 금융의 매개 수단이기 때문에 법정담보권에서와 같이 강한 부종성을 요구한다면 금융거래를 크게 해치는 결과가 된다. 민법은 저당권에 관하여 근저당권(제357조)을 인정하고 있으나 질권에 관하여는 아무런 규정을 두고 있지 않음에도 학설은 일치하여 조건부 채권이나 기한부 채권을 위한 질권의 설정을 유효한 것으로 인정하고 있다. 그 근거에 관하여 살피면 담보물권의 부종성은 담보물권에 따라 강약의 차이가 있는데, 담보물권은 목적물의 교환가치를 목적으로 하는 것으로 그 가치를 취득할 때, 즉 담보물권을 실행할 때 그 가치취득을 적법한 것으로 하기 위하여 채권이 존재하면 된다. 담보권실행단계까지 피담보채권이 확정될 수 있으면 족하다는 의미인데, 이것이 부종성의 최소한의 요청이라고 할 수 있다. 질권이나 저당권과 같은 약정담보물권에서는 이 정도의 부종성으로 충분하다고 할 것이다. 따라서 채권의 발생이 조건이나 기한에 의하여 장래에 성립할 것이 기대되는 이상, 이러한 채권의 담보을 위하여 질권이나 저당권을 설정할 수 있다고 하여야 한다(독일민법에는 명문으로 규정하고 있다). 이러한 담보권이 피담보채권과 같은 조건부 또는 기한부로 성립하는 것은 물론 아니며, 현재 이미 유효한 담보권으로서 기능을 발휘하는 것이다. 따라서 채권이 성립하고 있지 않아 우선변제권을 행사할 수 없는 점을 제외하고, 질권의 경우에는 인도에 의하여, 저당권의 경우에는 등기에 의하여 그 우선순위를 보존하고, 그 밖에 담보물권으로서의 여러 가지 효력을 발휘할 수 있는 것으로 해석하여야 한다.

3. 근담보(根擔保)

일정한 계속적인 거래관계로부터 장래 생기게 될 다수의 불특정채권을 담보하기 위하여 질권이나 저당권을 설정할 수 있는지 문제된다. 위에서 설명한 바와 같이 민법은 저당권에 관하여 근저당권(제357조)을 인정하고 있으나 질권에 관하여는 아무런 규정을 두고 있지만 질권에 관하여도 장래의 불특정의 채권을 담보하는 근질(根質)의 유효성을 인정하는 데 학설은 일치하고 있다. 다만 저당권과 달리 질권자는 동산을 점유하고 있어 후순위 질권자와 같은 이해관계인이 생기기 어려워 최고한도를 정할 필요가 없다. 또한 피담보채권의 확정시기는 근질권자가 강제집행이 개시된 사실을 알게 된 때이다. 즉, 판례(2009다43621)는 "근질권의 목적이 된 금전채권에 대하여 근질권자가 아닌 제3자의 압류로 강제집행절차가 개시된 경우, 제3채무자가 그 절차의 전부명령이나 추심명령에 따라 전부금 또는 추심금을 제3자에게 지급하거나 채권자의 경합 등을 사유로 위 금전채권의 채권액을 법원에 공탁하게 되면 그 변제의 효과로서 위 금전채권은 소멸하고 그 결과 바로 또는 그 후의 절차진행에 따라 종국적으로 근질권도 소멸하게 되므로, 근질권자는 위 강제집행절차에 참가하거나 아니면 근질권을 실행하는 방법으로 그 권리를 행사할 것이 요구된다. 이런 까닭에 위 강제집행절차가 개시된 때로부터 위와 같이 근질권이 소멸하게 되기까지의 어느 시점에서인가는 근질권의 피담보채권도 확정된다고 하지 않을 수 없다. 근질권자가 제3자의 압류 사실을 알고서도 채무자와 거래를 계속하여 추가로 발생시킨 채권까지 근질권의 피담보채권에 포함시킨다고 하면 그로 인하여 근질권자가 얻을 수 있는 실익은 별 다른 것이 없는 반면 제3자가 입게 되는 손해는 위 추가된 채권액만큼 확대되고 이는 사실상 채무자의 이익으로 귀속될 개연성이 높아 부당할 뿐 아니라, 경우에 따라서는 근질권자와 채무자가 그러한 점을 남용하여 제3자 등 다른 채권자의 채권 회수를 의도적으로 침해할 수 있는 여지도 제공하게 된다. 따라서 이러한 여러 사정을 적정·공평이란 관점에 비추어 보면, 근질권이 설정된 금전채권에 대하여 제3자의 압류로 강제집행절차가 개시된 경우 근질권의 피담보채권은 근질권자가 위와 같은 강제집행이 개시된 사실을 알게 된 때에 확정된다고 봄이 타당하다."라고 판시하고 있다(이 점도 후술하는 바와 같이 근저당권과 다르다).

V. 법정질권

1. 질권은 원칙적으로 약정 담보물권이다. 그러나 예외적으로 일정한 경우에는 법률상 당연히 질권이 성립한다. 민법은 특별히 보호할 필요가 있는 채권의 우선변제를 확보하기 위하여 일정한 경우에 법정질권이 성립하는 것으로 하고 있다.

(1) 법정질권이 인정되는 경우는 다음과 같은 부동산 임대차의 채권에 관한 것이다.

① 토지 임대인의 법정질권: 토지 임대인이 임대차에 관한 채권에 의하여 임차지에 부속하거나 그 사용의 편익에 공용한 임차인의 소유 동산 및 그 토지의 과실을 압류한 때에는 질권과 동일한 효력이 있다(제648조).

② 건물 등의 임대인의 법정질권: 건물 기타 공작물의 임대인이 임대차에 관한 채권에 의하여 그 건물 기타 공작물에 부속한 임차인 소유의 동산을 압류한 때에는 질권과 동일한 효력이 있다(제650조).

(2) 피담보채권은 임대인의 "임대차에 관한 채권"이다. 즉, 차임 및 임대차에 의하여 임대인이 가지게 되는 손해배상채권 등이다. 임차인이 타인 소유의 동산을 임차지나 건물 등에 부속시킨 경우에 임대인이 이를 압류하면 법정질권이 성립하는지 문제된다. 선의취득에 관한 규정을 준용할 수 있을지의 문제인데, 통설은 민법에 "임차인 소유의 동산"이라고 규정하고 있을 뿐만 아니라 압류는 점유의 승계취득이 아니라는 이유로 선의취득을 부정하고 있다. 법정질권은 예외적인 경우이므로 그 인정 범위를 넓히는 것은 바람직하지 않을 것이다.

(3) 임대인의 법정질권이 성립하려면 임차인의 채무불이행이 있을 때에 채권자(임대인)가 목적물을 압류하여야 한다. 압류에 의하여 채권자의 간접점유가 성립한다.

2. 법정질권에 관해서도 동산질권의 규정이 당연히 준용된다. 위와 같이 "질권과 동일한 효력이 있다"고 규정하고 있으므로 질권의 내용과 효력에 관하여는 제329조 이하의 규정이 준용된다.

제 2 관 동산질권의 효력

Ⅰ. 동산질권의 효력이 미치는 범위

1. 효력이 미치는 목적물의 범위

입법례에 따라 차이가 있으나 우리 민법에는 특별한 규정을 두고 있지 않은바, 구체적으로 문제되는 바는 다음과 같다.

(1) 종물과 과실

질권의 효력은 원칙적으로 인도된 종물에도 미친다(제100조 제2항). 다만 설정계약에서 다른 약정을 한 경우에는 그러하지 않다.

제343조에 의하여 유치권에 관한 제323조가 준용되므로 질권자는 질물에서 생기는 천연과실을 거두어들여서 다른 채권보다 먼저 자기 채권의 변제에 충당할 수 있다. 또한 제343조에 의하여 유치권에 관한 제324조 제2항이 준용되므로 질권자는 소유자의 승낙을 얻어 질물을 사용하거나 임대할 수 있다. 이 때 생기는 사용이익 및 차임은 천연과실과 동일하게 다루면 된다.

(2) 물상대위

담보물권은 목적물의 실체를 목적으로 하는 권리가 아니라 그의 교환가치를 취득하는 것을 목적으로 하는 권리이다. 따라서 이미 설명한 바와 같이 그 목적물이 멸실·훼손·공용징수 등으로 그 교환가치를 대표하는 것이 존재하는 경우에는 담보물권이 그 목적물에 갈음하는 것에 관하여 존속하게 되는데, 이를 물상대위라고 한다. 민법은 동산질권(제342조)에 이에 관한 규정을 두고, 이를 권리질권(제355조)과 저당권(제370조)에 준용하고 있다(독일 민법은 저당권에 한하여 인정하고 있다). 비록 담보목적물이 멸실되거나 훼손되더라도 그 교환가치를 대표하는 것이 그대로 존재하는 경우에는 담보물권은 여전히 이 가치의 대표물에 존속한다고 보는 것이 담보물권의 본질에 적합하기 때문에 인정되는 것이다(통설인 가치권설의 입장). 제342조는 "질권은 질물의 멸실·훼손 또는 공용징수로 인하여 질권설정자가 받을 금전 기타의 물건에 대해서도 이를 행사할 수 있다. 이 경우에는 그 지급 또는 인도 전에 압류하여야 한다"라고 규정하고 있다(여기서 "질권설정자가 받을"은 "질물소유자가 받을"로 수정되어야 할 것이다).

(가) 대위의 목적물은 "질물의 멸실·훼손 또는 공용징수로 인하여 질권설정자가 받을 금전 기타의 물건"이다(일본 민법은 대위의 목적물을 매각대금과 임대료에까지 확대하여 인정하고 있다). 멸실·훼손은 물리적인 것에 한하지 않고, 법률적인 의미에서의 멸실·훼손도 포함한다. 따라서 담보물을 추급할 수 없을 때, 예컨대 목적물의 부합·혼화·가공으로

법률상 멸실한 경우에 소유자가 제261조에 의하여 받을 보상금도 물상대위의 목적물이 된다. 그러나 질권자의 과실에 의하지 않은 것이어야 한다. 예컨대 질권자가 선관주의의무(제343조, 제324조 제1항)를 게을리하였기 때문에 제3자에 의하여 목적물이 파괴된 경우에는 손해배상금에 대하여 물상대위를 하지 못한다. 또한 제3자의 배상의무는 불법행위에 기인하는 것 외에 계약(예컨대 후술하는 바와 같은 화재보험금)이나 법률의 규정에 기인한 것도 포함된다. 멸실·훼손·공용징수에 한하므로 목적물이 매각되거나 임대된 경우 매각대금이나 차임은 대위의 목적물이 되지 않는다. 그러한 경우에는 질권의 추급력에 기하여 질물에 추급하여 질권을 행사할 수 있을 것이다.

(나) 대위의 목적물은 현실의 금전 기타의 물건이 아니라 질권설정자가 제3자에 대하여 가지는 금전 기타의 대표물의 지급청구권 또는 인도청구권이다. 따라서 물상대위권을 행사하면 동산질권은 없어지고 채권질권이 존속하게 된다. 질권자가 물상대위권을 행사하기 위하여는 질권설정자가 금전 기타의 물건을 지급받거나 인도받기 전에 압류하여야 한다. 이 경우 압류의 의미에 관하여는 다툼이 있다. 우선권보호설과 제3채무자보호설도 있지만 통설(특정성유지설)에 의하면 물상대위의 목적이 되는 채권의 특정성을 보전하기 위한 것이라고 설명한다. 즉, 질권설정자가 일단 지급 또는 인도를 받으면 설정자의 다른 재산 속에 섞여서 특정성을 잃게 되는데, 질권설정자의 재산 속에 섞여 들어간 후에도 질권자가 추급하여 권리를 행사할 수 있게 된다면 법률관계의 분규를 초래하며, 다른 채권자의 이익을 침해하게 되기 때문이다. 요컨대 압류를 요건으로 하는 이유는 설정자의 재산과 섞이는 것을 막기 위한 것이다. 판례(2000다4272)도 통설과 같이 물상대위의 목적인 채권의 특정성을 유지하여 그 효력을 보전함(=담보물권이 소멸하는 것을 방지함)과 동시에 제3자에게 불측의 손해를 입히지 않으려는 데(=제3자가 이중 변제하는 것을 방지하려는 것) 있다고 한다.

압류는 언제나 물상대위권을 행사하는 질권자가 하여야 하는가. 본래 채권의 압류를 요구하는 이유가 목적물의 특정성을 보존하려는 데 있다는 점은 위에서 설명하였다. 제3채권자에 의하여 압류된 때에도 특정성 보존의 목적은 달성된다. 따라서 통설과 판례(2002다33137)는 부정설을 취한다. 그 결과 다른 제3채권자가 이미 압류한 경우에도 질권자는 물상대위권을 행사할 수 있다. 그 행사방법은 민사집행법 제273조에 의하여 담보권의 존재를 증명하는 서류를 집행법원에 제출하여(집행권원은 필요없다) 채권압류 및 전부명령을 신청하거나 민사집행법 제247조 제1항에 의하여 배당요구를 하는 것이다(2010다46756).

2. 피담보채권의 범위

(1) 질권은 원본, 이자, 위약금, 질권 실행의 비용, 질물 보존의 비용 및 채무불이행 또

는 질물의 하자로 인한 손해배상의 채권을 담보한다. 그러나 다른 약정이 있는 때에는 그 약정에 의한다(제334조).

질권 실행의 비용은 경매비용을 제외한(민사집행법 제53조 제1항 참조) 그 밖의 질권실행에 필요한 모든 비용을 말하며, 감정인의 평가비용(제338조)이나 채권의 추심비용(제353조) 등을 포함한다. 질물 보존의 비용은 질권자가 질물에 관하여 지출한 비용(제343조, 제325조) 중에서 보존을 위해 지출한 비용을 말한다(저당권에서는 이와 달리 피담보채권에 포함되지 않는다). 질물의 하자로 인한 손해는, 예컨대 인화성이 강한 질물이 안전장치의 미비로 폭발하거나 질물인 가축이 보유하는 전염병으로 인하여 질권자의 다른 가축이 전염되는 등으로 질권자가 입은 손해를 말한다.

위와 같이 질권의 피담보채권의 범위는 저당권의 경우(제360조 참조)보다 상당히 넓은바, 이는 질권에서는 질물이 채권자에게 인도되어 같은 목적물 위에 질권이 경합하는 경우가 비교적 적으므로 다른 채권자를 해할 염려가 적기 때문이다.

(2) 동산질권은 불가분성을 가지고 있으므로(제343조, 제321조) 질권자는 채권의 전부의 변제를 받을 때까지 질물 전부에 대하여 그 권리를 행사할 수 있다.

Ⅱ. 유치적 효력

질권자는 채권의 전부를 변제받을 때까지 질물을 유치할 수 있다(제335조 본문).

1. 이 유치적 효력은 유치권의 유치적 효력과 원칙적으로 같다. 그러나 질권은 우선변제적 효력도 가지고 있기 때문에 질권의 유치적 효력은 유치권보다 강할 필요는 없다. 그렇기 때문에 동조 단서는 질권자의 유치적 효력은 자기보다 우선권이 있는 채권자에게 대항하지 못하는 것으로 규정하고 있다. 따라서 선순위의 질권자나 질물에 관하여 우선권을 가지는 채권자(예를 들면 조세채권자)의 청구로 질물이 경매에 부쳐진 경우 질권자는 배당에 참가하여 그의 순위에 따른 배당을 받을 수 있을 뿐, 집행관에게 질물의 인도를 거절하지 못한다.

2. 그 밖의 점에서는 유치권과 공통의 성질을 가지고 있으므로 유치권에서의 과실수취권(제323조), 유치물의 관리 및 사용(제324조), 비용상환청구권(제325조)에 관한 규정은 모두 질권에 준용된다(제343조). 다만 다음의 점을 주의하여야 한다.

(1) 질권자에게는 목적물의 사용권이 인정되어 있지 않으나 목적물의 보존에 필요한 한도에서 이를 사용할 수 있다(제343조, 제324조 제2항). 그러나 이 범위를 넘어서 사용하면 채무자는 소멸청구를 할 수 있다(제343조, 제324조 제3항).

(2) 질권자는 질물에서 생기는 과실, 예컨대 설정자의 승낙을 얻어 이를 타인에게 빌려 준 경우 차임 등을 거두어들여서 이로부터 다른 채권자에 우선하여 변제를 받을 수 있다(제343조, 제323조).

Ⅲ. 우선변제적 효력

1. 동산질권자는 질물로부터 다른 채권자보다 먼저 자기의 채권을 우선적으로 변제받을 권리가 있다(제329조). 이 우선변제권은 질권자가 최우선순위에 있음을 전제로 하는 것이다. 따라서 그 질권자에게 우선하는 질권자나 우선특권자가 있는 때에는 그 한도에서 우선변제권은 당연히 제한된다. 그리고 동산질권 상호간의 우선순위는 설정의 선후에 의한다(제333조). 이는 질권 설정의 시간적 순서에 따라 그 순위를 결정한다는 의미이다. 동일한 동산 위에 중첩하여 질권을 설정할 수 있다. 예컨대 甲이 동산에 질권을 설정하여 乙로부터 돈을 빌리고, 다시 같은 동산을 담보로 하여 丙으로부터 돈을 빌리는 동시에 丙에게 甲이 乙에 대하여 가지는 목적물반환청구권의 양도에 의한 인도로써 질권을 설정하는 경우에 두 질권 사이에 우선순위가 문제될 수 있다.

질권자에게는 별제권이 인정된다(채무자 회생 및 파산에 관한 법률 제411조).

2. 질권자가 우선변제권을 행사하기 위한 요건은 채무자가 이행지체에 빠지고, 피담보채권이 금전을 목적으로 하지 않는 경우에는 그것이 금전채권으로 변하여야 한다. 예컨대 채무자의 이행불능으로 인하여 손해배상채권이 발생하여야 한다. 질권자가 우선변제권을 행사하는 방법은 다음과 같다.

(1) 민사집행법 제271조, 제272조가 정하는 절차에 따라 질물을 환가(현금화)하여(민법 제338조 제1항) 그로부터 피담보채권액을 취득하고, 나머지가 있으면 질권설정자에게 반환하게 된다. 현금화하였으나 그것이 피담보채권액에 미달할 경우에는 집행권원을 얻어 채무자의 일반재산에 강제집행 할 수 있다.

여기서 질권자는 질권을 실행하지 않고 처음부터 채무자의 일반재산에 강제집행 할 수 있는지 문제된다. 질권자가 질물에 대한 집행을 먼저 하게 되면 일반채권자의 배당액이 많아지게 되기 때문이다. 이를 예를 들어 설명해 보면 다음과 같다.

① 먼저 질권자 A가 400만원을 피담보채권으로 하여 채무자 소유의 X동산(시가 300만원)에 질권을 가지고 있는데, A가 먼저 채무자 소유의 Y동산(시가 1,000만원)에 강제집행을 하여, 위 강제집행절차에서 B가 600만원, C가 1,000만원의 배당요구를 한 경우 배당액을 계산해 보면(채권자 A, B, C의 채권액 합계는 2,000만원이다), Y동산의 환가금 1,000만원은 A에게 200만원(1,000만원x400만원/2,000만원), B에게 300만원(1,000만원x600만원/2,000

만원), C에게 500만원(1,000만원x1,000만원/2,000만원)이 배당된다. 그 후 X동산이 강제집행 되어 추가 배당될 경우 A는 X동산에 대하여 질권을 가지고 있으므로 우선변제권이 있어 환가금 300만원에서 A의 잔존채권액 200만원이 배당되고, 나머지 100만원 중 B에게 375,000원(100만원x600만원/1,600만원), C에게 625,000원(100만원x1,000원/1,600만원)이 배당되어 결국 A는 400만원, B는 3,375,000원, C는 5,625,000원을 배당받게 된다.

② 만일 A가 질권을 먼저 행사하게 되면 A가 X의 환가금 300만원을 먼저 배당받게 되고, 그 후 Y동산이 강제집행 되어 추가 배당될 경우 Y동산의 환가금 1,000만원에서 A, B, C가 안분하여 배당을 받게 되므로 A는 588,235원(1,000만원x잔존채권액 100만원/1,700만원)을 배당받게 되어 총 3,588,235원을, B는 3,529,411원(1,000만원x600만원/1,700만원)을. C는 5,882,353(1,000만원x1,000만원/1,700만원)을 배당받게 된다.

위 두 결과를 비교해보면 ②의 경우에 일반채권자인 B, C의 배당액이 많음을 알 수 있다. 민법은 이 문제를 조정하기 위하여 제340조 제1항에 "질권자는 질물에 의하여 변제를 받지 못한 부분의 채권에 한하여 채무자의 다른 재산으로부터 변제를 받을 수 있다"라고 규정함으로써 일반채권자를 보호하고 있다(이는 제370조에 의하여 저당권에도 준용된다). 그런데 여기서 위 규정에 위배하여 질권자가 채무자의 일반재산에 먼저 집행할 경우 이의를 제기할 수 있는 것(그 방법은 민사집행법 제16조가 정하는 "집행에 관한 이의신청"이다)은 일반채권자에 한하는지, 아니면 채무자도 이의를 제기할 수 있는지 문제된다. 다수설은 위 조항은 일반채권자를 보호하기 위한 규정이므로 채무자는 일반재산에 대하여 먼저 집행하려는 질권자에 대하여 이의를 제기할 수 없다고 본다. 즉, 이에 위배하여 질권자가 채무자의 일반재산에 대하여 먼저 강제집행을 하여도 이에 대해 이의를 제기할 수 있는 것은 일반채권자뿐이고, 채무자는 이의를 제기하지 못하며, 질권자는 채무자에 대한 관계에서는 일반재산에 대하여 먼저 집행할 수 있다고 해석한다. 채무자는 어차피 자신의 채무를 변제하여야 하므로 질권자가 채무자의 일반재산에 대하여 먼저 집행을 한다고 하더라도 하등의 이해관계가 없을 뿐만 아니라 채무자의 이의로 경매절차의 번잡과 지연을 초래할 우려가 있기 때문이다. 이에 대하여 위 규정은 일반채권자의 보호만이 아니라 채무자의 보호도 그 목적이라고 보아야 한다고 주장하는 견해도 있다. 즉, 이 조항을 위반하여 질권자가 먼저 채무자의 일반재산에 집행하는 때에는 채무자도 이의를 제기할 수 있다는 견해이다. 질권 설정 시에 질물에 대한 질권 실행을 우선할 것이 묵시적으로 합의되었다고 보기 때문이다. 이에 따르게 되면 질권자는 언제나 먼저 질물에 대하여 담보권의 실행을 위한 경매로 환가를 받아야만 한다는 것이 된다(다만 이 소수설도 저당권에 관하여는 저당권자 보호를 우선시하여 채무자는 이의를 제기할 수 없다고 본다).

다만 어느 견해에 의하건 질물보다 먼저 채무자의 다른 재산에 배당을 실시하는 경우에는 위 규정을 적용하지 아니한다(동조 제2항 본문). 이 경우 질권자는 일반채권자로서 배당에 참가할 수 있고, 배당참가여부는 질권자의 자유이다. 만일 이렇게 보지 않는다면 후에 질물이 실행되어 채권변제에 부족함이 판명되어도 이미 일반재산에 대한 집행이 종료되어 부족액의 변제를 받을 기회를 상실하게 될 것이기 때문이다(이렇게 되면 질권자가 손해를 입게 된다). 이 경우 다른 채권자는 질권자에게 그 배당금액의 공탁을 청구할 수 있다(같은 항 단서). 채무자의 일반채권자를 보호하기 위함이다. 질권자는 질권의 실행으로써도 변제받지 못한 금액에 대하여만 일반채권자로서 이 공탁금에서 변제받게 된다(남은 공탁금은 다른 채권자에게 추가로 배당된다).

(2) 간이변제충당

우선변제권의 행사는 경매에 의하는 것이 원칙이나 유치권에서 본 바와 같이 경매는 그 절차가 복잡하고 많은 비용을 요하므로 가치가 비교적 적은 동산에 관하여도 항상 이 방법으로 환가하도록 하는 것은 타당하지 않다. 여기서 민법은 유치권과 마찬가지로 일정한 경우에 간이변제충당을 인정하고 있다(제338조 제2항 참조. 제343조에서 유치권에 관한 제322조를 준용한다고 규정한 것은 입법상 오류로 보인다). 즉, 동산질권자는 정당한 이유가 있는 때에는 감정인의 평가에 따라 질물로써 직접 변제에 충당할 것을 법원에 청구할 수 있다. 법원의 허가가 있으면 질권자는 평가액과 채권액의 차액을 설정자에게 반환하고 질물의 소유자가 될 수 있다. 평가액이 채권액에 부족하면 채무자의 일반재산에 대하여 집행할 수 있다. 이 청구를 하려면 질권자는 미리 채무자와 질권설정자에게 통지하여야 한다. 이들로 하여금 스스로 변제해서 질물로 변제에 충당하는 것을 막을 기회를 주기 위함이다. 그 밖의 내용은 유치권에서 설명한 바와 같다.

(3) 질권자가 스스로 경매를 청구하지 않고, 다른 채권자가 경매의 청구 그 밖의 환가절차를 밟는 경우에도 질권자는 그 대가로부터 우선변제를 받을 수 있다(민사집행법 제217조).

3. 유질(流質)계약

(1) 질권자는 질권의 실행으로 질물을 환가(현금화)하여 피담보채권액을 우선적으로 배당받고, 남은 돈은 설정자에게 반환하는 것이 원칙이다. 그런데 질권설정자가 설정행위나 변제기 전의 계약으로 채권자에게 변제에 갈음하여 질물의 소유권을 취득하게 하고, 기타 법률에 정한 방법에 의하지 않고 질물을 처분할 것을 약정하는 경우가 있는데, 이 계약의 효력에 관하여 제339조는 무효라고 정하고 있다. 이를 "유질계약의 금지"라고 한다. 로마법이 유질계약을 금지하는 태도를 취한 이래 독일 민법 제1229조(Verbot der Verfallvereinbarung)를 비롯하여 근대 민법 대부분이 채택하고 있는 원칙이다. 경제적으로 궁박한 사정에 있는 채무자가 소액의 채권을 담보하기 위하여 고가의 동산에 질권을 설

정하였다가 질권자가 채무불이행을 이유로 그 질물의 소유권을 취득하게 된다면 질권자는 폭리를 얻게 되는 결과가 되는바, 이를 막기 위하여 둔 것으로 강행규정이다. 제339조에 의하여 무효로 되는 것은 유질에 관한 계약이며, 질권설정 계약 자체가 무효로 되는 것은 아니다. 이에 대하여는 의사해석설(일부무효 법리 적용설)과 제607조, 제608조 적용설(유질약정은 초과부분에 한하여 일부 무효라는 견해)도 있다.

(2) 유질 약정의 예외적 허용

① 채무의 변제기 후에 하는 유질계약은 유효하다. 이 경우에는 채무자의 궁박을 이용한다는 사정이 없기 때문이다. 변제기 후의 유질계약은 일종의 대물변제에 해당한다.

② 상행위에 의하여 생긴 채권을 담보하기 위하여 설정된 질권에는 위 규정을 적용하지 아니한다(상법 제59조). 이 경우에는 당사자의 자유로운 결정을 존중하는 것이 적절하며, 법이 채무자를 보호하기 위한 후견적인 역할을 할 필요가 없기 때문이다.

(3) 통설은 위와 같이 유질계약을 일률적으로 금지하는 것은 옳지 않다고 본다(위 규정을 삭제해야 한다고 주장한다). 왜냐하면 ① 실효성이 없고(유질계약의 목적은 환매나 양도담보 등에 의해서도 달성할 수 있다), ② 자금융통을 곤란하게 하며(급히 차용하려는 자의 금융을 막는 결과가 된다), ③ 저당권과 균형이 맞지 않고(민법은 유저당계약의 금지를 규정하고 있지 않다), ④ 민법 제103조, 제104조, 제607조, 제608조에 의하여 충분히 해결할 수 있다고 보기 때문이다.

Ⅳ. 동산질권자의 전질권

1. 의의와 종류

제336조는 "질권자는 그 권리의 범위 내에서 자기의 책임으로 질물을 전질(轉質)할 수 있다"라고 규정함으로써 전질권을 인정하고 있다. 전질에 대비하여 원래의 질권을 원질이라고 한다. 예컨대 甲이 乙에 대한 채권의 담보로 乙로부터 질물을 인도받아 유치하고 있는 동안 그 질물을 자신의 丙에 대한 채무를 위하여 다시 담보로 제공할 수 있다. 이는 질권자로 하여금 일단 질물에 고정된 그의 자금을 피담보채권의 변제 이전에 회수할 수 있게 하는 작용(자산유동화 작용)을 한다.

그 성질에 관하여는 유치권에 관한 제324조 제2항을 질권에 준용하고 있어(제343조) 제336조와의 관계가 문제된다. 제324조에 2항에 의하면 질권자는 질권설정자의 승낙이 없으면 질물을 담보로 제공하지 못한다, 여기서 제336조에서 말하는 전질은 언제나 설정자의 승낙이 있어야 하는가 라는 의문이 생긴다. 통설은 제336조와 제324조 제2항은 함께 성립할 수 있는 것으로 보고, 질권자는 설정자의 승낙을 얻어서 전질을 할 수 있음은 물론(이를 "승낙전질"이라 한다), 설정자의 승낙이 없더라도 질권자의 책임으로 질권의 범위 내에서 다시 전질을 할 수 있다(이를 "책임전질"이라 한다)고 해석한다. 질권자가 질물에 고정된 그의 자금을 다시 유동화하는 길을 마련하는 것이 전질제도의 취지이므로 그 방법은 설정자의 승낙을 요한다고 볼 필요는 없을 것이다. 어느 경우이건 전질권은 원질권에 우선한다.

2. 책임전질

가. 성질

책임전질의 성질에 관하여는 부종성의 관점에서 견해가 나뉘는데, 통설은 피담보채권과 함께 질권이 전질권의 목적이 된다는 채권·질권공동입질설(질권부채권입질설)을 취하고 있다(독일의 통설이다). 이에 대하여 질권자가 자기의 책임으로 질물 위에 새 질권을 설정하는 것이라는 질물재입질설(신질권설정설이라고도 하는데, 일본의 통설이다)도 있다. 후설은 "질물을 전질할 수 있다"라고 규정하고 있는 제336조에 충실한 해석으로서 담보물권의 부종성을 완화하여 이를 독립한 가치권으로 파악하려는 주장이다. 살피건대 가치권으로서의 독립성이 가장 뚜렷해야 할 저당권에 관하여 민법은 "저당권은 그 담보한 채권과 분리하여 타인에게 양도하거나 다른 채권의 담보로 하지 못한다"라고 규정하고 있는데(제361조), 질권에 관해서만 그 부종성을 완화하여 피담보채권과 분리하여 질물에 대하여만 질권을 설정하는 것이라는 주장은 균형을 잃은 것이라고 보이고, 실제 거래에서도 피담보채권이라는 인적 신용관계를 고려하여 질권부채권을 입질하는 것이 보통이며, 전질의 대항요건으로서 권리질권 설정의 경우와 동일한 대항요건을 요구하는 것(제337조 참조)은 전질에 피담보채권의 입질이 당연히 포함되는 것을 전제로 하는 것이라고 보이므로 통설이 타당하다.

나. 성립요건

(1) 질권자와 전질권자 사이의 물권적 합의와 질물의 인도가 있어야 한다. 질물의 인도를 요하는 이유는 다음과 같다. 저당권부 채권을 입질하는 때에는 그 저당권등기에 질권의 부기등기를 해야 질권의 효력이 저당권에 미치는데(제348조), 이 규정은 질권부 채권의 입질에도 유추적용하는 것이 옳다. 그런데 질권은 등기에 의하여 공시할 수 없으므로 등기에 갈음하여 질물을 인도하여야 한다고 해석된다. 또한 후술하는 바와 같이 전질권설정자의 책임을 가중하고 있는데, 이 규정은 인도를 전제로 하지 않으면 적용될 여지가 없어 무의미해지기 때문이다.

(2) 전질권은 질권의 범위 내일 것

전질권의 피담보채권액은 질권의 피담보채권액을 초과하지 못하며, 전질권의 존속기간은 질권의 존속기간 내이어야 한다.

(3) 전질은 피담보채권의 입질을 포함하므로 권리질권을 설정하기 위한 요건을 갖추어야 한다. 즉, 질권자가 채무자에게 전질의 사실을 통지하거나 채무자가 이를 승낙하지 않으면 전질로써 채무자, 보증인, 질권설정자 및 그 승계인에게 대항하지 못한다(제337조 제1항). 앞서 본 바와 같이 이 조문은 책임전질에 관하여 채권·질권공동입질설의 근거가 된다. 그러나 확정일자를 갖출 필요는 없다. 여기서의 대항요건은 채무자 등에 대하여 전질을 주장할 수 있는 요건을 말하는 것이지 동일채권에 관하여 양립할 수 없는 관계를 맺은 제3자와의 상호 우열관계에 관한 것은 아니기 때문이다.

다. 효과

(1) 질권자(전질권설정자)는 전질을 하지 않았더라면 생기지 않았을 불가항력에 의한 손해도 배상할 책임이 있다(제336조 후문). 예컨대 전질권자의 집이나 창고가 소실하여 질물이 멸실한 경우이다. 다만 원질권자의 집도 함께 소실된 경우에는 과실책임을 진다. 민법은 원질권자에게 이러한 가중책임을 지우면서 질권설정자의 승낙 없는 책임전질을 인정하고 있는 것이다.

(2) 질권자는 전질을 한 후 그의 질권을 포기하거나 원채무자의 채무를 면제하는 등 질권을 소멸하게 하는 처분을 하지 못한다. 채권추심도 할 수 없다고 본다, 그 결과 이행소송을 제기할 수는 없으나 시효중단을 위한 확인소송 제기는 가능하다고 본다. 다만 전질권을 침해하지 않는 범위 내에서는 그러한 처분도 가능하다.

(3) 질권자가 채무자에게 전질의 사실을 통지하거나 채무자가 이를 승낙하면 전질로써 채무자, 보증인, 질권설정자 및 그 승계인에게 대항할 수 있다(제337조 제1항). 이 통지를 받은 채무자가 전질권자의 동의 없이 질권자에게 채무를 변제하여도 이로써 전질권자에게 대항하지 못한다(동조 제2항). 이 경우 질권자에 대한 관계에서는 그 변제가 유효하므로 원질권은 소멸하나 전질권은 여전히 존속하게 된다.

(4) 전질권자는 자기의 채권을 변제받을 때까지 질물을 유치할 수 있다(제335조).

(5) 전질권자가 질권을 실행하려면 자기의 채권뿐만 아니라 질권자의 채권도 변제기가 도래하여야 한다. 전질권의 실행으로 얻은 매각대금은 먼저 전질권자의 우선변제에 충당하고, 나머지 돈을 원질권자의 우선변제에 충당하게 된다. 전질권자는 질권설정자

(채무자)에게 원질권의 피담보채권의 변제를 직접 청구하고 수령하여 자기 채권의 변제에 충당할 수 있다.

(6) 질권이 소멸하면 전질권도 원칙적으로 소멸한다.

3. 승낙전질

가. 성질

제343조는 유치권에 관한 제324조 제2항을 준용하고 있으므로 질권자는 질권설정자의 승낙을 받아 질물을 담보로 제공할 수 있다. 승낙전질의 성질에 관하여는 질물재입질설이 통설이다(책임전질에 관하여 공동입질설을 취하는 학설도 승낙전질에 관하여는 질물재입질설을 취한다). 즉, 질권자가 질물소유자의 승낙을 얻어 자기의 채무를 담보하기 위하여 그가 점유하는 질물을 입질하고, 질물 위에 자기의 질권보다 우선적 효력이 있는 새 질권을 설정하는 것이다. 질물소유자의 승낙은 처분권(질권자의 전질권자에 대한 채무를 담보하기 위하여 질권을 설정하는 것)의 수여를 의미한다. 이 처분권의 수여는 사적자치의 원칙상 무효로 볼 이유가 없다. 따라서 승낙전질은 원질권과는 무관한 전혀 별개의 독립한 것으로 질물소유자가 스스로 설정한 질권과 다르지 않다("승낙에 의한 질물의 입질"이라고 함이 옳다는 견해도 있다).

나. 성립요건

(1) 질물소유자의 승낙이 있어야 한다, 질권자가 그 승낙 없이 전질을 설정하면 질권설정자는 질권의 소멸을 청구할 수 있다(제343조, 제324조). 다만 책임질권의 요건을 구비하고 있다면 질권자가 책임질권을 설정한 것으로 해석하여야 할 것이다.

(2) 질권자의 질권이나 피담보채권과는 무관하므로 질권의 범위에 따른 제한은 없다. 따라서 초과전질도 유효하다.

(3) 책임전질과 달리 채무자에 대한 통지나 채무자의 승낙은 요건이 아니다.

다. 효과

(1) 책임전질과 달리 질물에 관한 질권자의 책임이 가중되지 않는다. 즉, 불가항력에 의한 손해배상의무를 부담하지 않는다.

(2) 질권과는 무관한 새 질권이므로 질권설정자는 자기의 채무를 질권자에게 변제해서 질권을 소멸시킬 수 있다. 그러나 질권자의 질권이 소멸해도 전질권자의 질권에는 영

향이 없다. 따라서 전질권자는 질물을 계속 유치할 수 있다. 다만 질권설정자가 질권자에게 그의 채무를 변제하는 데 전질권자가 동의한 경우에는 질권설정자는 그 변제로써 전질권자에게 대항할 수 있다(제337조 제2항 참조). 즉, 질권설정자는 그 변제로 인한 질권의 소멸을 이유로 전질권자에 대하여 질물의 반환을 청구할 수 있다.

Ⅴ. 동산질권의 침해에 대한 효력

1. 물권적 청구권의 인정여부

동산질권자는 질물을 점유할 권리가 있다. 따라서 점유가 침해된 경우에는 당연히 점유보호청구권에 의하여 보호된다. 한편 질권도 물권이므로 그 침해에 대하여는 당연히 물권적 청구권이 인정되어야 할 것으로 보인다. 그런데 민법은 다른 물권에 관하여는 소유권에 의한 물권적 청구권을 규정한 제213조와 제214조를 준용하면서 질권에 관해서는 이를 준용한다는 규정을 두고 있지 않다. 여기서 질권에 의한 물권적 청구권이 인정되는지 문제된다.

① 소수설인 부정설에 의하면 점유를 잃으면 소멸하는 동산질권에 반환청구권을 인정하는 것은 다른 채권자를 해할 우려가 있고, 동산에 대하여는 방해예방이나 방해제거청구권을 인정하더라도 별로 실익이 없기 때문에 점유보호청구권을 인정하는 것만으로도 충분하다고 본다. 민법에 준용하는 규정을 두지 아니한 것은 질권에는 점유보호청구권만을 인정하겠다고 하는 입법자의 결단의 표현이라는 것이다(입법상의 부주의 또는 입법기술상의 오류가 아니다). 즉, 민법 제정과정에서의 심의록과 의견서에 의하면 질권자는 의례히 물건을 점유하므로 질권에 대한 방해가 있으면 대개 점유보호청구권을 행사할 수 있어서 질권자의 보호는 그 정도로써 충분하고, 질권 그 자체에 기한 물권적 청구권을 인정할 필요가 없다고 보았다는 것이다[2]. 그러므로 입법자의 의사에 반하여 쉽게 물권적 청구권을 인정해서는 안 된다고 주장한다,

그러나 ② 다수설(긍정설, 일본의 통설이기도 하다)은 질권도 하나의 물권이므로 당연히 물권적 청구권이 인정되어야 한다고 본다. 구민법에는 “동산질권자는 질물의 점유를 침탈당한 때에는 점유회수의 소에 의하여서만 그 질물을 회복할 수 있다”라고 규정하고 있었는데, 현행 민법이 위와 같은 규정을 두지 않은 것은 물권적 청구권을 긍정하는 취지에서 그런 것이라고 한다(독일 민법은 소유권에 관한 반환청구권을 질권에 준용하도록 하고 있다). 만일 부정설에 따른다면 질권자가 질물을 유실하거나 제3자의 사기에 의하여 질물을 인도하여 준 경우 점유물 반환청구권을 행사하지 못하므로 결국 질물의 점유를 회복하지 못한다는 부당한 결과가 발생하게 되는바, 이러한 부당함은 물권적 청구권을 인정

2) 양창수, 민법연구 1, 제266-269면 참조.

해야 피할 수 있다는 것이다(이에 대하여 소수설은 사기의 경우에는 질권자가 제110조에 기하여 그 의사표시를 취소하고, 사기행위로 취득한 제3자의 점유를 부당이득으로 반환청구하면 되고, 유실의 경우에는 유실물법에 따르면 된다고 주장한다). 그리고 민법에 아무런 규정을 두지 아니한 것은 입법기술의 착오라고 주장한다.

2. 물권적 청구권의 요건과 내용

동산질권의 침해에 대한 물권적 청구권의 요건이나 내용은 소유권에 기한 물권적 청구권과 크게 다를 것이 없다. 질권자의 점유보호청구권에 관하여도 마찬가지이다.

질물이 채무자나 제3자에 의하여 훼손된 경우에 질권자가 손해배상을 청구할 수 있음은 당연하다. 이 경우 그 배상액은 피담보채권을 한도로 한다고 보아야 하며, 배상청구의 시기는 피담보채권의 변제기를 기다릴 필요 없이 침해행위가 있으면 곧 청구할 수 있다고 보아야 한다. 또한 채무자가 질물을 훼손한 경우에는 기한의 이익을 상실하므로(제388조 제1호) 질권자는 곧바로 잔존물에 대하여 질권을 실행할 수 있다.

Ⅵ. 동산질권자의 의무

1. 보관의무

동산질권자는 목적물의 보관의무를 부담하며, 이에 관해서는 유치권의 규정이 준용된다(제343조). 따라서 질권자는 선량한 관리자의 주의를 가지고 질물을 점유하여야 하고(제324조 제1항), 설정자의 승낙 없이 질물을 사용·대여하거나 담보에 제공하지 못한다(동조 제2항). 질권자가 이 의무를 위반하면 질권설정자는 질권의 소멸을 청구할 수 있다(동조 제3항).

2. 질물반환의무

(1) 질권이 소멸하면 동산질권자는 질물을 질권설정자에게 반환하여야 한다. 이 반환의무는 질권설정계약에 따른 것이므로 반환의 상대방은 질권설정자이다. 질권설정자가 타인의 소유물을 그의 승낙을 얻어 입질한 경우에도 역시 설정자에게 반환하여야 한다. 질권이 소멸한 후에는 질물의 소유자도 소유권에 기하여 질물의 반환을 청구할 수 있다.

(2) 질물의 반환은 채권의 변제와 동시이행의 관계에 있는 것이 아니라 채권의 완전한 변제가 있은 후에 비로소 질물반환청구권이 생긴다. 즉, 피담보채무의 변제가 선이행되어야 할 의무이다. 이는 우선변제권이 있는 질권의 성질에 적합할 뿐만 아니라 당사자의 의사에도 부합하기 때문이다. 이 점에서 유치권과 다르다. 따라서 질권이 소멸하기 전에 설정자가 질물의 반환을 청구하는 때에는 법원은 원고 패소 판결을 하거나 동시이행이

아닌 선이행판결을 하여야 한다.

제 3 관 동산질권의 소멸

1. 동산질권은 물권 일반의 공통적인 소멸원인과 담보물권의 공통적인 소멸원인으로 소멸한다. 또한 질권자가 목적물을 설정자에게 반환하는 때 질권이 소멸한다는 점과 질권자가 그의 의무를 위반하는 때에는 설정자의 소멸청구로 질권이 소멸한다는 점에 대하여도 이미 설명하였다. 동산질권이 소멸하면 질권자는 질물을 설정자에게 반환하여야 한다.

2. 질권은 피담보채권으로부터 독립하여 소멸시효에 걸리는 일은 없다. 그러나 질권자가 질물을 유치하고 있더라도 소멸시효의 진행을 막지 못한다고 해석하여야 한다. 제343조가 유치권에 관한 제326조를 준용하고 있지 않으나 질물의 유치를 피담보채권의 행사라고 할 수는 없기 때문에 유치권의 경우와 마찬가지로 해석하여야 할 것이다.

제 4 관 증권에 의하여 표상되는 동산의 입질과 화환

1. 증권에 의한 동산질

근대 상거래는 임치하고 있거나 운송 중인 상품에 대한 매각이나 입질을 쉽게 할 수 있도록 하기 위하여 이들 상품을 표상하는 증권에 의한 양도와 입질의 방법을 생각해 냈다. 창고증권과 운송증권(화물상환증과 선하증권)이 그것이다. 창고증권은 창고업자에 대한 임치물반환청구권을 표상하는 유가증권이다. 화물상환증은 육상물건운송계약에서 운송물의 인도청구권을 표상하는 유가증권이고, 선화증권은 해상물건운송계약에서 운송물의 인도청구권을 표상하는 유가증권이다. 상품을 소유하는 제조업자나 상인은 이들 증권을 배서·교부함으로써 간단히 입질하거나 매각할 수 있어서 마치 저당권과 비슷한 기능을 하게 된다. 증권의 점유는 상품에 대한 간접점유가 되는바, 직접점유는 문제되지 않으므로 일반동산질권에서의 유치적 효력은 그 실질적 의의를 상실하게 되기 때문이다. 이들 증권의 교부는 그것이 표상하는 상품의 인도와 동일한 효력이 있으므로 질권은 상품인도청구권이 아닌 상품 위에 성립한다. 이들 증권에 의한 입질은 상법학에서 다룰 과제이므로 자세한 설명은 생략한다.

2. 화환(貨換)

운송을 매개로 하여 행하여지는 격지(隔地)자 사이의 매매에 있어서 매도인이 대금채권을 추심하거나 대금채권을 가지고 금융을 얻기 위하여 매수인 또는 그가 지정한 은행을 지급인으로 하여 발행한 환어음으로서 매매의 목적물을 표상하는 운송증권을 그 어음채권의 담보로 첨부한 것을 말한다. 이 경우 매도인은 은행으로부터 어음의 할인을 받아 대금을 회수하고, 은행은 매수인에게 어음을 제시하여 지급을 받아 할인의 대가를 회수하며, 매수인은 이것과 교환으로 운송증권을 인도받아 매매의 목적물을 취득한다. 그 과정에서 매도인이 위와 같이 은행으로부터 어음의 할인을 받으면서 은행에 운송증권을 담보로 제공하면 은행은 그 목적물 위에 질권을 취득한다. 국제거래에서 신용장과 함께 많이 이용되고 있다.

제3절 권리질권

제1관 총설

Ⅰ. 권리질권의 의의와 사회적 작용

1. 권리질권은 재산권을 목적으로 하는 질권이다(제345조 본문). 권리질권은 로마법에서도 인정된 오래된 제도이나 그 중요성이 부각된 것은 채권의 교환가치가 인정되고, 재산권을 표상하는 유가증권제도가 발달하면서부터이다.

2. 질권은 원래 유체물에 관하여 발달한 권리이다. 질권은 물건의 이용을 설정자로부터 빼앗아서 채무의 변제를 심리적으로 강제하는 데 그 특질이 있는데, 설정자가 이용가치를 빼앗김으로 인하여 가장 심한 타격을 입는 것은 유체물이기 때문이다. 그런데 근대법은 유체물과 아울러 무형의 재산권을 독립시켰고, 이러한 재산권은 유체물보다 훨씬 큰 교환가치를 가지는 경우가 많아져서 거래계의 주목을 받게 되었다. 근대의 담보물권은 교환가치의 취득을 그 본질적 목적으로 하는 결과 거래계에서 무형적인 재산권의 이용을 채무자로부터 빼앗아서 이를 채권자의 지배에 두고 그렇게 함으로써 채무의 변제를 간접적으로 압박하는 동시에 채무불이행이 있는 때에 그 가치를 쉽게 취득하려는 수요가 생겼다. 이러한 수요에 따라 필연적으로 권리질권이 성행하게 되었다. 뿐만 아니라 이러한 재산권의 주된 것이 점차로 유가증권화함에 따라 권리질권은 현대의 금융거래에서 가장 빈번히 행해지는 질권의 한 종류가 되었다. 즉, 담보

거래에 있어 권리질권이 차지하는 비중이 커졌고, 질권의 중점은 동산질권에서 권리질권으로 이동하였다. 권리질권은 앞으로 담보거래의 주역이 될 것으로 예상된다.

Ⅱ. 권리질권의 성질

권리질권의 법적 성질에 관하여는 독일 보통법 시대에 학자들 사이에서 많은 논의가 있었다. 그 일부학자들이 질권은 유체물만을 목적으로 할 수 있을 뿐, 권리로써 채권의 담보로 하는 것은 권리를 양도하는 것에 지나지 않는다고 주장하기도 하였으나(이를 "권리양도설"이라고 한다) 현재 이를 지지하는 학자는 없다. 질권의 본질에 비추어 권리 자체의 입질을 인정하는 것이 조금도 이상한 일이 아니라는 것이다. 질권은 권리 자체를 목적으로 할 수 있는 것으로서 권리질권도 질권의 일종이라고 하는 데에 학설이 일치하고 있다(이를 "권리목적설"이라고 한다). 담보물권은 그 객체가 가지는 교환가치의 취득을 목적으로 하는 권리이므로 교환가치를 가지는 이상 권리도 이를 담보물권의 목적으로 할 수 있는 것이다.

본래 질권은 유치적 효력을 가지며 이것이 질권의 특질이라고 할 수 있다. 그런데 유가증권에 표상된 재산권의 입질에서는 설정자의 이용을 빼앗는 심리적 강제의 요소가 희박하고, 오히려 교환가치의 파악을 확보하는 수단인 증권의 점유이전이 있을 뿐이어서 여기서는 질권적 요소보다는 저당권적 요소가 더 짙다고 할 수 있다. 이러한 이유로 권리질권은 금융의 매개로서 저당권과 비슷한 작용을 하는 중요한 것이 되었다. 권리질권은 질권과 저당권의 중간 지대에 위치함으로써 재산에서 채권이 동산보다 우월적 지위를 가지게 된 오늘날에는 동산질권보다 중요한 위치를 차지하게 되었다.

Ⅲ. 권리질권의 목적

권리질권의 객체는 양도성을 가진 재산권이다.

(1) 재산권이어야 한다. 즉 금전적 가치로 평가할 수 있는 권리이어야 한다. 따라서 인격권이나 친족권은 그 목적이 되지 못한다.

(2) 양도성을 가지고, 환가할 수 있어야 한다.

(3) 부동산의 사용・수익을 내용으로 하는 권리이어서는 안 된다(제345조 단서). 따라서 지상권, 전세권, 부동산임차권 등은 권리질권의 목적이 되지 못한다. 부동산질을 인정하지 않겠다는 정책적 취지이다.

(4) 그 밖에 성질상 질권의 목적이 될 수 없는 것이어서는 안 된다. 예컨대 소유권(동산질권의 객체이다), 지역권(제292조 제2항 참조), 광업권, 어업권 등이다.

결국 권리질권의 목적이 되는 주요한 것은 채권과 주주권, 그리고 지적재산권이다. 신탁법상 우선수익권도 가능하다(2014다225809(전) 판결).

제 2 관 채권질권

Ⅰ. 채권질권의 설정

1. 채권질권의 목적

채권질권에도 제331조가 준용되므로(제355조) 양도할 수 없는 채권은 채권질권의 목적이 될 수 없다. 채권은 양도성을 가지는 것이 원칙이므로(제449조 제1항) 질권의 목적이 될 수 있는 것이 원칙이다. 다만 ① 법률의 규정에 의하여 또는 성질상 양도성이 없는 채권(같은 항 단서)은 질권의 목적이 되지 못한다. 예컨대 부양청구권(제979조), 근로기준법에 의한 보상을 받을 권리(근로기준법 제86조), 재해보상청구권(산업재해보상보험법 제88조) 등은 법률상 양도가 금지되는 채권이다. 또한 채권자가 변경되면 급부의 내용이 달라지는 채권(특정인을 가르치는 채권, 특정인의 초상화를 그리게 하는 채권 등), 특정한 채권자에게 급부하는 데에 중요한 의미가 있는 채권(임차인, 사용자, 위임인 등의 채권), 특정한 채권자에게 결제되어야 할 특별한 사유가 있는 채권(상호계산에 계입된 채권 등) 등은 성질상 양도가 허용되지 않는 채권이다. ② 당사자 사이의 특약으로 양도가 금지되는 채권은 이를 질권의 목적으로 할 수 없다(제449조 제2항 본문). 그러나 이 특약은 선의의 제3자에게 대항할 수 없으므로(같은 항 단서) 질권자가 선의이면 유효하게 질권을 취득할 수 있다. 이 경우 양도금지 특약의 존재 및 제3자의 악의는 입질채권의 채무자가 주장·입증하여야 한다.

채권은 질권자 자신에 대한 것이라도 상관없다. 그것이 양도성을 가지는 이상 그 채권은 하나의 재산적 가치가 있는 독립한 존재가 되므로 채무자라 하여도 그 위에 질권을 취득할 수 있는 것이다. 특히 은행이 자기에 대한 예금채권을 질권의 목적으로 잡는 것은 널리 행해지고 있다.

2. 설정방법

(1) 권리질권의 설정은 법률에 다른 규정이 없으면 그 권리의 양도에 관한 방법에 의하여야 한다(제346조). 권리질권의 목적이 되는 권리는 유체물과 달라서 그 권리의 존재나 처분을 공시하는 방법이 각각 특이하고, 그 공시방법의 특이성은 양도의 경우든 입질

의 경우든 마찬가지이기 때문이다. 다시 말하자면 권리질의 본질 또는 법률적 성질이 일종의 권리양도이기 때문이 아니라 질권설정의 공시방법과 권리양도의 공시방법이 같기 때문이다.

(2) 채권을 질권의 목적으로 하는 경우에 채권증서가 있는 때에는 질권의 설정은 그 증서를 질권자에게 교부함으로써 그 효력이 생긴다(제347조, 설정계약의 요물성). 무기명채권과 지시채권에 관해서는 따로 특칙이 있으므로(제350조, 제351조), 이 규정은 지명채권을 객체로 하는 질권의 설정에 한하여 적용된다.

지명채권에서 채권증서는 단순한 채권의 증거방법에 지나지 않고, 채권의 실체를 좌우하는 것은 아니다. 그 증서의 존재가 채권의 존재를 추정하게 하는 점은 마치 동산질권에서 점유와 같은 역할을 하는 것으로 보아 이 증서의 교부로써 목적물의 인도에 갈음하는 것으로 한 것이다. 위 규정에 대하여는 지명채권 질권에 있어서는 통지나 승낙이라는 대항요건이 규정되어 있으므로 채권증서의 교부를 지명채권 질권의 설정요건으로 할 실질적 이유가 없다는 이유로 입법론으로 이를 삭제해야 한다는 주장도 있다. 일본민법은 채권의 양도에 증서의 교부가 요구되는 채권에 한해 증서의 교부가 필요한 것으로 개정되었다.

채권질권에서는 채권증서의 인도는 이로써 설정자로부터 채권의 이용, 즉 처분을 빼앗는 것이 되지 않으므로 제332조(대리점유금지)는 준용되지 않는다. 따라서 지명채권의 입질에서 증서의 교부는 점유개정의 방법으로도 무방하고, 증서를 반환하더라도 질권이 소멸하지 않는다(통설). 또한 통설은 채권증서가 있음에도 이를 분실하였다고 거짓말하면서 채권질권을 설정한 것은 유효하다고 본다.

여기에서 말하는 '채권증서'는 채권의 존재를 증명하기 위하여 채권자에게 제공된 문서로서 특정한 이름이나 형식을 따라야 하는 것은 아니지만, 장차 변제 등으로 채권이 소멸하는 경우에는 민법 제475조에 따라 채무자가 채권자에게 그 반환을 청구할 수 있는 것이어야 한다. 이에 비추어 임대차계약서와 같이 계약 당사자 쌍방의 권리의무관계의 내용을 정한 서면은 그 계약에 의한 권리의 존속을 표상하기 위한 것이라고 할 수는 없으므로 위 채권증서에 해당하지 않는다(2013다32574).

지명채권의 입질을 가지고 제3채무자와 그 밖의 제3자에 대항하기 위하여는 제3자에게 질권의 설정을 통지하거나 제3채무자가 이를 승낙하여야 할 뿐만 아니라 제3채무자 이외의 제3자에게 대항하기 위해서는 이 통지나 승낙은 확정일자 있는 증서로써 하여야 한다(제349조 제1항, 제450조). 이것은 채권양도의 대항요건과 같다. 채권의 입질로 채권자가 변경되는 것은 아니지만 입질에 의하여 채권양도의 경우와 동일한 구속을 채무자에게 주는 것이 되므로 그 공시방법과 동일하게 하려는 취지이다. 통지나 승낙의 방법, 효력등은 채권양도의 경우와 같다.

제3채무자가 질권설정 사실을 승낙한 후 질권설정계약이 합의해지된 경우 질권설정자가 해지를 이유로 제3채무자에게 원래의 채권으로 대항하려면 질권자가 제3채무자에게 해지 사실을 통지하여야 한다. 만일 질권자가 제3채무자에게 질권설정계약의 해지 사실을 통지하였다면, 설사 아직 해지가 되지 아니하였다고 하더라도 선의인 제3채무자는 질권설정자에게 대항할 수 있는 사유로 질권자에게 대항할 수 있다고 봄이 타당하다. 그리고 위와 같은 해지 통지가 있었다면 해지 사실은 추정되고, 해지 통지를 믿은 제3채무자의 선의 또한 추정된다고 볼 것이어서 제3채무자가 악의라는 점은 선의를 다투는 질권자가 증명할 책임이 있다. 그리고 위와 같은 해지 사실의 통지는 질권자가 질권설정계약이 해지되었다는 사실을 제3채무자에게 알리는 이른바 관념의 통지로서, 통지는 제3채무자에게 도달됨으로써 효력이 발생하고, 통지에 특별한 방식이 필요하지는 않다(2013다76192).

(3) 지시채권을 질권의 목적으로 한 질권의 설정은 그 양도의 경우와 같이 증서에 배서하여 질권자에게 교부함으로써 그 효력이 생긴다(제350조).

(4) 무기명채권을 목적으로 하는 질권의 설정은 그 양도의 경우와 같이 증서를 질권자에게 교부함으로써 그 효력이 생긴다(제351조).

(5) 사채(社債)에는 기명식과 무기명식이 있다. 기명사채는 지명채권의 일종이므로 그 입질은 당사자 사이에 질권설정의 합의를 하고, 채권을 교부하여야 효력이 생긴다(제346조, 제347조). 그런데 기명사채의 이전에 관하여 상법 제479조에 취득자의 성명과 주소를 사채원부에 기재하고 채권에 성명을 기재하지 않으면 이로써 회사 기타의 제3자에게 대항하지 못한다고 규정하고 있는바, 기명사채의 입질에 이 규정이 적용될 것이다. 무기명사채의 입질은 채권을 질권자에게 교부함으로써 그 효력이 생긴다(제351조).

(6) 저당권부 채권을 질권의 목적으로 하는 경우 그 저당권등기에 질권의 부기등기를 하여야 질권의 효력이 저당권에도 미친다(제348조). 담보물권은 부종성이 있기 때문에 저당권에 관하여 담보된 채권 위에 권리질권을 설정하면 그 저당권도 권리질권의 목적이 된다. 그러나 만일 등기 없이 성립하는 권리질권이 법률상 당연히 저당권에도 미친다고 한다면 공시의 원칙에 어긋나게 된다. 그리하여 이러한 경우에 저당권의 등기에 질권의 부기등기를 한 때에만 질권의 효력이 저당권에도 미치는 것으로 한 것이다. 따라서 이 부기등기가 없으면 채권자는 무담보채권(저당권에 의하여 담보되지 않는 채권)에 관하여 질권을 취득하는 셈이 된다(통설). 이에 대하여는 채권에 관하여도 질권이 성립되지 않는다고 하는 견해도 있다.

Ⅱ. 채권질권의 효력

1. 효력의 범위

(1) 피담보채권의 범위는 동산질권의 경우와 같다(제355조, 제334조). 불가분성이 있는 것도 같다(제355조, 제343조, 제321조).

(2) 효력이 미치는 목적의 범위

질권의 효력이 입질채권의 이자에 미친다는 점은 제100조 제2항의 규정에 비추어 당연하다. 따라서 질권자는 이를 직접 추심하여 우선변제에 충당할 수 있다(제353조 제1항, 제343조, 제323조). 입질채권이 보증채권이나 담보물권에 의하여 담보되어 있는 때에는 이들 종된 권리에도 질권의 효력이 미친다. 다만 입질채권이 저당권부 채권인 때에는 저당권의 등기에 질권의 부기등기를 해야 저당권에 대하여도 질권의 효력이 미친다는 점은 이미 설명하였다. 물상대위의 규정은 채권질권에도 적용된다(제355조, 제342조). 예를 들면 甲이 乙에 대한 특정물인도청구권을 丙에게 입질하였는데, 丁이 그 물건을 멸실시킴으로써 乙이 丁에 대하여 손해배상청구권을 취득하고, 甲이 이 손해배상청구권에 관하여 대상청구권을 취득한 경우 丙의 채권질권은 위 대상청구권에 효력이 미친다.

2. 유치적 효력

(1) 채권질권자는 교부받은 채권증서를 점유하고, 피담보채권을 전부 변제받을 때까지 이를 유치할 수 있다(제355조, 제335조). 이를 설정자에게 반환하더라도 제332조가 당연히 준용되어 질권이 소멸하는 것은 아니다. 또한 이를 잃더라도 질권 자체에 의하여 그 반환을 청구할 수 있다. 그러나 질권의 목적인 채권 자체에 대한 유치적 효력은 동산질권에 비하여 매우 약하다. 왜냐하면 교환가치를 가지고 있을 뿐, 물건과 같은 사용가치를 가지는 정도가 매우 적어서 이를 질물로서 점유를 이전받더라도 설정자를 심리적으로 압박하는 작용은 거의 없기 때문이다. 이러한 의미에서 채권질권은 질권보다는 저당권에 가까운 작용을 한다. 다만 증권적 채권의 경우에는 유치적 효력이 나름대로 의미를 갖는다. 채권질권자도 전질을 할 수 있음은 동산질권에서와 같다.

(2) 질권설정자와 제3채무자는 채권질권에 의하여 구속된다. 즉, 채권질권자는 추심권능, 그 밖의 환가권을 가지고 있으므로(제353조, 제354조) 질권설정자나 제3채무자는 이 권능을 침해하는 행위를 하지 못한다. 여기서 민법 제352조(질권설정자의 권리처분제한)는 "질권설정자는 질권자의 동의 없이 질권의 목적인 권리를 소멸하게 하거나 질권자의 이익을 해하는 변경을 할 수 없다."라고 규정하고 있다. 위 제352조는 질권설정자에 대하여만 규정하고 있으나 대항요건을 갖춘 경우 제3채무자(입질된 채권의 채무자)도 당연히 같

은 제한을 받는다고 보아야 한다. 질권설정자의 권리처분이 제한된 결과는 다음과 같다.

① 질권설정자는 채권을 추심하거나 이를 면제 또는 상계(입질채권을 자동채권으로 한 상계)하지 못한다. 제3채무자도 질권설정의 대항요건이 갖추어진 때에는 그러한 행위를 하지 못한다.

② 질권설정자는 채권을 추심하지 못하므로 제3채무자에 대하여 이행의 소를 제기할 수 없다, 그러나 채권의 소멸시효 중단을 위해 채권의 존재확인을 구하는 소를 제기하는 것은 무방하다. 2015다232316(전) 판결에 의하면 채권의 시효를 중단시키기 위한 조치, 즉 재판상의 청구가 있다는 점에 대하여만 확인을 구하는 형태의 "새로운 방식의 확인소송"도 허용되므로 이러한 확인소송을 제기할 수도 있을 것이다.

③ 질권의 목적인 채권을 양도하는 행위는 질권자의 이익을 침해하는 변경에 해당하지 않으므로 질권자의 동의를 받을 필요가 없다(2003다55059).

④ 질권설정자와 제3채무자가 질권의 목적된 권리를 소멸하게 하는 행위를 하였다고 하더라도 질권자에 대한 관계에서 무효일 뿐이고, 질권자 아닌 제3자가 그 무효를 주장할 수는 없다(97다35375). 위 규정은 질권자가 질권의 목적인 채권의 교환가치에 대하여 가지는 배타적 지배권능을 보호하기 위한 것이기 때문이다.

3. 우선변제적 효력

(1) 이미 설명한 바와 같이 채권질권자는 입질채권의 과실, 즉 이자를 거두어 들여서 이를 우선변제에 충당할 수 있다. 그러나 채권질권자가 우선변제를 받는 가장 주된 수단은 채권 자체로부터 우선변제를 받는 것이다. 이에 대하여는 제353조와 제354조가 규정하고 있다. 전자는 채권의 직접청구에 관한 규정이고, 후자는 민사집행법에 의한 집행방법에 관한 규정이다. 여기서 민사집행법에 의한 집행방법은 민사집행법 제273조를 의미한다. 그 밖에 제355조에 의하면 동산질권에 관한 규정을 권리질권에 준용하고 있으나 실제로 동산질권의 실행방법으로서 채권질권에 준용할 수 있는 것은 없다(이설 없음). 결국 채권질의 실행방법으로는 채권의 직접청구와 민사집행법 제273조가 정하는 방법의 두 가지가 있는 셈이다. 여러 개의 채권질이 중복해서 설정되어 있는 경우의 우선순위는 설정의 선후에 따른다(제355조, 제333조).

(2) 채권의 직접청구

(가) 채권질권자는 질권의 목적이 된 채권을 직접 청구할 수 있다(제353조 제1항). 여기서 직접이라는 것은 질권설정자의 위임을 필요로 하지 않으며, 재판상 청구하여야 하는 것도 아니고, 질권자가 자기의 이름으로 청구하는 것을 말한다. 질권자는 질권설정자의 대리인으로서 그의 추심권을 행사하는 것이 아니라 자기의 고유한 독자적 권리로서 추심권을 행사하는 것이다. 그러나 그 효과는 그 채권의 채권자에게 귀속하는 것이고(즉 제

3채무자는 채무자에게 변제한 것이 된다), 당연히 질권자의 채권에 충당되는 것이 아니다(통설). 질권자가 직접 청구하였는데도 제3채무자가 변제하지 않는 경우에는 질권자는 제3채무자를 상대로 이행의 소를 제기할 수밖에 없다. 이 경우 제3채무자의 일반재산에 대하여는 우선변제 받을 담보권이 없기 때문에 일반채권자의 지위에서 배당받을 수 있을 뿐이다. 이 점에서 채권질권은 제3채무자의 자력에 의존한다고 볼 수 있다.

직접청구의 의미와 관련하여 2012다92258 판결은 "금전채권의 질권자가 민법 제353조 제1항, 제2항에 의하여 자기채권의 범위 내에서 직접청구권을 행사하는 경우 질권자는 질권설정자의 대리인과 같은 지위에서 입질채권을 추심하여 자기채권의 변제에 충당하고 그 한도에서 질권설정자에 의한 변제가 있었던 것으로 보므로, 위 범위 내에서는 제3채무자의 질권자에 대한 금전지급으로써 제3채무자의 질권설정자에 대한 급부가 이루어질 뿐만 아니라 질권설정자의 질권자에 대한 급부도 이루어진다. 이러한 경우 입질채권의 발생원인인 계약관계에 무효 등의 흠이 있어 입질채권이 부존재한다고 하더라도 제3채무자는 특별한 사정이 없는 한 상대방 계약당사자인 질권설정자에 대하여 부당이득반환을 구할 수 있을 뿐이고 질권자를 상대로 직접 부당이득반환을 구할 수 없다. 이와 달리 제3채무자가 질권자를 상대로 직접 부당이득반환청구를 할 수 있다고 보면 자기 책임하에 체결된 계약에 따른 위험을 제3자인 질권자에게 전가하는 것이 되어 계약법의 원리에 반하는 결과를 초래할 뿐만 아니라 질권자가 질권설정자에 대하여 가지는 항변권 등을 침해하게 되어 부당하기 때문이다. 한편 질권자가 제3채무자로부터 자기채권을 초과하여 금전을 지급받은 경우 초과 지급 부분에 관하여는 제3채무자의 질권설정자에 대한 급부와 질권설정자의 질권자에 대한 급부가 있다고 볼 수 없으므로, 제3채무자는 특별한 사정이 없는 한 질권자를 상대로 초과 지급 부분에 관하여 부당이득반환을 구할 수 있지만, 부당이득반환청구의 상대방이 되는 수익자는 실질적으로 그 이익이 귀속된 주체이어야 하는데, 질권자가 초과 지급 부분을 질권설정자에게 그대로 반환한 경우에는 초과 지급 부분에 관하여 질권설정자가 실질적 이익을 받은 것이지 질권자로서는 실질적 이익이 없다고 할 것이므로, 제3채무자는 질권자를 상대로 초과 지급 부분에 관하여 부당이득반환을 구할 수 없다."라고 판시하고 있다. 위 판시 중 "질권자는 질권설정자의 대리인과 같은 지위에서"라는 설시는 적절치 않은바, 그 의미는 그것이 질권자가 질권설정자의 대리인으로서 행사한다는 의미가 아니라 대리인의 채권추심과 유사한 면이 있다는 정도로 이해하면 될 것이다.

(나) 채권의 목적물이 금전인 경우에는 질권자는 자기채권의 한도에서 직접 청구할 수 있다(동조 제2항). 채권질권의 효력은 질권의 목적이 된 채권의 지연손해금 등과 같은 부대채권에도 미친다. 따라서 채권질권자는 질권의 목적이 된 채권과 그에 대한 지연손해금채권을 피담보채권의 범위에 속하는 자기채권액에 대한 부분에 한하여 직접 추심하여

자기채권의 변제에 충당할 수 있다(2003다40668).

피담보채권과 입질채권의 변제기가 모두 도래한 때에는 질권자가 자기의 이름으로 추심할 수 있지만 입질채권의 변제기가 피담보채권의 변제기 보다 먼저 도래한 때에는 질권자는 아직 직접 청구할 수는 없다. 이 경우 피담보채권의 변제기까지 제3채무자의 변제를 연기시키는 것은 질권자에게 불이익이 될 염려가 있고, 또한 설정자로 하여금 즉시 질권자에게 변제하게 하는 것도 합리적이라고 할 수 없다. 이에 민법은 "질권자는 제3채무자로 하여금 그 변제금액의 공탁을 청구하게 할 수 있다"라고 규정하고 있다(동조 제3항 전문). 이 경우 질권은 그 공탁금(즉 입질채권의 채권자가 가지는 공탁금출급청구권) 위에 존재한다(같은 항 후문). 이 공탁은 그 실질이 변제공탁이며, 피공탁자로는 질권자가 아닌 질권설정자를 기재하여야 한다.

(다) 질권의 목적이 금전 이외의 물건인 때에는 추심한 물건으로써 직접 변제에 충당할 수 없으므로 질권자는 변제로 받은 물건 위에 질권을 가진다(동조 제4항). 따라서 종래의 채권질권은 이후 동산질권으로 존속하고, 그 실행방법도 동산질권에 따르게 된다. 만일 부동산인도청구권과 같이 그 물건이 부동산일 때에는 어떻게 되겠는가. 부동산질권이 인정되지 않는 이상 결국 그러한 부동산의 급부를 목적으로 하는 채권은 질권의 목적으로 되지 못한다고 하여야 한다(통설).

(라) 채권의 목적이 제3채무자의 작위 또는 부작위와 같이 동산 이외의 급부인 때에도 위 제353조가 적용되는지에 관하여는 견해가 나뉜다. 이들 급부는 채권의 성질상 양도할 수 없는 것으로 보아야 하기 때문에 채권질권의 목적으로 삼을 수 없고, 따라서 제353조가 적용되지 않는다는 견해가 있다. 이에 대하여 작위 채무의 경우에 물건의 제작을 내용으로 하는 때와 같이 입질이 허용될 수도 있으므로 이와 같은 경우에 질권자는 제3채무자에 대하여 직접 그 권리내용의 실현을 청구할 수 있다고 해석함이 옳다는 견해도 있다(급부의 결과 유체물을 얻을 때에는 질권은 이후에는 그 물건 위에 존속한다고 본다).

(3) 민사집행법이 정하는 집행방법

채권질권자는 위에서 설명한 채권의 직접청구 외에 민사집행법이 정하는 집행방법에 의하여 질권을 실행할 수 있다(제354조). 채권의 추심·전부 및 현금화(특별환가)의 세 가지 수단이 그것이다(민사집행법 제273조 제1항, 제3항, 제223조 내지 제250조). 이는 질권의 실행으로서 하는 집행이므로 판결, 그 밖의 집행권원을 필요로 하지 않고, 질권의 존재를 증명하는 서류의 제출만으로 실행은 개시된다.

(4) 유질

채권질권에 관하여도 유질계약의 금지에 관한 제339조가 적용된다(제355조). 그러나 금전채권을 입질한 경우에 질권자는 그 채권액의 한도에서 직접청구권을 가지고 있으므로 그 채권액의 한도에서 변제에 갈음하여 금전채권을 질권자에게 귀속시키기로 미리 약정하는 것은 상관없다.

4. 채권질권자의 의무

교부받은 채권증서를 선량한 관리자의 주의로 보관하여야 하고, 피담보채권이 소멸하는 때에 이를 설정자에게 반환하여야 한다. 채권의 실행으로서 직접 청구를 할 때에도 선량한 관리자의 주의를 가지고 하여야 한다.

5. 동산질권에 관한 규정의 준용

권리질권에는 동산질권에 관한 규정을 준용한다(제355조). 다만 성질상 제329조 전단(질권의 내용), 제330조(질권의 설정), 제338조(경매, 간이변제충당)는 준용되지 않는다.

제 3 관 그 밖의 권리질권

Ⅰ. 주식 위의 질권

상법에 이에 관한 자세한 규정을 두고 있다.

Ⅱ. 지적재산권 위의 질권

특허법, 상표법 등 지적재산권법에 이에 관한 자세한 규정을 두고 있다.

제4장 저당권

제1절 총설

Ⅰ. 저당권(抵當權)의 의의와 사회적 작용

1. 저당권의 의의

저당권(Hypothek)은 채무자 또는 제3채무자(물상보증인)가 채무의 담보로 제공한 부동산을 채권자가 점유를 이전받지 않고 그 부동산으로부터 우선변제를 받을 수 있는 담보물권이다(제356조). 저당권자는 변제기 전까지는 담보로 제공된 부동산을 관념상으로만 지배하고, 변제기에 채무의 변제가 없는 경우에 그 부동산으로부터 우선변제를 받을 수 있다. 질권과 마찬가지로 원칙적으로 당사자 사이의 계약으로 성립하는 약정담보물권이다(예외적으로 법률상 당연히 성립하는 법정저당권도 있다. 제649조 참조).

저당권은 우선변제권이 있다는 점에서 질권과 같으나 설정자가 목적물을 계속 점유하기 때문에 유치적 효력은 없다. 이 점에서 질권과 근본적으로 다르고, 금융의 매개수단으로서 저당권이 담보물권의 왕이 되었음은 이미 설명하였다.

2. 가치권으로서의 저당권

저당권은 물권의 일종이므로 당연히 지배권의 성격을 가지고 있으나 목적물의 사용가치를 지배하는 용익물권과 달리 목적물의 교환가치를 지배하는 담보물권이다(저당권은 물질권(Substanzrecht)이 아니라 가치권(Wertrecht)이다). 목적물에 대한 직접적인 사용·수익권이나 처분권은 여전히 저당권설정자(소유자)에게 남아 있으며, 저당권자는 목적물이 가지는 교환가치만을 파악할 뿐이다. 여기서 교환가치를 "파악"한다는 것은 피담보채권이 변제되면 교환가치에 대한 지배 상태가 그것으로 끝나지만 피담보채권이 변제되지 않는 경우(채무불이행)에는 저당권자는 교환가치를 실현할 수 있다는 의미이다. 즉, 목적물을 환가(또는 현금화)할 수 있음을 의미한다. 이와 같이 교환가치와 목적물은 서로 분리할 수 없는 불가분의 관계에 있기 때문에 저당권은 목적물을 직접 지배할 수 있는 권리(배타적 지배권)로서의 성격을 가지고 있는 것이다.

3. 사회적 작용

질권과 저당권은 모두 약정담보물권이지만 유치적 효력 유무에 따라 근본적 차이가 있다. 우선 유치적 효력이 있는 질권보다는 그러한 효력이 없는 저당권이 훨씬 합리적이다. 질권에서는 목적물의 사용가치를 소유자로부터 빼앗아 변제를 심리적으로 압박함으로써 그 결과 소유자로서는 목적물을 이용하지 못하는 결과가 되는바, 이는 목적물의 이용에 아무런 관심이 없는 질권자가 목적물을 점유하고, 소유자로서는 목적물을 이용하지 못하는 점에서 사회적으로 불합리하다(목적물의 사용가치가 사회경제적으로 사장되는 셈이 된다). 이에 반하여 저당권에서는 소유자는 목적물의 사용가치를 계속 누릴 수 있고, 저당권자는 목적물의 교환가치만을 파악하여 금융에 대한 대가로 이자를 받아 수익을 얻을 수 있기 때문에 목적물의 사용가치가 사회경제적으로 사장되지 않는다. 이에 따라 저당권에서 재화는 교환가치와 사용가치라는 이중의 효용을 발휘할 수 있게 된다.

이미 설명한 바와 같이 질권은 서민금융의 수단으로 작용할 뿐이지만 저당권은 기업자금의 조달을 매개하는 제도로서 기업의 금융에 이바지한다. 이와 같이 저당권은 기본적으로는 기업자금의 조달에 봉사하는 기능을 가지고 있으나 자금을 제공하는 자의 처지에서 본다면 이것은 적극적으로 투자를 매개하는 작용을 의미한다. 이러한 금융과 투자라는 두 측면에서 본다면 저당권은 질권에 비해 훨씬 합리적인 제도라고 할 수 있다. 여기에 저당권이 오늘날 자본주의 경제체제에서 매우 중요한 역할을 담당하고 있는 이유가 있다.

(1) 금융수단으로서의 작용(변제의 확보)

물적 담보제도가 역사적으로 소유권이전형태의 양도담보에서 점유이전의 점유질로, 다시 점유질에서 무점유질인 저당권의 형태로 발전하여 왔음은 이미 설명한 바와 같다. 이를 조금 더 자세히 살피면 다음과 같다.

신용제도가 발달하기 전의 사회에서는 소유권을 채무자에게 남겨 두는 형태의 담보제도는 채권자에게 큰 위험이 되었다. 그래서 초기에는 소유권이전형태의 양도담보가 주로 이용되었다. 그런데 그 후 신용경제사회로 접어들면서 소유권을 채무자로부터 채권자에게 이전하는 것은 담보목적을 넘는 지나친 것이라는 인식이 생기게 되었다. 채무자로서는 채권자가 소유권을 취득하였음을 기화로 담보물을 무단으로 처분하지 않을지 걱정되기도 하였다. 이에 물건의 점유만을 채무자로부터 빼앗아서 그의 변제를 간접적으로 강제하고, 그 변제가 없을 경우에 목적물의 가치로부터 우선변제를 받을 수 있다면 그것으로 담보의 목적은 충분히 달성될 수 있다고 생각하기에 이르렀다. 이에 따라 점유질 형태의 담보제도를 이용하게 되었다.

그러나 이러한 점유이전형 담보가 소유권을 이전하는 방식의 담보형태보다 진일보한 것은 맞지만 현대 사회에서는 금융의 목적에 적합하지 않게 되었다. 왜냐하면 점유이전형 담보는 목적물의 사용·수익을 채무자로부터 빼앗는 것이므로 금융을 얻으려는 채무자는 필연적으로 일상생활에 쓰이는 동산을 담보로 제공하지 않을 수 없는데, 이것은 급박한 소액의 생활자금을 얻으려는 서민금융의 수단은 될지언정 기업시설을 담보로 제공해서 기업자금을 얻으려는 현대 금융거래에서는 거의 무력한 제도이기 때문이다(기업이 기업 시설을 담보로 제공하면서 점유를 이전하여야 한다면 이는 기업 활동을 포기하는 것이나 마찬가지가 된다). 여기서 생각해 보아야 하는 점은 담보물권의 취득 목적이 과연 무엇인가 하는 문제이다. 그것은 이미 누차 설명한 바와 같이 목적물의 교환가치를 파악하는 것이다. 그렇다면 목적물의 점유를 채권자에게 이전하는 것은 결코 담보물권에 필요한 요소가 아님을 알 수 있다. 저당권은 바로 점유를 이전하지 않는 담보물권이라는 점에서 현대 사회에서 기업이 금융을 얻는 수단으로 가장 적합한 담보물권의 자리를 차지하게 되었다. 기업은 그의 설비에 저당권을 설정하여 기업자금을 얻는 동시에 이 자금을 생산에 투여함으로써(이는 물론 담보권자에게 기업 설비의 점유를 이전하지 않기 때문에 가능한 것이다) 이윤을 얻는 활동을 할 수 있는 것이다. 이러한 이유로 오늘날의 기업경제사회에서 이루어지는 담보는 대부분 저당권이다(후술하는 바와 같이 그 중에서도 근저당권이 주로 이용된다). 하지만 저당권은 기업이 아닌 소비자가 신용을 위하여 이용하는 경우도 상당히 많다. 흔히 볼 수 있는 사례는 소비자가 주택을 구입하면서 은행에 그 주택에 관하여 저당권을 설정한 다음 은행으로부터 자금을 대출받아 주택구입 대금에 충당하는 경우이다.

(2) 투자의 매개가 되는 작용

위에서 본 바와 같이 저당권은 부동산 소유자, 특히 기업이 금융을 얻는 수단이 된다. 역으로 이를 금융에 제공하는 자의 입장에서 본다면 부동산 소유자의 수요에 응하여 신용을 제공함으로써 이자의 형식으로 기업의 이윤 분배에 참여한다는 의미가 되는데, 이는 결국 투자의 수단이 된다는 것이다. 오늘날 모든 기업은 금융자본을 필요로 하고 있는 한편, 금융기관뿐만 아니라 일반 서민에 이르기까지 사회의 모든 금전소유자는 기업에 그가 소유하는 금전을 투자하여 수익을 얻으려고 하고 있다. 저당권은 이러한 투자수요의 매개자가 되어 오늘날 저당제도의 목적은 점차 투자자를 중심으로 하게 되었다. 즉, 화폐경제의 발달과 더불어 저당권의 작용은 부동산소유자의 신용확보에서 저당권자의 자본투하로 옮겨졌다는 의미이다. 이를 바꾸어 말한다면 저당권의 기능은 "변제의 확보"에서 "투자의 매개"로 변하였다는 것이다. 이런 이유로 채무자 보호가 중요한 질권과 달리 저당권에서는 상대적으로 투자자인 채권자의 보호에 그 방점을 찍어야 하는 것이다. 또한 학자들이 저당권의 모습은 채권의 이행을 확보하는 것만을 목적으로 하는 보전저당권(保全抵當權, Sicherungshypothek)에서 투자의 수단으로, 혹은 부동산의 자금화의 방법으로 이용되어야 할 투자저당권(投資抵當權, Anlagehypothek)으로 옮겨 가야 한다고 주장하는 이유도 이해할 수 있다.

보전저당권이 투자저당권화 되는 것을 저당권의 유동화(流動化, Umlauf)라고 하는데, 우리 민법에선 인정되지 않지만 "담보부사채신탁법"과 "자산유동화에 관한 법률"에서 인정되고 있다. 독일에서 투자저당권은 유통저당권(Verkehrshypothek)이라고도 하는데, 피담보채권이 있어야만 성립하는 보전저당권(항상 등기저당권이다)과 달리 유통저당권은 증권저당권이 원칙이고, 예외적으로 등기저당권이며, 피담보채권이 없더라도 등기의 공신력에 의해 선의취득이 인정된다. 또한 토지소유자가 단독으로 등기신청을 하여 토지채무(Grundschuld)를 설정하고, 등기소로부터 토지채무증권을 교부받아 저당은행에 할인매각함으로써 토지채무를 양도하고, 저당은행은 양수한 토지채무를 담보로 하여 다시 저당은행을 채무자로 하는 저당증권(Hypothekenbrief)을 발행하여 증권시장에 매각하는 방법에 의해 대출자금을 조달한다. 이를 위해 등기의 공신력과 함께 순위확정의 원칙과 독립의 원칙이 인정되고 있다.

4. 근대적 저당권의 제원칙

우리 민법의 저당권은 독일법을 이상으로 한 저당법제로 진화 중에 있다. 이는 채권담보 수단으로부터 투자를 매개하는 권리로, 다시 말한다면 보전저당권에서 투자저당권으로 발전하고 있다는 의미인데, 여기서 근대적 저당권이라고 하는 독일 민법상의 저당권의 여러 원칙들에 관하여 보기로 한다.

(1) 공시의 원칙

저당권의 존재와 변동은 외부에서 인식할 수 있도록 공시되어야 한다는 원칙이다. 저당권은 비점유권이기 때문에 등기에 의하여 공시를 필요로 한다. 즉, 저당권에 있어서는 질권과는 달리 목적물의 점유가 여전히 채무자에게 유보되어 있어 외부에서 인식할 수 없으므로 그 공시수단으로서 점유 이외의 방법, 즉 등기나 등록이 필요하다. 다른 물권도 공시를 필요로 하지만 특히 저당권에 관하여는 그 존재가 제3자(일반채권자)에게 불측의 손해를 주지 않도록 할 것을 목적으로 할 뿐만 아니라 저당권 자체가 공시되지 않는 우선권의 출현으로 인하여 위협당하지 않을 것을 목적으로 하는 것이다. 일반저당권은 공시 없이 채무자의 전재산에 대하여 우선변제권을 주장할 수 있는 저당권이고(후술하는 바와 같이 우리의 국세나 지방세는 저당권보다 우선하는 특권으로서 일반저당권의 성질을 가진다), 법정저당권은 등기 없이 법률의 규정에 의한 요건이 충족되면 당연히 성립하는 저당권인데, 이들 저당권은 공시의 원칙상 예외적으로만 인정되어야 한다.

(2) 특정의 원칙

① 목적물의 특정

저당권은 특정한 목적물 위에만 성립할 수 있다는 원칙이다. 목적물의 특정은 일반적으로 물권이 직접적이고 배타적인 지배권이기 때문에 요청되는 것이지만 저당권에 있어서는 공시의 원칙과 같이 일반저당권과 법정저당권에 의한 부동산 신용거래의 저해를 방지하기 위함이다. 특정의 원칙은 공시의 원칙의 전제로서 양자는 표리의 관계를 이룬다고 할 수 있다. 저당목적물은 특정되어 부동산등기부에 등기된다.

② 피담보채권의 특정

저당권은 원칙적으로 특정의 채권만을 담보한다. 저당권이 우선변제를 받을 수 있는 양적범위를 명확히 함으로써 제3자에게 불측의 손해를 입히는 것을 방지하기 위한 목적에서 인정되는 원칙이다. 이를 위해 저당권에 있어서는 피담보채권액을 등기할 것이 요구되고, 불특정의 채권을 담보하기 위한 근저당권에 있어서는 제3자 보호를 위하여 채권최고액을 등기할 것이 요구된다.

(3) 순위확정의 원칙

① 등기의 선후

저당권의 순위는 등기의 선후에 의하여 결정되고 후에 등기된 저당권 때문에 그 순위가 내려가지 않는다는 원칙이다. 이 원칙은 우리 민법에서도 인정되고 있다.

② 순위불변의 원칙

일단 부여된 순위는 선순위의 저당권이 소멸하더라도 그대로 유지된다는 원칙이다. 독일의 저당권제도는 이 원칙을 엄격하게 준수하고 있다. 즉, 선순위의 저당권이 소멸한 후에도 이는 소유자저당 내지 토지채무로 존속하므로 부동산소유자는 다시 이를 금융의 목적에 이용할 수 있다. 우리 민법은 이러한 의미에 있어서 순위불변의 원칙이 아닌 순위승진의 원칙을 채택하고 있다. 예컨대 1번저당권이 소멸하면 2번저당권은 그 순위가 올라가서 이제는 1번저당권으로 된다. 순위승진의 원칙을 채택하게 되면 다음과 같은 불합리가 있다. 2번저당권자의 입장에서 볼 때 당초 제2차적인 담보가치를 파악하였는데, 우연한 사정으로 인하여 그 담보가치가 갑자기 확대되는 것을 의미한다. 이는 2번저당권자가 부당한 이득을 얻게 되는 결과가 된다. 뿐만 아니라 1번저당권자의 입장에서 볼 때 피담보채권을 일단 변제받은 후 다시 융자를 하는 경우 이제는 2번저당권을 설정받을 수 밖에 없는데, 이것도 불합리하다고 보인다.

그렇다고 하더라도 순위불변의 원칙을 인정하기 위하여는 독일과 같이 채권이 없는 저당권을 인정하여야 하고(저당권의 부종성의 완화), 자기 소유물 위의 저당권(소유자저당권)도 인정하여야 한다. 그런데 우리 민법은 채권이 소멸하면 저당권도 당연히 소멸하는 것이 원칙이고(제369조), 소유권과 저당권이 혼동으로 동일인에게 속할 때에는 저당권은 소멸하는 것이 원칙이므로(제191조) 순위불변의 원칙을 인정하기 위하여는 종래의 저당권이론에 중대한 수정을 가하지 않으면 안 된다.

(4) 독립의 원칙

① 채권으로부터 독립(부종성의 부정)

저당권은 채권의 존속으로부터 독립하여야 한다. 원래 채권의 불성립, 소멸, 항변권의 부착 등은 공시할 방법이 없으므로 이에 의하여 저당권의 효력이 좌우된다면 저당권은 약화되고, 안전하게 유통될 수 없다. 독일에서 토지채무는 채권의 존재를 전제로 하지 않고, 유통저당은 채권에 부착하는 하자로 인하여 영향을 받지 않는다. 그러나 우리 민법은 이러한 독립의 원칙을 취하고 않고, 부종성을 그 본질로 하고 있다.

② 후순위저당권으로부터 독립(인수주의의 채용)

저당권은 후순위저당권으로부터 독립하여야 한다. 저당권은 후순위저당권의 실행으로 변제받을 것을 강요당하여서는 아니 된다. 원래 저당권이 채권의 담보를 유일한 목적으로 한다면 후순위저당권에 의한 경매로 선순위저당권자가 변제받고 그 저당권이 소멸하더라도 불이익이 있다고 할 수 없으나 특정한 담보가치를 파악하여 유통하는 것을 목적으로 한다면 저당권자는 원하지도 않는 변제를 받기보다 투자자로서의 지위를 유지하기를 원할 것이고, 경우에 따라 자기가 원하는 유리한 때에 저당권을 실행하려 할 것이다. 독일에서는 후순위저당권이 실행되더라도 선순위저당권은 경락인에게 인수되나(인수주의) 우리의 경우에는 후순위저당권에 기한 경매는 물론 후순위전세권에 기한 경매에 의해서도 선순위저당권은 소멸한다(소멸주의).

③ 일반재산으로부터 독립(채무자의 일반재산에 대한 집행제한)

저당권은 채무자의 일반재산으로부터 독립하여야 한다. 저당권자는 자기가 파악한 교환가치를 추구하여야 하고(즉 저당권의 목적물로부터만 변제받아야 한다), 채무자의 일반재산에 대하여 집행하는 것은 어떠한 경우에도 허용되어서는 안 된다는 것이다. 우리 민법은 이 원칙을 부분적으로 수용하여 저당권자는 담보목적물에 의하여 변제를 받지 못한 부분에 한하여 채무자의 일반재산에 대하여 강제집행할 수 있도록 하였다.

④ 용익권으로부터 독립

저당권은 목적물을 용익하는 자로부터 독립하여야 한다. 이러한 의미의 독립의 원칙은 우리 민법에서도 잘 지켜지고 있다. 구민법에는 프랑스 민법을 본 따서 척제(滌除)제도가 있었는데, 이는 저당부동산의 소유권 또는 지상권·영소작권을 취득한 제3자가 저당권자에게 부동산 평가액에 해당하는 일정한 금액을 지급하거나 공탁하고 그 저당권을 소멸시키는 제도이다. 이 제도는 저당권의 교환가치 파악을 위협하고, 유통성을 해하므로 독일 민법상 인정되지 않는다.

(5) 유통의 원칙

저당권자는 특정한 교환가치를 우선적으로 파악하여 이를 금융거래시장에 유통시켜야 한다. 이를 위해 공신의 원칙과 저당권의 증권화를 채택하여 저당권의 안전·신속한 양도를 가능하게 한다. 공신의 원칙에 따르면 등기부의 기재를 믿고 저당권을 취득한 자는 저당권 자체에 부착된 하자 또는 채권에 부착된 하자에 의하여 어떠한 불이익도 받지 않아야 하는데, 우리 민법은 등기의 공신력을 인정하지 않는다. 저당권을 등기부로부터 독립시켜 그 거래의 안전을 유가증권이론에 의하여 확보하는 독일의 저당증권과 저당권을 소액의 증권으로 분할하여 증권시장에 매각하는 독일의 토지금융조합은 저당권의 증권화의 표본이다. 우리 민법은 저당권의 증권화도 인정하지 않는다. 다만 회사가 부동산을 담보로 사채를 발행하는 경우 이 담보부사채는 저당권에 의하여 담보되는 것이므로 저당권의 증권화의 한 모습이라 할 수 있다(그 밖에 자산유동화에 관한 법률 등 참조).

Ⅱ. 저당권의 법적 성질

1. 저당권의 특질

저당권은 채무자 또는 제3자(물상보증인)가 점유를 이전하지 않고 채무의 담보에 제공한 목적물로부터 저당권자가 다른 채권자보다 먼저 자기채권의 우선변제를 받을 수 있는 약정담보물권이다(제356조).

(1) 저당권은 유치권과 달리 당사자 사이에 그 설정을 목적으로 하는 합의와 등기에 의하여 성립하는 담보물권이다. 법률의 규정에 의하여 당연히 발생하는 경우도 있으나 이는 예외적인 경우이다.

(2) 저당권은 질권처럼 목적물로부터 다른 채권자에 앞서 우선변제를 받을 수 있는 권리이다. 우선변제권은 저당권의 본체적 효력이다. 그러나 유치적 효력을 가지지 않는 점에서 질권과 본질적으로 다르다. 목적물을 현금화해서 우선변제를 받는 방법은 원칙적으로 담보권 실행을 위한 경매이다. 저당목적물의 소유권이 제3자에게 이전된 경우에도 저당권자는 그 목적물에 대하여 저당권을 행사할 수 있다. 이를 저당권의 추급력(追及力)이라고 한다. 민법에는 이에 관한 규정이 없지만 당연히 인정된다고 보고 있다(공장 및 광업재단 저당법 제7조 본문에 추급력에 관한 규정을 두고 있다).

(3) 저당권은 목적물의 점유를 저당권자에게 이전하지 않고 설정자가 그대로 목적물을 계속 점유하는 담보권이다. 질권과 달리 저당권자는 유치적 효력을 갖지 않는다. 질권에서는 불완전하나마 점유에 의하여 물권이 공시된다. 그러나 저당권에서는 목적물의 점유가 그대로 설정자에게 남아 있으므로 저당권을 설정하는 데에 있어 공적 장부에 의한 공

시는 필수불가결의 요소이다. 그러한 공시를 갖추지 못한 경우에도 저당권의 성립을 인정한다면 외부에서 저당권의 존재를 알 길이 없어 거래의 안전을 해치게 되기 때문이다.

2. 담보물권으로서의 통유성

(1) 타물권

저당권은 타인의 물건 위에 성립하는 물권이다. 자기가 가지는 물건이나 권리 위에 저당권이 성립하는 것은 혼동의 예외로서 인정될 뿐이다.

(2) 부종성

저당권은 채권에 부종한다. 저당권은 특정의 채권을 담보하는 것이므로 피담보채권이 처음부터 성립하지 않은 경우에는 저당권도 무효이다. 그러나 피담보채권이 장래에 발생하는 것이더라도 이를 담보하기 위하여 저당권을 설정하는 것은 가능하다. 피담보채권이 변제, 포기, 혼동, 면제 그 밖에 사유로 소멸하면 저당권도 그에 따라 소멸한다. 저당권은 피담보채권과 분리하여 처분하지 못한다.

(3) 수반성

피담보채권에 수반한다. 피담보채권이 상속, 양도 등으로 그의 동일성을 잃지 않고 승계되는 경우 저당권도 이에 따라 승계된다. 다만 물상보증인이 설정한 저당권의 경우 다수설은 물상보증인의 동의가 없으면 수반되지 않는다고 본다. 피담보채권의 채권자가 아니면 저당권자가 되지 못하므로 채권이 이전되더라도 저당권이 수반하지 않는 경우에는 저당권은 소멸한다. 이와 관련하여 97다33997 판결은 "전세권이 담보물권적 성격도 가지는 이상 부종성과 수반성이 있는 것이므로 전세권을 그 담보하는 전세금반환채권과 분리하여 양도하는 것은 허용되지 않는다고 할 것이나, 한편 담보물권의 수반성이란 피담보채권의 처분이 있으면 언제나 담보물권도 함께 처분된다는 것이 아니라 채권담보라고 하는 담보물권 제도의 존재 목적에 비추어 볼 때 특별한 사정이 없는 한 피담보채권의 처분에는 담보물권의 처분도 당연히 포함된다고 보는 것이 합리적이라는 것일 뿐이므로, 피담보채권의 처분이 있음에도 불구하고 담보물권의 처분이 따르지 않는 특별한 사정이 있는 경우에는 채권양수인은 담보물권이 없는 무담보의 채권을 양수한 것이 되고, 채권의 처분에 따르지 않은 담보물권은 소멸한다"고 판시하고 있다.

(4) 불가분설

저당권은 불가분성이 인정된다(제370조, 제321조). 그러나 후술하는 바와 같이 공동저당의 경우에는 예외가 인정된다.

(5) 물상대위성

후술하는 바와 같이 저당권에는 물상대위가 인정된다(제370조, 제342조).

제2절 저당권의 성립

Ⅰ. 서설

민법상 저당권이 성립하는 경우로는 ① 당사자 사이의 저당권설정에 관한 합의와 등기를 한 경우, ② 제666조에 의하여 부동산공사수급인에게 인정되는 저당권설정청구권을 행사한 경우, ③ 제649조에 의하여 토지임대인에게 법률상 당연히 인정되는 경우 등 세 가지가 있다. 저당권은 약정담보물권이므로 위 ①의 경우가 저당권이 성립하는 가장 원칙적인 것이다. 이하 이 경우를 중심으로 설명하기로 한다.

Ⅱ. 저당권 설정계약

저당권은 약정담보물권이므로 민법 제186조에 의하여 당사자 사이의 저당권 설정을 목적으로 하는 물권적 합의(저당권설정계약)와 등기에 의하여 성립한다.

1. 계약의 성질

물권행위의 일반이론에 의하면 저당권의 설정을 약정하는 채권계약과 저당권설정 그 자체를 목적으로 하는 물권계약은 당사자가 특히 두 가지를 분리해서 따로따로 하기로 할 수도 있으나 특별한 사정이 없으면 하나의 행위로 합쳐져서 함께 행해지는 것으로 해석된다. 그러므로 저당권설정계약은 보통 위와 같은 채권계약과 물권계약의 두 성격을 갖는다. 또한 대부분의 저당권설정계약은 그 저당권에 의하여 담보되는 채권을 발생시키는 계약(예컨대 금전소비대차계약) 속에 포함되어 행해지고 있다. 다만 물권행위의 독자성을 인정하는 견해는 저당권설정계약을 물권계약으로만 보고 있다.

2. 계약의 당사자

당사자는 저당권을 취득하는 자(저당권자)와 목적물인 부동산 등에 저당권을 설정하는 자(저당권설정자)이다.

(1) 저당권자는 피담보채권의 채권자에 한한다. 담보물권의 부종성에 따라 채권과 저당권은 그 주체를 달리 할 수 없다. 다만 후술하는 바와 같이 판례는 예외적으로 채권자

가 아닌 제3자 명의의 저당권 등기도 유효하다고 본다.

(2) 저당권설정자는 피담보채권의 채무자에 한하지 않고 제3자라도 상관없다(제356조 참조). 제3자가 타인의 채무를 위하여 자기의 재산 위에 저당권을 설정한 경우 그 제3자를 "물상보증인"이라고 한다. 만일 그가 채무를 변제하거나 저당권의 실행으로 목적물의 소유권을 잃게 되는 경우에는 그의 구상권에 관하여는 질권에서와 마찬가지로 보증채무에 관한 규정이 준용된다(제370조, 제341조). 물상보증인으로부터 저당부동산을 취득한 자(제3취득자)에게도 물상보증인의 구상권에 관한 위 제341조가 유추적용된다(2012다49285).

(3) 저당권설정계약은 직접 저당권의 발생을 목적으로 하는 물권계약이며, 저당권을 설정할 것을 약정하는 단순한 채권계약과 다르므로 채권자를 위하여 저당권을 설정하는 당사자는 그 목적물에 관하여 처분권한을 가지고 있어야 한다.

자기 소유가 아닌 물건 위에 저당권을 설정하지 못한다. 예컨대 등기부상의 소유명의자로부터 선의로 저당권을 설정받아 그 등기를 했더라도 그 명의자가 진정한 소유자가 아닌 경우에는 법률상 유효하게 저당권을 취득하지 못한다. 등기의 공신력이 인정되지 않는 이상 이는 당연한 것이다. 이 경우 진정한 소유자가 저당권등기의 말소를 청구하면 이에 응하여야 한다.

목적물의 진정한 소유자이더라도 법률상 처분권능을 제한당하고 있는 자, 예컨대 파산선고를 받은 자, 압류 또는 가압류를 당하고 있는 자, 처분금지가처분을 받은 자는 저당권을 설정하지 못한다(다수설).

Ⅲ. 저당권의 설정등기

1. 저당권의 설정은 부동산물권변동의 일반원칙에 따라 그것을 목적으로 하는 물권행위 외에 등기를 하여야 한다. 등기를 하여야 할 사항은 채권액, 채무자의 성명 또는 명칭과 주소 또는 사무소 소재지(이상은 필수적 기재사항이다), 변제기, 이자 및 그 발생기·지급시기, 원본 또는 이자의 지급장소, 채무불이행으로 인한 손해배상에 관한 약정, 민법 제358조 단서의 약정, 채권의 조건이다(부동산등기법 제75조 제1항).

98다27197 판결에 의하면 "부동산에 관하여 근저당권설정등기가 경료되었다가 그 등기가 위조된 등기서류에 의하여 아무런 원인 없이 말소되었다는 사정만으로는 곧바로 근저당권이 소멸하는 것은 아니라고 할 것이지만, 부동산이 경매절차에서 경락되면 그 부동산에 존재하였던 근저당권은 당연히 소멸하는 것이므로, 근저당권설정등기가 원인 없이 말소된 이후에 그 근저당 목적물인 부동산에 관하여 다른 근저당권자 등 권리자의 경매신청에 따라 경매절차가 진행되어 경락허가결정이 확정되고 경락인이 경락대금을 완납하였다면, 원인 없이 말소된 근저당권은 이에 의하여 소멸한다. 근저당권설정등기가 위법하게 말소되어 아직 회복등기를 경료하지 못한 연유로 그 부동산에 대한 경매절차에서 피담보채권액에 해당하는 금액을 전혀 배당받지 못한 근저당권자로서는 위 경매절차에서 실제로 배당받은 자에 대하여 부당이득반환 청구로서 그 배당금의 한도 내에서 그 근저당권설정등기가 말소되지 아니하였더라면 배당받았을 금액의 지급을 구할 수 있을 뿐이고, 이미 소멸한 근저당권에 관한 말소등기의 회복등기를 위하여 현소유자를 상대로 그 승낙의 의사표시를 구할 수는 없다."라고 판시하고 있다.

2. 무효등기의 유용(流用)

피담보채권이 소멸하였는데도 저당권 등기가 말소되지 않고 그대로 남아 있는 경우에 당사자 사이의 특약으로 이 등기를 새로운 저당권을 위한 등기로 이용할 수 있는지 문제된다. 통설과 판례(93다31702)는 등기상 이해관계인이 없는 경우에 한하여 무효등기의 유용을 인정한다. 만일 이해관계인이 있다면 그 등기는 이해관계인의 등기보다 후순위의 등기가 된다. 합의는 묵시적으로도 가능하며(2006다50055), 효력은 소급하지 않고, 유용합의 시에 그 효력이 발생한다.

97다56242 판결에 의하면 "부동산의 소유자 겸 채무자가 채권자인 저당권자에게 당해 저당권설정등기에 의하여 담보되는 채무를 모두 변제함으로써 저당권이 소멸된 경우 그 저당권설정등기 또한 효력을 상실하여 말소되어야 할 것이나, 그 부동산의 소유자가 새로운 제3의 채권자로부터 금원을 차용함에 있어 그 제3자와 사이에 새로운 차용금 채무를 담보하기 위하여 잔존하는 종전 채권자 명의의 저당권설정등기를 이용하여 이에 터 잡아 새로운 제3의 채권자에게 저당권 이전의 부기등기를 경료하기로 하는 내용의 저당권등기 유용의 합의를 하고 실제로 그 부기등기를 경료하였다면, 그 저당권이전등기를 경료받은 새로운 제3의 채권자로서는 언제든지 부동산의 소유자에 대하여 그 등기 유용의 합의를 주장하여 저당권설정등기의 말소청구에 대항할 수 있다고 할 것이고, 다만 그 저당권 이전의 부기등기 이전에 등기부상 이해관계를 가지게 된 자에 대하여는 위 등기 유용의 합의 사실을 들어 위 저당권설정등기 및 그 저당권 이전의 부기등기의 유효를 주장할 수는 없다. 채무자인 부동산 소유자와 새로운 제3의 채권자와 사이에 저당권등기의 유용의 합의를 하였으나 아직 종전의 채권자 겸 근저당권자의 협력을 받지 못하여 저당권 이전의 부기등기를 경료하지 못한 경우에는 부동산 소유자와 종전의 채권자 사이에서는 저당권설정등기는 여전히 등기원인이 소멸한 무효의 등기라고 할 것이므로 부동산 소유자는 종전의 채권자에 대하여 그 저당권설정등기의 말소를 구할 수 있다고 할 것이지만, 부동산 소유자와 종전의 채권자 그리고 새로운 제3의 채권자 등 3자가 합의하여 저당권설정등기를 유용하기로 합의한 경우라면 종전의 채권자는 부동산 소유자의 저당권설정등기말소청구에 대하여 그 3자 사이의 등기 유용의 합의 사실을 들어 대항할 수 있다."라고 한다.

Ⅳ. 저당권의 객체

저당권은 등기나 등록 등의 공시방법이 마련되어 있는 것에 한하여 설정할 수 있다. 이 점에서 목적물의 점유 이전을 공시방법으로 하는 질권과 다르다.

1. 민법이 인정하는 저당권의 객체는 부동산(토지와 건물)과 지상권, 전세권이다.

(1) 토지는 건물과 더불어 저당권의 가장 중요한 목적물이다. 1필의 토지가 1개의 저당권의 목적물이 된다. 따라서 여러 토지에 하나의 저당권을 설정할 수 없고, 또한 1필의 토지의 일부에 저당권을 설정할 수 없다. 1필의 토지 일부에 저당권을 설정하기 위하여는 반드시 먼저 분필의 등기를 하여야 한다.

(2) 1동의 건물의 일부에는 원칙적으로 저당권을 설정할 수 없다. 다만 1동의 건물 일부라고 하더라도 구분소유권의 목적이 되는 것에는 저당권을 설정할 수 있다. 그러나 구분건물과 대지사용권의 일체성에 따라 토지나 건물(전유부분) 중의 어느 한 쪽만을 객체로 하는 저당권은 설정할 수 없다(부동산등기법 제61조 제3항, 제4항 참조).

(3) 지상권과 전세권도 저당권의 목적으로 하는 것이 인정된다(제371조 제1항, 부동산등기법 제52조 제3호).

2. 민법 이외에 법률에서 인정되는 저당권의 객체로는 다음과 같은 것이 있다.

(1) 상법 제787조 제1항은 등기한 선박을 저당권의 목적으로 할 수 있다고 정하고 있다.

(2) 입목에 관한 법률이 정한 일정요건을 갖춘 수목의 집단으로서 입목등기를 한 것은 지반인 토지와는 별개의 독립한 부동산으로 보며(동법 제3조 제1항), 그 위에 독립한 저당권을 설정할 수 있다(동조 제2항). 그 밖에 광업권 중 채굴권(광업법 제11조 제2항), 어업권(수산업법 제16조 제2항)도 저당권의 목적이 된다.

(3) 공장 및 광업재단저당법상 공장재단·광업재단(이에 관하여는 후술한다)

(4) 건설기계, 소형선박, 자동차, 항공기(자동차 등 특정동산 저당법). 이러한 동산은 등기 또는 등록에 의하여 공시되는 것으로서 점유를 공시방법으로 삼는 질권보다는 저당

권이 더 적절한 금융수단이 될 뿐만 아니라 질권을 설정할 경우 그 유치적 효력으로 인하여 생산수단으로서의 기능이 사장됨으로써 사회경제적 손실이 초래되기 때문이다.

V. 피담보채권

1. 금전채권

저당권에 의하여 담보될 수 있는 채권, 즉 피담보채권은 통상 금전채권이다. 그러나 반드시 금전채권에 한정되는 것은 아니다. 본래 저당권은 목적물의 교환가치로부터 우선변제를 받는 것을 목적으로 하는 것이므로 저당권을 실행할 시기에 금전채권으로 되어 있으면 그것으로 충분하다. 그런데 금전채권이 아닌 채권도 채무불이행이 있게 되면 손해배상채권, 즉 금전채권으로 변하기 때문에 저당권의 피담보채권이 될 수 있는 것이다.

피담보채권이 일정한 금액을 목적으로 하지 아니하는 채권인 경우에는 등기관은 저당권설정의 등기를 할 때 그 채권의 평가액을 기록하여야 한다(부동산등기법 제77조). 이는 목적부동산에 관하여 파악되어 있는 담보가치의 금액을 공시해서 목적부동산에 관하여 새로운 이해관계를 가지게 되는 자(예컨대 후순위저당권자나 목적부동산의 양수인 등)에게 정확한 판단의 자료를 주기 위함이다. 따라서 채권의 실제 가격이 등기된 가격을 넘는 경우에는 그 등기된 가격의 한도에서 우선권을 주장할 수 있고, 실제 가격이 등기된 가격에 미치지 못하는 경우에는 실제 가격의 한도에서 우선권을 주장할 수 있다.

2. 피담보채권의 모습

(1) 채권의 일부를 피담보채권으로 할 수 있고, 복수의 채권을 합해서 하나의 피담보채권으로 할 수도 있다. 후자의 경우 채권자가 다르면 각 채권자가 피담보채권의 비율로 저당권을 준공유하게 된다.

(2) 채무자가 다른 복수의 채권에 관하여 물상보증인이 1개의 저당권을 설정할 수도 있다.

3. 장래의 채권

민법은 장래의 불특정의 채권을 담보하는 근저당권에 관하여는 특별한 규정을 두고 있으나(제357조) 장래의 특정의 채권을 담보하는 저당권을 설정할 수 있는지에 관하여는 아무런 규정을 두고 있지 없다(독일 민법에는 제1113조 제2항에 이를 인정하는 규정이 있다). 그러나 그 유효성을 인정하여야 한다는 데 이견이 없다. 민법이 여러 곳에서 장래의 특정한 채권을 위한 담보를 인정하는 규정(제206조, 제443조, 제588조 등)을 두고 있는 것을 보더라도 장래에 발생할 특정의 채권을 담보하기 위한 저당권은 유효하다고 보아야 한다. 문제는 이러한 조건부 또는 기한부 채권, 장래에 발생할 특정의 채권을 위하여 설정한 저당권은 언제 그 효력이 발생하는가이다. 피담보채권이 특정되어 있으면 저당권은 설정계약과 등기에 의하여 효력이 생긴다고 보아야 하고, 다만 채권이 성립하고 있지 않으면 우선변제권은 행사할 수 없으나 그 밖에 저당권으로서의 여러 가지 효력은 발휘할 수 있다고 할 것이다.

Ⅵ. 부동산공사 수급인의 저당권설정청구권

제666조는 도급에서 부동산공사 수급인에게 저당권 설정청구권을 인정하고 있다. 부동산공사의 수급인이 공사를 완료하면 도급인은 그 보수를 지급하여야 하는데(제665조), 이 때 수급인은 그 보수에 관한 채권을 담보하기 위하여 그 부동산을 목적으로 하는 저당권의 설정을 청구할 수 있다. 부동산공사 수급인을 보호하기 위한 것이나 유치권을 행사하는 것이 더 편리할 수도 있기 때문에 실효성은 크지 않다고 보인다.

이 청구권의 행사로 당연히 저당권이 성립하는 것은 아니고, 수급인은 등기청구권만을 취득하게 될 뿐이며, 도급인이 수급인의 청구에 응하여 등기를 하여야 비로소 저당권이 성립한다(다수설인 약정담보권설). 2014다211978 판결에 의하면 “부동산에 관한 공사도급의 경우에 수급인의 노력과 출재로 완성된 목적물의 소유권은 원칙적으로 수급인에게 귀속되지만 도급인과 수급인 사이의 특약에 의하여 달리 정하거나 기타 특별한 사정이 있으면 도급인이 원시취득하게 되므로, 민법 제666조는 그러한 경우에 수급인에게 목적물에 대한 저당권설정청구권을 부여함으로써 수급인이 목적물로부터 공사대금을 사실상 우선적으로 변제받을 수 있도록 하고 있다. 이에 비추어 건물신축공사에 관한 도급계약에서 수급인이 자기의 노력과 출재로 건물을 완성하여 소유권이 수급인에게 귀속된 경우에는 수급인으로부터 건물신축공사 중 일부를 도급받은 하수급인도 수급인에 대하여 민법 제666조에 따른 저당권설정청구권을 가진다. 그리고 도급받은 공사의 공사대금채권은 민법 제163조 제3호에 따라 3년의 단기소멸시효가 적용되고, 공사에 부수되는 채권도 마찬가지인데, 민법 제666조에 따른 저당권설정청구권은 공사대금채권을 담보하기 위하여 저당권설정등기절차의 이행을 구하는 채권적 청구권으로서 공사에 부수되는 채권에 해당하므로 소멸시효기간 역시 3년이다.”라고 한다.

Ⅶ. 법정저당권의 성립

민법은 법정질권을 인정하는 것과 같은 이유에서 법정저당권을 인정하고 있다. 이는 당사자의 합의가 없는 경우에도 법률상 당연히 성립하는 저당권이다.

법정저당권은 토지 임대인이 변제기를 경과한 최후 2년의 차임채권을 가지고 있는 경우에 그 지상에 있는 임차인 소유의 건물을 압류한 때에 성립한다(제649조). 따라서 임차인이 임차 토지 위에 자기 소유의 건물을 가지는 경우에 한하여, 그리고 일정한 차임에 관하여만 인정된다. 그 성립 시기는 압류등기를 한 때이다. 압류를 위하여는 차임채권에 대한 집행권원이 있어야 하므로 그 실효성은 크지 않다고 보인다.

제3절 저당권의 효력

저당권의 효력은 그 법률관계가 3면관계라는 복합관계를 구성하고 있기 때문에 복잡한 양상을 띠게 된다. 즉, 저당권자와 저당권설정자(채무자 또는 물상보증인) 사이의 법률관계, 저당권자와 저당권설정자의 다른 채권자 사이의 법률관계, 그리고 저당권자와 저당목적물의 제3취득자 사이의 법률관계에서 파악되어야 한다. 우리 민법에서도 저당권의 효력은 기본적으로 이러한 3면관계를 전제로 하여 규율되고 있다. 여기에 더하여 3면관계에서 파악되는 저당권의 효력이 더욱더 복잡한 양상을 띠지 않을 수 없는 것은 저당권은 물권이지만 동시에 채권의 담보를 목적으로 하는 담보물권이어서 불가분적으로 채권관계와도 연관을 갖게 되어 그 결과 3면관계의 각 부분이 반드시 동일한 법률적 성질에 기초하는 것은 아니라는 사실에서도 기인한다. 이하 저당권의 효력을 논함에 있어 이러한 특성을 충분히 감안하여야 할 것이다.

제1관 저당권의 효력이 미치는 범위

Ⅰ. 피담보채권의 범위

1. 저당권에 의하여 담보되는 채권의 범위는 질권의 경우보다는 좁다. 특히 손해배상(지연배상)채권에 관하여 일정한 제한을 두고 있다. 복수의 저당권이 설정되는 경우가 점유가 이전되는 질권에 비하여 훨씬 많고, 그 밖에 목적부동산에 관하여 제3자가 이해관계를 가지는 경우가 적지 않기 때문에 제3자가 불측의 손해를 입지 않도록 하기 위하여 피담보채권의 범위를 제한할 필요가 있는 것이다. 민법이 규정하는 피담보채권의 범위는 다음과 같다(제360조).

(1) 원본

원본채권의 전액이 피담보채권으로 되는 것이 보통이지만 원본의 일부만을 피담보채권으로 하는 것도 상관없다는 점, 담보되는 원본의 금액과 변제기, 지급장소는 이를 등기하여야 한다는 점, 피담보채권이 금전이 아닌 경우에는 미리 그 채권의 평가액을 등기하여야 한다는 점에 대하여는 이미 설명한바 있다.

(2) 이자

이자를 발생시키는 특약이 있는 경우에는 이자(이율을 의미함) 및 그 발생기, 지급시기, 지급장소에 관한 약정을 등기하여야 한다(부동산등기법 제75조 제1항). 저당권의 효력이 미치는 이자의 범위에 관하여 민법은 아무런 제한을 두고 있지 않으므로 이자채권은 무제한으로 담보된다(독일 민법도 같다). 그 결과 시간의 경과로 그 금액이 무한정 늘어남으로써 후순위저당권자나 일반채권자에게 불측의 손해를 줄 염려가 있는 것이 아닌가 하는 의문이 들기도 하지만, 원본의 변제기는 등기하여야 하고, 다음에서 보는 바와 같이 지연배상에 제한을 두고 있으므로 그러한 염려는 거의 없다고 본다(이자는 원본채권의 연장이라는 성질을 가진다는 점도 감안하여야 한다).

(3) 위약금

채무불이행으로 인한 손해배상에 관한 약정이 있는 경우에는 저당권설정등기에 그 약정을 기록하도록 하고 있다(부동산등기법 제75조 제1항 제6호). 그 약정이 손해배상액의 예정이든 아니든 언제나 등기를 해야만 저당권에 의하여 담보된다.

(4) 손해배상청구권

채무불이행으로 인한 손해배상, 즉 지연배상 내지 지연이자는 원본의 이행기일을 경과한 후의 1년분에 한한다(제360조 단서). 이와 같이 저당권을 행사할 수 있는 범위를 제한한 것은 저당권자의 제3자에 대한 관계에서의 제한이다. 위에서 설명한 바와 같이 제3자가 불측의 손해를 입지 않도록 하기 위하여 피담보채권의 범위를 제한한 것이기 때문이다. 따라서 채무자나 저당권설정자가 저당권자에 대하여 지연이자는 1년분에 한한다고 주장할 수 있는 것은 아니다(90다8855). 또한 경매절차에서 저당권자의 우선변제권을 제한한 것이므로 후순위저당권자, 일반채권자 등 제3자와의 관계에서 피담보채권의 범위가 제한된다는 의미이다.

지연이자는 원본채무의 불이행으로 법률상 당연히 발생하므로 그 등기는 필요하지 않다. 약정이자에 관한 등기가 있으면 그 이율에 의한 지연이자가 당연히 발생한다. 원본의 이행기일을 지난 후의 1년분으로 제한한 이유는 이행기일이 지나서 저당권을 실행할 수 있는데도 저당권자의 게으름으로 시일이 경과하여 지연이자가 늘어가는 경우에 이를 무제한으로 인정한다면 후순위저당권자를 비롯한 다른 채권자의 이익을 해치게 되기 때문이다. 그러나 위 1년이라는 지나치게 짧은 기간 때문에(일본 민법은 2년으로 하고 있다) 저당권의 이용을 회피하는 이유가 되고 있다. 저당권에 기한 경매절차의 지연으로 1년이 지난 후에도 경매절차에서 배당을 받지 못하는 경우가 많기 때문이다. 그러한 이유로 채권이 특정된 경우에도 저당권이 아닌 근저당권을 설정하는 것이다.

(5) 저당권 실행 비용

저당권의 실행에는 부동산감정비용, 경매신청등록세 등의 비용이 든다. 이러한 비용도 저당권에 의하여 담보된다는 의미인데, 저당권의 실행에는 일정한 비용이 따른다는 것은 당연히 예상되는 것이기도 할 뿐만 아니라 집행법원이 매각대금에서 저당권 실행비용을 공제한 후 그 잔액을 배당하므로 이는 당연한 규정이다. 이를 등기할 방법은 없지만 등기 없이도 당연히 저당권이 담보하는 채권의 범위에 속한다고 보아야 한다.

2. 저당권에 관해서도 당연히 불가분성의 법리가 적용된다. 따라서 피담보채권이 조금이라도 남아 있는 한, 그 변제를 받기 위하여 저당권을 실행할 수 있다. 또한 피담보채권이 남아 있는 한, 설정자는 저당권등기의 말소를 청구하지 못한다.

Ⅱ. 목적물의 범위

1. 저당권의 효력이 가지는 의미는 두 가지로 세분하여 볼 수 있다. 즉, 일정한 물건에 저당권의 효력이 미친다는 것은 ① 그 물건이 저당권 실행의 대상, 즉 처분의 대상이 된다는 것을 의미하며, ② 그 물건의 처분대가가 피담보채권의 우선변제에 충당되고, 그 결과 경락인(매수인)은 그 물건에 대한 소유권을 취득하게 된다는 것을 의미한다. 따라서 제358조가 규정하고 있는 "저당권의 효력이 미치는 목적물의 범위"는 곧 저당권실행, 즉 경매의 대상이 되어 피담보채권의 변제에 충당되고, 경락인(매수인)이 소유권을 취득하는 목적물의 범위를 의미한다.

저당권의 효력이 미치는 범위는 목적물의 소유권이 미치는 범위와 대체로 일치하는 것이 원칙이지만 당사자의 의사에 의하여 다소 그 범위를 확장하거나 축소하는 것이 인정된다. 이하 민법의 규정에 관하여 설명하기로 한다.

(1) 부합물

저당권의 효력은 저당부동산에 부합된 물건에 미친다(제358조 본문). 따라서 목적부동산과 결합하여 거래관념상 부동산의 일부분이 되었다고 인정되는 것에도 저당권은 미친다(83마469). 토지에 대한 수목이나 건물에 대한 증축건물, 부속건물 등은 부합물의 예이다. 저당권설정 전에 부합한 물건이든 그 후에 부합한 물건이든 관계없이 저당권이 미친다고 본다(이설 없음).

건물이 증축된 경우에 증축 부분이 기존건물에 부합된 것으로 볼 것인가 하는 점은 증축 부분이 기존건물에 부착된 물리적 구조뿐만 아니라, 그 용도와 기능의 면에서 기존건물과 독립한 경제적 효용을 가지고 거래상 별개의 소유권의 객체가 될 수 있는지의 여부 및 증축하여 이를 소유하는 자의 의사 등을 종합하여 판단하여야 한다. 건물의 증축 부분이 기존건물에 부합하여 기존건물과 분리하여서는 별개의 독립물로서의 효용을 갖지 못하는 이상 기존건물에 대한 저당권은 민법 제358조에 의하여 부합된 증축 부분에도 효력이 미치는 것이므로 기존건물에 대한 경매절차에서 경매목적물로 평가되지 아니하였다고 할지라도 경락인(매수인)은 부합된 증축 부분의 소유권을 취득한다(2000다63110).

(2) 종물

저당권의 효력은 저당부동산의 종물에도 미친다(제358조 본문). 그러므로 종물에 관해서도 위 부합물의 경우와 같은 이론이 적용된다. 저당권이 설정되기 전에 생긴 종물은 물론이고, 그 설정 후에 생긴 종물에 대해서도 저당권이 미친다. 여기서의 종물은 제100조 제1항이 정하고 있는 종물과 같은 의미로서 주물인 저당목적물의 상용에 공하기 위하여 부속시킨 "자기소유"의 다른 물건을 말한다. 또한 여기에서 "주물의 상용에 이바지한다"함은 주물 그 자체의 경제적 효용을 다하게 하는 것을 말하는 것이며, 주물의 소유자나 이용자의 상용에 공여되고 있더라도 주물 그 자체의 효용과 직접 관계없는 물건은 종물이 아니다(94다11606). 저당권의 실행으로 부동산이 경매된 경우에 그 부동산에 부합된 물건은 그것이 부합될 당시에 누구의 소유이었는지를 가릴 것 없이 그 부동산을 낙찰받은 사람이 소유권을 취득하지만, 그 부동산의 상용에 공하여진 물건일지라도 그 물건이 부동산의 소유자가 아닌 다른 사람의 소유인 때에는 이를 종물이라고 할 수 없으므로 부동산에 대한 저당권의 효력이 미칠 수 없어 부동산의 낙찰자가 당연히 그 소유권을 취득하는 것은 아니며, 나아가 부동산의 낙찰자가 그 물건을 선의취득하였다고 할 수 있으려면 그 물건이 경매의 목적물로 되었고 낙찰자가 선의이며 과실 없이 그 물건을 점유하는 등으로 선의취득의 요건을 구비하여야 한다(2007다36933).

주유소의 지하에 매설된 유류저장탱크를 토지로부터 분리하는 데 과다한 비용이 들고 이를 분리하여 발굴할 경우 그 경제적 가치가 현저히 감소할 것이 분명하므로 그 유류저장탱크는 토지에 부합되었다고 볼 것이고, 주유소의 주유기가 비록 독립된 물건이기는 하나 유류저장탱크에 연결되어 유류를 수요자에게 공급하는 기구로서 주유소 영업을 위한 건물이 있는 토지의 지상에 설치되었고, 그 주유기가 설치된 건물은 당초부터 주유소 영업을 위한 건물로 건축되었다는 점 등을 종합하여 볼 때, 그 주유기는 계속해서 주유소 건물 자체의 경제적 효용을 다하게 하는 작용을 하고 있으므로 주유소건물의 상용에 공하기 위하여 부속시킨 종물이다(94다6345).

(3) 종된 권리

제358조 본문은 저당부동산에 종된 권리에도 유추적용된다. 따라서 건물에 대한 저당권의 효력은 건물의 소유를 목적으로 하는 지상권에도 미친다(95다52864). 구분건물의 전유부분만에 관하여 설정된 저당권의 효력은 대지사용권의 분리처분이 가능하도록 규약으로 정하는 등의 특별한 사정이 없는 한 그 전유부분의 소유자가 사후에라도 대지사용권을 취득함으로써 전유부분과 대지권이 동일 소유자의 소유에 속하게 되었다면, 그 대지사용권에까지 미치고 여기의 대지사용권에는 지상권 등 용익권 이외에 대지소유권도 포함된다(94다12722).

92다24950 판결에 의하면 "건물의 소유를 목적으로 하여 토지를 임차한 사람이 그 토지 위에 소유하는 건물에 저당권을 설정한 때에는 민법 제358조 본문에 따라서 저당권의 효력이 건물뿐만 아니라 건물의 소유를 목적으로 한 토지의 임차권에도 미친다고 보아야 할 것이므로, 건물에 대한 저당권이 실행되어 경락인이 건물의 소유권을 취득한 때에는 특별한 다른 사정이 없는 한 건물의 소유를 목적으로 한 토지의 임차권도 건물의 소유권과 함께 경락인에게 이전된다. 이 경우에도 민법 제629조가 적용되기 때문에 토지의 임대인에 대한 관계에서는 그의 동의가 없는 한 경락인은 그 임차권의 취득을 대항할 수 없다고 할 것인바, 민법 제622조 제1항은 건물의 소유를 목적으로 한 토지임대차는 이를 등기하지 아니한 경우에도 임차인이 그 지상건물을 등기한 때에는 토지에 관하여 권리를 취득한 제3자에 대하여 임대차의 효력을 주장할 수 있음을 규정한 취지임에 불과할 뿐, 건물의 소유권과 함께 건물의 소유를 목적으로 한 토지의 임차권을 취득한 사람이 토지의 임대인에 대한 관계에서 그의 동의가 없이도 임차권의 취득을 대항할 수 있는 것까지 규정한 것이라고는 볼 수 없다. 임차인의 변경이 당사자의 개인적인 신뢰를 기초로 하는 계속적 법률관계인 임대차를 더 이상 지속시키기 어려울 정도로 당사자간의 신뢰관계를 파괴하는 임대인에 대한 배신행위가 아니라고 인정되는 특별한 사정이 있는 때에는 임대인은 자신의 동의 없이 임차권이 이전되었다는 것만을 이유로 민법 제629조 제2항에 따라서 임대차계약을 해지할 수 없고, 그와 같은 특별한 사정이 있는 때에 한하여 경락인은 임대인의 동의가 없더라도 임차권의 이전을 임대인에게 대항할 수 있다고 봄이 상당한바, 위와 같은 특별한 사정이 있는 점은 경락인이 주장·입증하여야 한다."라고 한다.

(4) 저당권이 부합물과 종물에 미친다는 원칙에 대하여는 다음과 같은 예외가 있다(제358조 단서).

① 법률에 특별한 규정이 있는 경우

그러한 민법의 규정으로는 제256조 단서가 있다. 즉 타인이 권원에 의하여 부속시킨 것은 부합물이 아니다. 예컨대 지상권자, 전세권자 또는 부동산임차인이 식재한 수목 또는 축조한 건물 등은 이들 부동산사용권자의 소유에 속하고, 목적부동산의 소유권에 흡수되지 않으므로 저당권은 이에 미치지 않는다. 그 밖에 공상 및 광업재단 저당법 제9조에도 특별한 규정이 있다.

② 설정행위에서 다른 약정을 한 때

당사자는 설정계약에 의하여 저당권이 부합물에 미치지 않는 것으로 할 수 있다. 다만 이 약정은 등기를 하여야만 제3자에 대하여 대항할 수 있다(부동산등기법 제75조 제1항 제7호).

(5) 분리된 부합물과 종물에 대한 저당권의 효력

만일 부합물 또는 종물이 부착되어 있던 저당목적물로부터 분리되어 버린 경우, 예컨대 저당토지 위에 식재된 수목이 벌채되거나 저당주택에 설치된 태양열난방설비가 분리된 경우에 분리된 물건에도 저당권의 효력이 미치는지 문제된다.

① 먼저 저당권설정자의 정당한 권원행사에 의하여 분리된 경우에는 분리된 물건에는 저당권의 효력이 미치지 않는다고 볼 것이다.

② 다음으로 정당한 권원행사에 의하지 않고 분리된 경우 통설은 공시원칙설을 취하는데, 이는 저당권은 등기에 의하여 공시되는 목적물 위에 성립하는 지배권이라는 것을 근거로 하여 공시의 원칙에 의하여 분리된 부합물이나 종물에 대한 저당권의 효력을 결정하려는 것이다. 즉, 분리된 부합물이나 종물은 저당부동산과 결합하여 공시의 작용이 미치는 한도에서만 저당권의 효력이 미친다고 한다. 이에 따르면 분리된 물건이 저당부동산 위에 존속하지 않고 이로부터 벗어나는 경우나 분리된 물건이 비록 저당부동산 위에 존속하고 있더라도 저당부동산과의 동일성을 상실한 때에는(예컨대 붕괴된 가옥이 반출되지 않고 목재로 변형된 채로 소유자의 수중에 남아 있는 경우) 저당권의 효력이 미치지 않는다고 본다(이에 대하여는 물상대위설과 사회통념상의 일체설도 있다). 공시원칙설에 의하면 분리된 부합물이나 종물에 대하여 저당권의 효력이 미치는 범위가 좁아지고, 반출된 부합물과 종물에 대하여는 저당권의 추급효도 인정할 수 없게 된다. 결국 이러한 경우에는 저당권자는 저당권침해에 대한 일반적인 구제수단을 원용할 수밖에 없다고 할 것이다.

(6) 과실(果實)

저당권의 효력은 저당부동산의 과실에는 미치지 않는 것이 원칙이다. 저당권은 목적물의 이용을 설정자에게 맡겨두는 것을 본질로 하는데, 만일 과실에도 저당권의 효력이 미친다고 한다면 저당권설정자의 목적물에 대한 이용권을 빼앗은 결과가 되어 저당권의 본질에 반하기 때문이다. 그러나 이러한 저당권설정자의 이용을 제한 없이 인정한다면 저당권설정자가 고의로 경매절차를 지연시켜 과실을 취득하는 불합리한 결과를 초래할 수 있다. 따라서 저당권자가 저당권의 실행에 착수하였다고 볼 수 있는 경우 그 이후에는 저당권의 효력이 과실에도 미치는 것으로 할 필요가 있다. 저당권의 효력이 저당목적물의 과실에 미치게 되면 교환가치를 실현할 저당목적물의 범위가 확대되고, 따라서 그 만큼 피담보채권이 완제될 가능성이 커지게 되어 저당권자가 유리해진다. 이에 따라 민법은 "저당권의 효력은 저당부동산에 대한 압류가 있은 후에 저당권설정자가 그 부동산으로부터 수취한 과실 또는 수취할 수 있는 과실에 미친다(제359조 본문)"라고 규정하고 있다. 여기서의 압류는 물론 민사집행법 제83조 제4항에 의한 압류를 의미한다. 그리고 여기서의 과실에는 법정과실도 포함된다고 본다(통설). 판례(2015다230020)도 "저당부동산에 대한 압류가 있으면 압류 이후의 저당권설정자의 저당부동산에 관한 차임채권 등에도 저당권의 효력이 미친다"고 하면서 "다만 저당부동산에 대한 경매절차에서 저당부동산에 관한 차임채권 등을 관리하면서 이를 추심하거나 저당부동산과 함께 매각할 수 있는 제도가 마련되어 있지 아니하므로, 저당권의 효력이 미치는 차임채권 등에 대한 저당권의 실행이 저당부동산에 대한 경매절차에 의하여 이루어질 수는 없고, 그 저당권의 실행은 저당권의 효력이 존속하는 동안에 채권에 대한 담보권의 실행에 관하여 규정하고 있는 민사집행법 제273조에 따른 채권집행의 방법으로 저당부동산에 대한 경매절차와 별개로 이루어질 수 있을 뿐이다."라고 판시하고 있다.

한편 제3취득자 등에게 불측의 손해가 생기는 것을 방지하기 위하여 동조 단서는 "그 부동산에 대한 소유권, 지상권, 전세권을 취득한 제3자에 대하여는 압류한 사실을 통지한 후가 아니면 이로써 대항하지 못한다"라고 규정하고 있다. 예컨대 토지의 소유자가 채권자 명의로 저당권 설정등기를 마친 후 제3자 명의로 지상권 설정등기를 마친 경우 저당권자가 지상권자에게 압류 사실을 통지하기 전에는 목적물 소유자의 지상권자에 대한 지료채권에 저당권의 효력은 미치지 않는다.

(7) 건물

목적 토지 위의 건물에는 저당권의 효력이 미치지 않는다. 건물에 증축된 부분을 독립한 건물로 볼 수 있는지 문제된다. 건물이 증축된 경우에 증축 부분의 기존 건물에 부합 여부는 증축 부분이 기존 건물에 부착된 물리적 구조뿐만 아니라, 그 용도와 기능면에서 기존 건물과 독립한 경제적 효용을 가지고 거래상 별개의 소유권의 객체가 될 수 있는지의 여부 및 증축하여 이를 소유하는 자의 의사 등을 종합하여 판단하여야 한다(94다53006). 다만 토지를 목적으로 저당권을 설정한 후 그 설정자가 저당 토지 위에 건물을 축조한 경우 저당권자는 토지와 함께 그 건물에 대해서도 경매를 청구할 수 있는데(제365조 본문), 이에 대하여는 후술한다.

2. 물상대위

질권에 관하여 정한 물상대위에 관한 규정은 저당권에도 준용된다(제370조, 제342조). 따라서 본래의 목적물뿐만 아니라 그것을 갈음하는 금전이나 물건 위에도 효력이 미친다.

(1) 저당권자가 추급할 수 있는 목적물에 갈음하는 것은 저당목적물의 멸실·훼손 또는 공용징수로 인하여 저당권설정자가 받을 금전 기타의 물건이다. 손해배상금, 토지수용보상금 등이 이에 속하는데, 판례(2012다58609)는 화재보험금에 대하여도 물상대위를 인정한다. 이에 대하여는 화재보험금청구권은 납입한 보험료의 대가로 생긴 것이고, 모든 건물이 화재보험에 가입하는 것은 아니라는 이유로 반대하는 견해도 있다. 한편 저당목적물을 매각하거나 임대한 경우에 매각대금이나 임대료에 대하여는 물상대위가 인정되지 않는다. 저당권은 추급력이 인정되므로 저당목적물의 소유권이 제3자에게 이전되더라도 저당권자가 그 목적물에 대하여 저당권을 행사하는데 지장이 없기 때문이다.

목적부동산으로부터 정당한 권리행사에 의하지 아니하고 분리한 부합물이나 종물에 저당권의 효력이 미치는지 문제된다. 전술한 바와 같이 다수설(공시작용설)에 의하면 분리된 동산은 목적부동산과 결합하여 공시의 작용이 미치는 한도에서만 저당권의 효력이 미친다고 보아 그것이 부동산으로부터 반출된 때에는 저당권의 효력이 미치지 않는다고 본다. 다만 저당권자는 저당권의 물권적 효력에 의하여 이 반출을 금지할 수 있다고 본다. 이에 대하여는 압류를 요건으로 하여 물상대위가 인정된다고 보는 견해도 있다.

(2) 물상대위의 객체는 보험금, 보상금 등의 금전 기타의 물건 자체가 아니라 이들에 관한 목적물 소유자의 청구권이라는 점, 물상대위권을 행사하려면 그 지급 또는 인도 전에 압류하여야 한다는 점, 압류는 저당권자가 스스로 하지 않고 제3자가 하고 있더라도 상관없다는 점 등은 이미 질권에서 설명한 바와 같다.

(3) 전세권에 대하여 저당권이 설정된 경우 그 저당권의 목적물은 물권인 전세권 자체이지 전세금반환채권은 아니고, 전세권의 존속기간이 만료되면 전세권은 소멸하므로 더 이상 전세권 자체에 대하여 저당권을 실행할 수 없게 되고, 이러한 경우에는 민법 제370조, 제342조(물상대위)에 의하여 저당권의 목적물인 전세권에 갈음하여 존속하는 것으로 볼 수 있는 전세금반환채권에 대하여 압류 및 추심명령 또는 전부명령을 받거나 제3자가 전세금반환채권에 대하여 실시한 강제집행절차에서 배당요구를 하는 등의 방법으로 자신의 권리를 행사하여 비로소 전세권설정자에 대해 전세금의 지급을 구할 수 있게 된다는 점, 전세권을 목적물로 하는 저당권의 설정은 전세권의 목적물 소유자의 의사와는 상관없이 전세권자의 동의만 있으면 가능한 것이고, 원래 전세권에 있어 전세권설정자가 부담하는 전세금반환의무는 전세금반환채권에 대한 제3자의 압류 등이 없는 한 전세권자에 대해 전세금을 지급함으로써 그 의무이행을 다할 뿐이라는 점 등에 비추어 볼 때, 전세권저당권이 설정된 경우에도 전세권이 기간만료로 소멸되면 전세권설정자는 전세금반환채권에 대한 제3자의 압류 등이 없는 한, 전세권자에 대하여만 전세금반환의무를 부담한다고 보아야 한다(98다31301).

(4) 제3채무자가 목적 채권을 변제한 경우에(예컨대 보험회사가 보험금을 지급한 경우) 저당권자가 변제를 수령한 자를 상대로 부당이득반환을 청구할 수 있는지 문제된다. 판례는 저당물소유자에 대한 청구와 제3자에 대한 청구를 구분하고 있다. ① 먼저 저당물소유자에 대하여는 부당이득반환청구를 인정한다. 저당권자는 저당권의 목적이 된 물건의 멸실, 훼손 또는 공용징수로 인하여 저당목적물의 소유자가 받을 저당목적물에 갈음하는 금전 기타 물건에 대하여 물상대위권을 행사할 수 있으나, 다만 그 지급 또는 인도 전에 이를 압류하여야 하며, 저당권자가 위 금전 또는 물건의 인도청구권을 압류하기 전에 저당물의 소유자가 그 인도청구권에 기하여 금전 등을 수령한 경우 저당권자는 더 이상 물상대위권을 행사할 수 없게 된다. 이 경우 저당권자는 저당권의 채권최고액 범위 내에서 저당목적물의 교환가치를 지배하고 있다가 저당권을 상실하는 손해를 입게 되는 반면에, 저당목적물의 소유자는 저당권의 채권최고액 범위 내에서 저당권자에게 저당목적물의 교환가치를 양보하여야 할 지위에 있다가 마치 그러한 저당권의 부담이 없었던 것과 같은 상태에서의 대가를 취득하게 되는 것이므로, 그 수령한 금액 가운데 저당권의 채권최고액을 한도로 하는 피담보채권액의 범위 내에서는 이득을 얻게 된다. 저당목적물 소유자가 얻은 위와 같은 이익은 저당권자의 손실로 인한 것으로서 인과관계가 있을 뿐 아니라, 공평의 관념에 위배되는 재산적 가치의 이동이 있는 경우 수익자로부터 그 이득을 되돌려받아 손실자와 재산상태의 조정을 꾀하는 부당이득제도의 목적에 비추어 보면 위와 같은 이익을 소유권자에게 종국적으로 귀속시키는 것은 저당권자에 대한 관계에서 공평의 관념에 위배되어 법률상 원인이 없다고 봄이 상당하므로, 저당목적물 소유자는 저당권자에게 이를 부당이득으로 반환할 의무가 있다(2008다17656). ② 다음으로 제3자에 대한 것으로, 위 민법 제370조, 제342조 단서의 취지는 물상대위의 목적인 채권의 특정성을 유지하여 그 효력을 보전함과 동시에 제3자에게 불측의 손해를 입히지 않으려는 데 있는 것이므로, 저당목적물의 변형물인 금전 기타 물건에 대하여 이미 제3자가 압류하여 그 금전 또는 물건이 특정된 이상 저당권자가 스스로 이를 압류하지 않고서도 물상대위권을 행사하여 일반 채권자보다 우선변제를 받을 수 있으나, 그 행사방법으로는 민사집행법 제273조에 의하여 담보권의 존재를 증명하는 서류를 집행법원에 제출하여 채권압류 및 전부명령을 신청하는 것이거나 민사집행법 제247조 제1항에 의하여 배당요구를 하는 것이므로[3], 이러한 물상대위권의 행사에 나아가지 아니한 채 단지 수용대상토지에 대하여 담보물권의 등기가 된 것만으로는 그 보상금으로부터 우선변제를 받을 수 없고[4], 저당권자가 물상대위권의 행사에 나아가지 아니하여 우선변제권을 상실한 이상 다른 채권자가 그 보상금 또는 이에 관한 변제공탁금으로부터 이득을 얻었다고 하더라도 저당권자는 이를 부당이득으로서 반환청구할 수 없다(2002다33137).

3) 일본 판례는 물상대위권의 행사방법으로 배당요구를 하는 것을 인정하지 않는다.

4) 우선변제권이 있는 채권자라고 하더라도 배당요구를 하여야만 배당을 받을 수 있는 채권자는 배당요구의 종기까지 배당요구를 하지 않으면 배당을 받은 채권자를 상대로 부당이득반환청구를 할 수 없다(98다12379).

제 2 관 우선변제를 받는 효력

Ⅰ. 저당권자가 피담보채권의 변제를 받는 모습

저당권자는 목적물로부터 우선변제를 받을 수 있다(제356조). 즉, 저당권에 의하여 담보되는 채권의 변제기가 되었는데도 채무자가 변제하지 않는 경우에 채권자는 저당권의 목적물을 일정한 절차를 거쳐 매각·현금화하고, 그 대금으로부터 다른 채권자에 우선하여 자기 채권의 만족을 받을 수 있다(이를 "저당권의 실행"이라고 한다). 이는 저당권의 가장 중심적인 효력으로 저당권의 우선변제적 효력이라고 하는데, 저당권의 본질적 내용을 이루는 것이다. 한편 저당권은 부종성에 따라 채권(피담보채권) 없이는 존재할 수 없는 것이므로 저당권자는 언제나 채권자이기도 하다. 이는 저당권자가 그의 저당권을 실행하지 않고 단순히 채권자라는 지위에서 그의 채권을 행사하여 변제를 받을 수도 있음을 의미한다. 이렇게 되면 결국 저당권자가 그의 채권을 변제받는 모습은 저당권에 기하여 우선변제를 받는 경우와 단순한 채권자로서 변제를 받는 경우의 2가지가 있다는 것이 된다.

1. 저당권에 기하여 우선변제를 받는 모습

(1) 저당권자가 그의 저당권에 의거하여 변제를 받는 방법 중 가장 전형적인 것은 저당권자 자신이 저당권을 실행하는 방법이다(이에 관하여는 제3관에서 살핀다).

(2) 저당부동산에 대하여 일반채권자가 강제집행을 하거나 저당부동산의 전세권자가 경매를 신청하는 경우 또는 후순위저당권자가 저당권을 실행하는 경우에 저당권자는 그 절차의 진행을 막지 못한다. 이러한 경우 저당권자가 직접 그의 저당권을 실행하지는 않더라도 저당부동산에 대한 집행절차가 진행되는데, 저당권자는 그가 가지는 우선순위에 따라 매각대금으로부터 변제를 받고(민사집행법 제268조, 제91조 제2항, 제3항, 제145조 참조), 이에 따라 저당권은 소멸한다(소멸주의). 저당권은 피담보채권의 변제기가 도래하지 않아도 소멸한다.

저당부동산에 대한 일반채권자 또는 후순위저당권자에 의한 경매에 있어 선순위저당권자에게 우선변제를 한 후에 그 경매를 신청한 일반채권자나 후순위저당권자에게 배당할 수 있는 나머지가 없는 경우(남을 가망이 없을 경우)에도 그 경매절차를 계속할 수 있는지 문제된다. 이에 관하여는 민사집행법 제268조, 제102조가 규정하고 있는데, 그 내용은 다음과 같다(이를 잉여주의(Deckungsprinzip)라고 한다). 집행법원이 결정한 최저매각가격(제97조)으로 경매를 신청한 일반채권자나 후순위담보권자의 채권에 우선하는 목적부동산의 모든 부담과 절차비용을 변제하면 남을 것이 없겠다고 인정하는 때에는 집행법원은 경매신청자에게 이 사실을 통지하여야 한다(제102조 제1항). 이 통지를 받은 경매신청자는 통지를 받은 날부터 7일 이내에, 그의 채권에 우선하는 목적부동산의 모든 부담과 절차비용을 변제하고 남을 만한 가격을 정하여 그 가격에 맞는 매수신고가 없을 때에는 자기가 그 가격으로 매수하겠다고 신청하면서 충분한 보증을 제공하지 않으면 집행법원은 경매절차를 취소하여야 한다(동조 제2항). 다시 말하자면 일반채권자나 후순위담보권자가 신청하는 경매절차에서 결정된 최저매각가격과 선순위담보권자에 의하여 우선되는 채권액 등을 비교하여 남을 것이 생길 가망이 없는 경우에는 일정한 사유가 없는 한, 집행법원은 그 경매절차를 취소하는 것으로 하고 있다.

이와 같이 잉여주의에 의한 제한이 있기 때문에 일반채권자나 후순위담보권자가 집행을 하여도 선순위저당권자에게는 아무런 불이익이 없는 것처럼 보인다. 그러나 오늘날 저당권이 투자의 매개수단이 되었다는 점을 생각해 본다면 이처럼 저당권자가 타인의 의사에 의하여 담보가치의 현실화를 강요당하는 것은 투자자의 지위를 유지하여 기업의 이윤분배에 참여하려는 저당권자의 의사에 반하는 것이다. 이러한 의미에서 우리 민법의 저당권제도는 소멸주의를 취하고 있는 이상 아직 투자수단으로 작용하기에는 부족하다고 할 것이다.

2. 단순한 채권자로서 변제를 받는 경우

위와 같은 방법으로 저당부동산의 매각대금으로부터 완전히 변제되지 못하는 경우에 저당권자의 피담보채권 중 변제받지 못한 나머지 채권은 무담보의 채권으로 남는다. 이 남은 채권의 만족을 위하여 저당권자는 단순히 채권자로서 집행권원을 얻어 채무자의 일반재산에 대하여 스스로 강제집행을 하거나 타인이 집행을 하는 경우에 그 배당에 참가할 수 있다.

저당권자가 저당목적물에 대하여 그의 저당권을 실행하지 않고 먼저 채무자의 일반재산에 대하여 일반채권자로서 집행할 수는 있으나 이때에는 질권의 경우와 같은 제한이 있다(제370조, 제340조). 즉, 저당권자는 저당부동산으로부터 변제받지 못한 부분의 채권에 관해서만 일반재산에 대하여 집행할 수 있다. 이를 위반하여 일반재산에 집행한 경우 일반채권자는 먼저 저당부동산을 경매해서 그 대가로부터 변제받지 못한 부분에 한하여 일반재산으로부터 변제를 받으라고 하는 이의를 신청할 수 있다. 그러나 저당부동산보다 먼저 다른 재산의 대가를 배당하는 경우 저당권자는 그의 채권 전액을 가지고 배당에 참가할 수 있다. 다만 다른 채권자는 저당권자에게 그에게 배당될 금액을 공탁할 것을 청구할 수 있다. 저당권자는 저당부동산을 경매해서 변제받지 못한 부분을 이 공탁금에서 받을 수 있다. 공탁금 중 남는 것이 있으면 일반채권자에게 추가 배당된다. 위와 같은 제한은 일반채권자를 보호하기 위한 것이므로 채무자는 저당권자가 일반재산에 대하여 집행하거나 그 배당에 참가하는 데 대하여 이의를 신청할 권리가 없다고 본다(통설). 질권에 관하여 채무자도 이의를 제기할 수 있다고 주장하는 견해(소수설)를 취하는 학자도 저당권에 관하여는 채무자의 보호보다 저당권자의 지위를 확보하는 것이 더 중요하기 때문에 채무자는 이의를 신청하지 못한다고 본다.

Ⅱ. 저당권자의 우선적 지위

저당권자가 저당목적물에 관하여 우선변제권이 없는 다른 담보물권이나 그 밖의 권리를 가진 자와의 사이에서 누가 우선하는지 문제된다.

1. 일반채권자에 대한 관계

저당권자는 일반채권자에 대하여는 언제나 우선한다. 다만 주택임대차보호법에 의하여 소액보증금에 관하여 우선특권이 인정되는 주택임차인은 저당권자에 우선한다(동법 제8조. 주택전세임차인에게 준용된다. 제12조 참조). 또한 저당권자의 저당권설정보다 먼저 저당건물을 임차하고 있는 주택임차인으로서 대항력(동법 제3조)과 임대차계약증서상의 확정일자를 갖춘 자는 저당권자에 우선하여 보증금을 우선변제 받을 수 있다(동법 제3조의2 제2항). 그리고 근로자의 생활안정을 위한 사회정책적 고려에서 근로기준법 제38조 제2항은 최종 3개월분의 임금과 재해보상금은 사용자의 총재산에 대하여 저당권자에 우선한다고 규정하고 있다.

2. 전세권자에 대한 관계

(1) 전세권설정등기가 경료되고, 그 후에 저당권설정등기가 경료된 경우 전세권자가 경매를 신청하면 두 권리는 모두 소멸하고(전세권자가 경매를 신청하였다는 것은 자신의 용익권을 포기하고 우선변제권을 선택하였음을 표명한 것이다), 설정등기의 순위에 따라 전세권자가 우선변제를 받고, 잉여가 있으면 저당권자가 배당을 받는다. 그러나 저당권자가 경매를 신청한 경우에는 전세권은 용익물권으로서 전세권자의 의사에 반하여 소멸시킬 이유가 없으므로 전세권은 소멸하지 않는다(민사집행법 제91조 제3항 참조). 다만 전세권자는 자신의 선택으로 배당요구를 할 수 있고(동법 제88조 제1항 참조), 이 경우에 전세권은 매각으로 인하여 소멸한다(동법 제91조 제4항 단서).

(2) 저당권설정등기가 먼저 경료되고, 그 후에 전세권설정등기가 경료된 경우 경매를 저당권자가 신청하든 전세권자가 신청하든 관계 없이 두 권리는 모두 소멸하고, 설정등기의 순위에 따라 저당권자가 우선변제받는다.

3. 다른 담보물권자에 대한 관계

(1) 동일한 부동산에 여러 개의 저당권이 설정되어 있는 경우 우선변제의 순위는 각

저당권의 설정순위, 즉 설정등기의 선후에 의한다(제370조, 제333조). 후순위저당권자는 선순위저당권자가 우선변제를 받은 뒤에 남은 금액에 한하여 우선변제 받을 수 있다. 후순위저당권자가 경매를 신청한 경우에도 같다.

(2) 유치권은 우선변제권이 없으므로 이론상 저당권과의 우열 문제는 생기지 않는다. 다만 유치권자는 사실상 우선변제를 받는 결과가 될 수 있음은 전술한 바와 같다.

2019다247385 판결에 의하면 "근저당권자에게 담보목적물에 관하여 유치권의 부존재 확인을 구할 법률상 이익이 있다고 보는 것은 경매절차에서 유치권이 주장됨으로써 낮은 가격에 입찰이 이루어져 근저당권자의 배당액이 줄어들 위험이 있다는 데에 근거가 있고, 이는 소유자가 그 소유의 부동산에 관한 경매절차에서 유치권의 부존재 확인을 구하는 경우에도 마찬가지이다. 한편 경매절차에서 유치권이 주장되지 아니한 경우에는 담보목적물이 매각되어 그 소유권이 이전됨으로써 근저당권이 소멸하였더라도 채권자는 채무자가 자력이 없는 때에는 유치권의 존재를 알지 못한 매수인으로부터 민법 제575조 제1항, 제578조 제1항, 제2항에 의한 담보책임을 추급당할 우려가 있고, 위와 같은 위험은 채권자의 법률상 지위를 불안정하게 하는 것이므로, 채권자인 근저당권자로서는 위 불안을 제거하기 위하여 유치권 부존재 확인을 구할 법률상 이익이 있다. 반면 채무자가 아닌 소유자는 위 각 규정에 의한 담보책임을 부담하지 아니하므로, 유치권의 부존재 확인을 구할 법률상 이익이 없다."라고 판시하고 있다. 요컨대 저당권자와 채무자인 소유자는 유치권의 부존재 확인을 구할 법률상 이익이 있으나 채무자가 아닌 소유자는 유치권의 부존재 확인을 구할 법률상 이익이 없다는 것이다.

4. 국세우선권과의 관계

(1) 국세기본법에 의하면 국세 또는 체납처분비는 다른 공과금이나 그 밖의 채권에 우선하여 징수하는 것이 원칙이나(국세기본법 제35조 제1항 본문), 다만 저당권이 국세의 법정기일 전에 설정된 때에는 국세에 우선한다(같은 항 단서 제3호). 지방세기본법 제71조 제1항 제3호도 지방세에 관하여 같은 취지로 규정하고 있다. 여기서의 "법정기일"은 신고납부방식에서는 신고일, 부과납부방식에서는 납세고지서나 납세통지서의 발송일이다(국세기본법 제35조 제2항 제1호, 제2호). 요컨대 저당목적물의 소유자가 체납하고 있는 국세는 그 법정기일 전에 설정된 저당채권에 우선하여 징수하지 못한다. 다만 상속·증여세와 종합부동산세와 같은 당해세(當該稅. 해당 재산에 부과된 세금)는 법정기일 전에 설정된 저당권에 우선한다(동조 제3항).

(2) 위와 같이 저당권의 피담보채권이 국세에 우선하려면 국세의 법정기일 전에 저당권이 설정되었어야 한다. 여기서 "법정기일 전"은 저당권설정 당시 설정자의 납부의무를

기준으로 하여 정할지, 아니면 현재 저당목적물을 소유하고 있는 자의 납부의무를 기준으로 정할지 문제된다. 만일 후자에 따른다면 甲이 국세의 법정기일 전에 저당권을 설정한 부동산이 저당권설정 전부터 국세를 체납하고 있는 乙에게 양도되면 저당권자는 국세우선권을 면할 수 없게 된다. 이렇게 되면 저당권의 효력을 침해하고 거래의 안전을 해하는 결과가 된다. 그러므로 법정기일 전인지의 여부는 저당권설정 당시 설정자의 납세의무를 기준으로 정해야 하고, 그와 같이 설정된 저당권의 피담보채권이 국세에 우선하여 보호된 후에 저당부동산이 국세를 체납하고 있는 제3자에게 양도되더라도 저당채권은 여전히 국세에 우선한다고 하여야 한다(2004다51153. 당해세도 마찬가지이다).

(3) 조세가 국가나 지방자치단체의 재정을 뒷받침하고 공공복리를 위한 경제적 기초가 됨은 엄연한 사실이며, 조세우선권은 이러한 조세의 공공성에 근거하여 인정된다. 그러나 조세의 공공성은 거래의 안전을 희생하고, 제3자의 재산권을 침해하면서까지 우선징수할 수 있다는 점에 대한 충분한 근거가 될 수는 없다. 무엇보다도 조세채권은 공시를 갖추지 않고도 징수할 수 있기 때문에 채권자가 그의 채권을 담보하기 위한 담보물권을 설정할 때 담보설정자의 조세채무가 없다는 것을 확인하여야 하는 부담이 있다. 그러나 그러한 확인은 누구나 손쉽게 할 수 있는 것이 아닐 뿐만 아니라 그러한 부담은 거래의 안전에 큰 위협이 될 수 있다. 국세우선권을 논함에 있어서는 이러한 사정을 충분히 감안하지 않으면 안 될 것이다.

5. 파산 등 도산절차에서 채권자에 대한 관계

저당부동산의 소유자에 대하여 파선선고가 되거나 개인회생절차가 개시된 때에 저당권자는 별제권을 가진다(채무자 회생 및 파산에 관한 법률 제411조, 제586조). 회생절차에서 저당권자는 회생담보권자로 취급된다(동법 제141조 제1항).

6. 저당권의 순위에 관한 원칙(순위 승진의 원칙)

(1) 같은 부동산에 복수의 저당권이 있는 경우에 각 저당권 사이의 우열은 그 설정등기의 선후에 의하여 정해지고, 먼저 등기된 저당권은 후에 등기된 저당권에 의하여 절대 그 순위를 빼앗기지 않는다. 그러나 선순위의 저당권이 변제 등으로 소멸하면 후순위의 저당권은 그 순위가 올라간다. 이를 순위 승진의 원칙 또는 순위 상승의 원칙이라고 한다. 예컨대 1번 저당권이 변제 등으로 소멸하면 2번 저당권은 1번 저당권이 되고, 3번 이하의 것도 한 단계씩 올라간다. 그 결과 2번 저당권 이하의 저당권에 관한 한, 일단 취득한 순위는 영구·고정적인 것이 아니라 장차 올라갈 가능성이 있다는 것이다.

다만 甲이 乙 소유의 토지 위에 저당권을 가지고 있고, 丙이 같은 토지 위에 후순위 저당권을 가지고 있는 경우에 甲이 그 토지소유권을 취득하더라도 甲의 저당권은 소멸하지 않는다(혼동의 예외. 제191조 제1항 단서 참조). 만일 이 예외를 인정하지 않는다면 丙의 후순위 권리가 혼동으로 부당하게 유리한 지위를 차지하여 본인의 이익을 침해하는 결과가 되기 때문이다.

(2) 위와 같은 순위 승진의 원칙은 결코 합리적인 것이 아니다. 원래 저당권에 의하여 담보된 피담보채권을 회수할 수 있는 확실성은 저당부동산의 매각대금 액수에 달려 있다. 저당권의 순위가 낮아지면 그 확실성도 적어진다. 선순위 저당권이 있는 부동산을 담보로 제공받고 융자를 하려는 사람은 목적부동산의 가격을 예측해서 위 선순위 저당권자에 의하여 파악되어 있는 담보가치를 공제한 나머지를 자기가 파악할 수 있는 담보가치의 상한이라고 생각하고 거래하는 것이 보통이다. 이로 인하여 채권회수에 불안이 생길 경우에 후순위 저당권자는 이자나 인적 담보 등 다른 대출조건을 보강하는 등의 조치를 취하게 된다(후술하는 공동저당권을 이용할 수도 있다).

그런데 순위 승진의 원칙을 적용하게 되면 선순위 저당권이 변제로 소멸하는 것과 같은 우연한 사정에 의하여 후순위 저당권자에게 예기치 아니한 이익을 주는 결과를 낳는다. 반면에 목적물소유자로서는 선순위 저당권자에게 담보로 제공하였던, 양질에 속하는 가치부분을 충분히 유리하게 이용하는 길이 막히게 된다. 즉, 저당권설정자로부터 1번 저당권을 다시 활용할 수 있는 기회를 빼앗는 결과가 되는 것이다. 독일과 같이 순위 확정의 원칙을 인정하면 1번 저당권 채무를 변제한 후에도 양질에 속하는 가치부분인 1번 저당권을 이용하여 다시 다른 사람으로부터 융자를 받을 수 있다. 뿐만 아니라 처음부터 소유자 자신을 위한 1번 저당권을 소유자저당권으로 설정해 두고 2번 저당권을 설정해서 융자를 받으면서 천천히 좋은 융자자를 찾아 1번 저당권을 이 담보에 이용하는 것도 가능하게 된다.

제 3 관 저당권의 실행

Ⅰ. 서설

저당권의 실행이란 저당권의 우선변제권을 실현하는 것을 뜻한다. 통상적으로는 민사집행법이 정하는 담보권 실행을 위한 경매를 가리키나 광의로는 담보권실행을 위한 경매에 의하지 않는 것(유저당)까지도 포함한다. 전자는 국가기관의 직접적인 관여로 행해지는 절차인데 반하여, 후자는 저당채무의 변제기가 되기 전의 특약으로 저당채무의 불이행이 있으면 저당부동산의 소유권을 저당권자가 취득하는 것으로 하거나 법률로 정하여져 있는 방법이 아닌 그 밖의 방법으로 저당부동산을 현가하거나 현금화하기로 하는 것이다(그러한 특약을 "유저당계약"이라고 한다). 이하 차례로 설명하기로 한다.

Ⅱ. 담보권 실행을 위한 경매에 의한 저당권 실행

1. 부동산에 관한 강제집행방법

민사집행법은 부동산에 대한 강제집행의 방법으로서의 경매에 관하여 일반채권자에 의한 집행방법인 경매(제80조 내지 제162조, 이를 "강제경매"라고 한다)와 담보권 실행을 위한 경매(제264조 내지 제268조, 과거에 "임의경매"라고 하였다)의 두 가지를 규정하고 있다. 전자는 집행의 신청에 집행권원을 필요로 하나(제81조), 후자는 집행권원이 요구되지 않는다(제264조).

강제집행을 하려면 그 전제로서 채권이 존재하고 있는 것이 확실하여야 한다. 집행을 담당하는 집행기관이 일일이 권리의 존재 여부를 심사한다면 집행을 신속하고 확실하게 할 수 없다. 따라서 채권이 존재하고 있음을 확정하고 강제집행의 전제로 될 수 있는 것이 필요하게 되는데, 이를 "집행권원(執行權原)"이라고 한다(과거에는 "채무명의(Schuldtitel)"라고 하였다). 집행권원의 가장 대표적인 것이 확정된 이행판결이다.

2. 저당권 실행의 요건

(1) 유효한 채권과 저당권이 실제로 존재하여야 한다. 피담보채권을 증명하기 위해서는 소비대차계약서 등을 제출하면 충분하고, 그 채권에 관한 판결과 같은 집행권원은 필요하지 않다. 경매를 신청하려면 저당권을 증명하는 서류(등기사항증명서 등)를 제출하여야 한다(제264조 제1항).

(2) 피담보채권은 그 이행기가 도래하여야 한다. 정확히 말하자면 채무자가 이행지체에 빠져 있어야 한다는 것이다. 따라서 저당채무의 이행기가 도래하지 않은 때에 저당권자가 경매를 신청하면 그 신청은 부적법하다.

3. 경매절차

민사집행법 제3편에 담보권 실행을 위한 부동산경매에 관하여 4개의 특별규정(제264조 내지 제267조)을 두고 있을 뿐이고, 경매절차에 관하여는 주로 강제경매에 관한 규정(제79조 내지 제162조)을 준용하는 것으로 하고 있다(제268조). 이하 담보권 실행을 위한 경매절차에 관하여 간략히 보기로 한다.

(1) 경매의 신청

저당권의 실행은 저당권자가 목적 부동산의 소재지를 관할하는 지방법원에 경매를 신청하는 데서 시작된다(제79조). 신청은 일정한 사항을 기재한 서면(경매신청서)을 제출하는 방법으로 하여야 한다(제80조). 경매신청은 이를 취하할 수 있으나 매수신고가 있은 후에는 최고가매수신고인 또는 매수인과 차순위매수신고인의 동의를 받아야 그 효력이 생긴다(제93조 제2항).

경매신청이 취하된 경우에는 특별한 사정이 없는 한 압류로 인한 소멸시효 중단의 효력은 물론, 첫 경매개시결정등기 전에 등기되었고 매각으로 소멸하는 저당권을 가진 채권자의 채권신고로 인한 소멸시효 중단의 효력도 소멸하지만(2010다28031), 이와 달리 민사집행법 제102조 제2항(남을 가망이 없을 경우의 경매취소)에 따라 경매절차가 취소된 경우에는 압류로 인한 소멸시효 중단의 효력이 소멸하지 않고, 마찬가지로 첫 경매개시결정등기 전에 등기되었고 매각으로 소멸하는 저당권을 가진 채권자의 채권신고로 인한 소멸시효 중단의 효력도 소멸하지 않는다(2014다228778).

(2) 경매개시결정

집행법원은 경매신청이 적법하다고 인정하는 때에는 경매개시결정을 하고, 동시에 부동산의 압류를 명해야 한다(제83조 제1항). 경매개시결정을 하면 법원사무관 등은 즉시 그 사유를 등기부에 기입하도록 등기관에게 촉탁하여야 한다(제94조 제1항). 압류는 경매개시결정이 채무자에게 송달된 때 또는 개시결정이 등기된 때에 효력이 생긴다(제83조 제4항). 압류는 부동산에 대한 채무자의 관리·이용에 영향을 미치지 아니한다(동조 제2항). 압류된 목적물에 대하여는 처분금지의 효력이 발생한다. 이 효력은 압류채권자와의 관계에서만 생긴다(이를 "개별상대효"라고 한다). 따라서 처분행위는 소유자와 제3취득자 사이에는 유효하나 제3취득자는 저당권자에 대하여 이를 주장할 수 없다.

이해관계인은 경매개시결정에 대하여 매각대금이 모두 지급될 때까지 이의신청을 할 수 있다(제86조 제1항). 이의사유로는 절차상의 위법사항뿐만 아니라 저당권이 없다는 것 또는 소멸되었다는 것도 주장할 수 있다(제265조).

(3) 매각(賣却)절차

(가) 매각의 준비

집행법원은 경매개시결정을 한 뒤에 바로 집행관에게 경매부동산의 현황·점유관계·차임 또는 보증금의 액수, 그 밖의 현황의 조사를 명하여야 한다(제85조). 법원은 감정인에게 부동산을 평가하게 하고 그 평가액을 참작하여 최저매각가격을 정하여야 한다(제97조 제1항). 법원은 최저매각가격으로 압류채권자의 채권에 우선하는 부동산의 모든 부담과 절차비용을 변제하면 남을 것이 없겠다고 인정하는 때에는 압류채권자에게 이를 통지하여야 한다(제102조 제1항). 압류채권자가 위 통지를 받은 날부터 1주 이내에 위 부담과 비용을 변제하고 남을 만한 가격을 정하여 그 가격에 맞는 매수신고가 없을 때에는 자기가 그 가격으로 매수하겠다고 신청하면서 충분한 보증을 제공하지 아니하면 법원은 경매절차를 취소하여야 한다(동조 제2항). 그러한 취소를 하지 않게 된 때에는 법원은 매각방법을 정하는데(제103조 제1항), 매각방법으로는 호가(呼價)경매, 매각기일에 입찰과 개찰을 하는 기일입찰, 입찰기간을 정하여 그 기간 이내에 입찰하게 하고 매각기일에 개찰하는 기간입찰의 세 가지가 있다(동조 제2항). 법원은 여러 개의 부동산의 위치·현황·이용관계 등을 고려하여 일괄하여(한데 묶어서) 동일한 매수인이 매수하도록 하는 것이 상당하다고 인정하는 때에는 그들 부동산을 일괄매각하도록 결정할 수 있다(제98조 내지 제101조). 매각방법이 정해지면 법원은 매각기일과 매각결정기일(매각허부 여부의 결정을 선고하는 기일인데, 매각기일로부터 1주일 이내이어야 한다. 제109조 제1항)을 정하여 일정사항(제106조)을 공고하고(제104조 제1항), 이해관계인에게 통지하여야 한다(제104조 제2항). 법원은 매각물건명세서(제105조 제1항)를 작성하여 현황조서보고서 및 평가서의 사본과 함께 비치하여 누구든지 볼 수 있도록 하여야 한다(동조 제2항).

(나) 매각의 실시

매각은 집행법원이 정한 매각방법에 따라 집행관이 실시한다(제112조). 민법 제363조 제2항은 저당물의 소유권을 취득한 제3자도 매수인이 될 수 있다고 규정하고 있다. 여기서 저당권자나 저당채무자도 매수신청을 할 수 있는지 문제된다. 저당권자를 매수신청에서 제외할 이유는 없으나 민사집행규칙 제59조가 저당채무자는 매수를 신청하지 못하도록 정하고 있다. 이는 채무자로 하여금 경매를 통해서가 아니라 정상적으로 변제하도록 하기 위함이다. 즉, 채무자로 하여금 고의로 채무를 이행하지 않는 방법으로 저당권의 실행을 유도한 뒤 경매절차에 참여하여 채무액에 미치지 못하는 저렴한 가격으로 목적물의 소유권을 다시 취득하는 방편으로 악용하지 못하도록 하기 위함이다.

매수신청인은 집행법원이 정하는 금액과 방법에 따른 보증을 집행관에게 제공하여야 한다(민사집행법 제113조). 최고가매수인이 정해지면 법원은 매각결정기일을 열어서 매수의 적부를 조사하여 매각의 허가·불허가를 결정하게 되는데, 이해관계인은 법정사유(제121조)가 있으면 이의를 신청할 수 있고, 이의가 정당한 것일 때에는 법원은 매각을 허가하지 아니한다(제123조 제1항). 법원은 법정의 이의 신청사유가 없으면 매각허가를 결정하여 선고하여야 한다(제126조 제1항). 매각의 허가·불허가에 관한 법원의 결정에 대하여 이해관계인은 그 결정으로 손해를 볼 경우에 한하여 즉시항고를 할 수 있다(제129조 제1항). 이 결정은 확정되어야 효력이 생긴다(제126조 제3항).

(4) 대금의 납부와 배당

매각허가 결정이 확정되면 매수인은 법원이 정한 기한까지 대금을 지급하여야 한다(제142조 제1항, 제2항). 매각대금의 지급이 있으면 법원사무관 등은 소유권의 이전에 따른 필요한 등기(소유권이전등기와 경매개시결정 등기의 말소등기 등)를 등기관에게 촉탁하여야 한다(제144조 제1항). 만일 정해진 기한까지 대금을 다 내지 않고, 차순위 매수신고인이 없는 때에는 법원은 직권으로 재매각을 명하여야 한다(제138조 제1항). 대금지급기한까지 대금을 다 내지 않은, 전의 매수인은 재매각절차에서 매수신청을 할 수 없고, 또한 전의 매각절차에서 보증금으로서 보관하게 한 금전이나 유가증권의 반환을 청구하지 못한다(제138조 제4항). 매수인이 낸 대금에서 매각비용을 빼고, 제3취득자가 목적 부동산에 지출한 필요비와 유익비를 상환한(민법 제367조) 나머지가 담보권자·일반채권자에게 그의 순위와 효력에 따라 분배된다(제145조). 배당기일을 열어 이해관계인과 배당을 요구한 채권자 등을 심문하여 배당표를 확정하고(제149조), 그에 따라 배당을 실시한다(제159조 이하).

저당권에 기한 경매개시결정등기 전에 등기되고, 매각으로 소멸하는 저당권자는 배당요구를 하지 않아도 당연히 배당을 받을 수 있는 채권자로서 등기부상 기재된 채권최고액의 범위 내에서 순위에 따른 배당을 받을 수 있다.

부동산에 대하여 가압류등기가 먼저 되고 나서 근저당권설정등기가 마쳐진 경우에 그 근저당권등기는 가압류에 의한 처분금지의 효력 때문에 그 집행보전의 목적을 달성하는데 필요한 범위 안에서 가압류채권자에 대한 관계에서만 상대적으로 무효이다(개별상대효설. 일본 판례는 절차상대효설을 취하고 있다). 이 경우 가압류채권자와 근저당권자 및 근저당권설정등기 후 강제경매신청을 한 압류채권자 사이의 배당관계에 있어서, 근저당권자는 선순위 가압류채권자에 대하여는 우선변제권을 주장할 수 없으므로 1차로 채권액에 따른 안분비례에 의하여 평등배당을 받은 다음, 후순위 경매신청압류채권자에 대하여는 우선변제권이 인정되므로 경매신청압류채권자가 받을 배당액으로부터 자기의 채권액을 만족시킬 때까지 이를 흡수하여 배당받을 수 있다(안분 후 흡수설. 94마417).

4. 매각허가결정의 효과

(1) 매수인의 권리취득

매수인은 매각대금을 다 낸 때에 매각의 목적인 권리, 즉 소유권을 취득한다(제135조). 이 경우의 물권변동은 민법 제187조에 의하여 등기 없이도 그 효력이 생긴다.

이와 같은 부동산의 취득은 담보권의 소멸로 영향을 받지 않는다(제267조). 담보권실행경매의 공신력을 인정한다는 취지인데, 그 적용범위가 어디까지인지 문제된다. 서류를 위조하여 저당권설정등기를 한 경우나 진정한 소유자가 알지 못하는 사이에 위조문서로 소유권이전등기를 하고 새로운 등기명의인에 의하여 저당권이 설정된 경우에는 매수인이 매각대금을 완납한 후에도 진정한 소유자가 매수인의 소유권취득을 다툴 수 있음은 등기의 공신력이 인정되지 않는 이상 당연하다. 저당권설정계약이 무효이거나 피담보채권이 당초부터 발생하지 아니한 경우 위 규정이 적용되는지에 관하여는 긍정설과 부정설로 견해가 나뉜다. 한편 유효한 저당권설정계약에 기하여 피담보채권이 발생하였다가 피담보채권의 변제 등으로 담보권이 소멸된 경우에 관하여 판례는 담보권 소멸시기가 경매개시 결정 전인지, 후인지에 따라 달리 보고 있다. 즉, 피담보채권의 소멸로 저당권이 소멸되었는데도 이를 간과하고 경매개시결정이 되고 그 경매절차가 진행되어 경락허가결정이 확정되었다면 이는 소멸된 저당권을 바탕으로 한 무효의 절차와 결정으로서 비록 매수인이 매각대금을 완납하였다 하더라도 그 부동산의 소유권을 취득할 수 없다. 결국 민사집행법 제267조는 경매개시결정 후에 담보권이 소멸된 경우에만 적용되고 경매개시결정 전에 이미 담보권이 소멸된 경우에는 적용되지 않는다는 것이다(2011다68012). 이에 관하여 일본 판례는 경매개시결정 전에 담보권이 소멸된 경우에도 적용된다고 본다(경매의 공신력을 우리 판례보다 더 넓게 인정한다).

(2) 매각목적물 위의 다른 권리

매각목적물 위에 존재한 용익권과 매수인의 관계는 원칙적으로 매각의 기초가 된 저당권의 설정등기시를 기준으로 하여 결정된다. 즉, 매수인이 이미 존재하는 용익권의 대항을 받기도 하고 반대로 이를 부인할 수도 있다. 또한 법정지상권을 취득하거나 반대로 법정지상권의 대항을 받는 수도 있다.

목적물 위에 설정된 저당권은 매각으로 모두 소멸한다(민사집행법 제91조 제2항). 지상권·지역권·전세권·등기된 임차권은 저당권에 대항할 수 없는 것이면 매각으로 소멸한다(동조 제3항. 이를 소멸주의또는 소제주의(消除主義)라고 한다). 위 제3항의 경우 외의 지상권·지역권·전세권·등기된 임차권은 매수인이 인수한다. 다만 전세권의 경우 전세권자가 배당요구를 하면 매각으로 소멸한다(동조 제4항). 유치권은 매각에 의해서도 그의 유치적 효력을 잃지 않으며, 매수인은 유치권자에게 유치권으로 담보하는 채권을 변제할 책임이 있다(동조 제5항). 유치권에 관하여는 예외적으로 인수주의를 채택한 것이다.

(3) 인도명령

부동산의 점유자 등이 매수인에게 그 부동산을 인도하지 않을 때에는 매각대금을 다 낸 때로부터 6개월 이내에 매수인은 채무자·소유자 또는 부동산점유자(매수인에게 대항할 수 있는 권원에 의하여 점유하는 자는 당연히 제외된다)에 대하여 부동산을 매수인에게 인도할 것을 명하는 재판을 청구할 수 있다(제136조 제1항). 매수인은 이 인도명령을 집행권원으로 하여 부동산의 인도 집행을 할 수 있다. 뿐만 아니라 매수인은 부동산의 소유권을 취득하므로 권원 없는 점유자에 대하여 소유권에 기한 부동산의 인도를 청구할 수 있다.

Ⅲ. 담보권실행경매에 의하지 않는 저당권 실행

1. 의의

저당채무의 변제기가 되기 전의 특약으로 저당채무의 불이행이 있으면 저당부동산의 소유권을 저당권자가 취득하는 것으로 하거나 법률로 정하여져 있는 방법(담보권실행경매)이 아닌 방법으로 저당부동산을 환가하거나 현금화하기로 하는 약정을 유저당(流抵當) 계약이라고 한다(저당채무의 변제기 후에 하는 위와 같은 특약은 민법 제104조에 해당하는지의 문제만 있을 뿐이다). 통설은 위와 같은 유저당 특약은 저당부동산 위에 선순위 또는 후순위의 저당권이나 전세권이 설정되어 있지 않은 경우에 한하여 할 수 있다고 본다. 그런데 민법에는 유저당 특약에 관한 규정이 없고(독일 민법에는 금지 규정이 있다), 유질계약을 금지하는 제339조를 저당권에 준용한다는 규정도 없어서 그 유효성이 문제된다. 이에 관해서는 먼저 질권에서와 달리 저당권자와 채무자간에 경제력의 차이가 현저하지 않다는 점을 감안하여야 한다. 저당권자가 저당부동산의 소유권을 취득하면서 피담보채권액과 부동산가액과의 차액을 설정자(채무자)에게 돌려주고 청산한다면 문제될 것이 없다. 그러나 만일 그러한 청산을 할 필요가 없다면 저당권자는 차액을 취득함으로써 폭리를 취하게 되므로 문제되는 것이다.

유저당에는 위에서 본 바와 같이 두 가지가 있다. 하나는 저당부동산의 소유권을 저당권자에게 귀속시키려는 것(대물변제의 예약)이고, 다른 하나는 저당부동산의 현금화 또는 환가를 임의의 방법으로 실시하려는 것(임의환가의 약정)이다. 이하 이들의 유효성에 관하여 본다.

2. 대물변제의 예약을 하는 경우

저당권을 설정하면서 대물변제의 예약을 하더라도 이를 저당권의 내용으로 등기할 수는 없다. 이에 종래 대물변제예약을 원인으로 하는 소유권이전등기청구권을 보전하기 위하여 가등기를 하거나 저당부동산의 소유권이전등기에 필요한 서류를 미리 저당권자에게 교부하는 방법을 취해 왔다. 그 결과 유저당을 목적으로 저당부동산에 관한 대물변제예약을 함과 동시에 가등기를 하는 경우와 가등기를 하지 않는 경우가 있게 되었다. 전자의 경우에는 가등기담보 등에 관한 법률에 의하여 청산금을 채무자에게 지급할 것이 강제되므로 문제될 것이 없다. 그러나 후자의 경우에는 청산을 강제하는 규정이 없고, 민법 제607조, 제608조에 의하여 처리된다(자세한 것은 후술한다). 즉, 대물변제예약은 그 목적재산의 예약 당시의 가액이 "차용액 및 이에 붙인 이자의 합산액"을 넘지 못하고, 이를 위반한 약정으로서 채무자에게 불리한 것은 그 효력이 없게 된다. 여기서 만일 차용액과 이에 붙인 이자의 합산액을 넘는 부분을 채무자에게 돌려 준다면 그것은 채무자에게 불리한 것이 아니므로 그러한 대물변제예약은 유효하다. 그러나 만일 차용액과 이에 붙인 이자의 합산액을 넘는 부분을 채무자에게 돌려 주지 않아도 된다고 약정하였다면 그 대물변제예약은 무효라고 보아야 할 것인데, 여기서 판례는 그러한 대물변제예약도 무효는 아니며, 약한 의미의 양도담보로서의 효력을 갖는다고 본다. 즉, 그러한 대물변제예약은 위 원리금을 담보하는 범위 내에서 유효하며, 그 초과 부분에 대해서만 무효라는 것이다. 요컨대 대물변제예약을 한 때에는 차용액과 이자의 합산액을 넘는 부분은 언제나 채무자에게 돌려 주어야 한다는 것이다.

3. 임의환가의 약정

유저당의 한 방법으로 저당부동산의 환가를 담보권실행경매가 아닌 방법, 즉 제3자에게 매각하여 청산하기로 약정하는 것이다. 위에서 설명한 바와 같이 대물변제예약을 하고 청산하는 방법의 유저당을 인정하는 이상, 이러한 임의환가의 특약을 무효라고 볼 이유는 없다. 이와 같은 특약을 하였다면 저당권자는 미리 자기 앞으로 소유권이전등기를 하고, 목적물을 인도받아(채권자는 목적물을 처분하기 위하여 그 인도청구권을 가진다) 제3자에게 처분해서 차액을 채무자(저당권설정자)에게 지급하게 된다(저당권자 명의의 등기 없이 곧바로 처분하는 방법도 가능한데, 이 경우에는 저당권설정자가 저당권자에게 매매계약을 체결할 수 있는 대리권을 수여한 것으로 본다). 이 경우 피담보채권이 확정적으로 소멸하는 시기가 언제인지 문제된다. 저당권자가 목적물을 처분하여 제3자에게 소유권이전등기를 한 때를 기준으로 하는 것이 타당하다(통설). 환가처분으로 제3자 앞으로 소유권이전등기가 되기 전까지 채무자는 채무를 변제하고 목적물을 찾아올 수 있다고 하여야 하기 때문이다(이에 대하여는 저당권자가 매각대금에서 자기 채권액 상당을 변제받은 때라는 견해와 저당권자가 제3자와 법률행위를 체결한 때라는 견해도 있다). 통설에 의하면 채무자의 청산청구권도 제3자 앞으로 소유권이전등기가 된 때부터 생긴다고 본다.

제 4 관 저당권과 용익관계

Ⅰ. 저당부동산의 용익관계일반

1. 저당권은 목적물의 물질적 이용(사용 · 수익)을 구속함이 없이 오로지 그 교환가치만을 파악하는 것이다. 따라서 저당권을 설정한 후에도 저당권이 실행될 때까지는 소유자는 목적물을 이용하는데 아무런 지장이 없다. 그러나 저당권이 실행되면 매수인이 목적물의 소유권을 취득하므로 종래 소유자가 가지고 있던 이용권능도 소멸하게 된다.

2. 소유자는 자신이 직접 목적물을 이용하지 않고 제3자로 하여금 이용하게 할 수도 있다. 이러한 경우 목적물에 대한 제3자의 이용권능은 어느 정도 독립성을 가지고 저당권과 대립하므로 저당권을 실행하는 경우 이용권능의 운명에 관하여는 소유자 자신이 이용하고 있었던 경우와는 좀 다르게 다룰 필요가 있다. 이는 저당권 실행시 용익권이 소멸하는지의 문제로서 저당권과 용익권을 어떻게 합리적으로 조절하여야 하는지의 문제이다. 이에 관하여는 아래 Ⅱ에서 보기로 한다.

3. 우리 민법은 토지와 건물을 별개의 부동산으로 취급하고 있기 때문에 토지와 건물 중 어느 한 쪽에 대한 저당권이 실행되어 매수인이 그 물건의 소유권을 취득한 경우에 지상 건물 소유자의 대지이용권에 관하여 특별한 조치를 필요로 하는 경우가 있다. 건물에 잠재되어 있는 토지이용권을, 저당권을 실행하는 경우에도 보호하여야 한다는 것이다. 법정지상권 제도가 그것인데, 이에 관하여는 아래 Ⅲ에서 보기로 한다. 그리고 법정지상권이 인정되지 않는 경우에 대비하여 민법은 저당권자에게 토지·건물의 일괄(一括)경매권을 인정하고 있다. 이에 관하여는 아래 Ⅳ에서 보기로 한다.

4. 저당권이 설정되더라도 소유자는 그 부동산을 타에 양도하거나 용익하게 하는 권능을 잃지 않는다. 그러나 저당권도 물권이므로 비록 부동산의 소유자가 변경되더라도 여전히 부동산 위에 효력을 미칠 수 있다. 이를 저당권의 추급력(追及力)이라고 한다. 따라서 저당권이 설정된 후에 소유권이나 용익권을 취득하는 자는 저당권이 존재한다는 사실만으로는 그의 권리를 잃을 위협을 받지 않지만 일단 저당권이 실행되면 그의 권리를 잃게 될 위험에 놓이게 된다. 이런 의미에서 저당권설정 후에 부동산의 양도나 이용은 불안정한 지위에 놓여 있다고 할 수 있다. 이러한 제3취득자의 지위에 관하여는 아래 Ⅴ에서 보기로 한다.

Ⅱ. 저당권과 용익권의 관계

1. 저당권을 설정하기 전에 이미 제3자가 목적물에 관하여 지상권·지역권·전세권·등기된 임차권 등 등기된 용익권을 가지고 있는 경우 저당권이 실행될 때까지는 아무런 문제가 없으며, 마치 소유자 자신이 목적물을 이용하는 경우와 같다. 또한 저당권이 실행된 때에도 제3자의 용익권이 저당권을 설정할 당시 이미 등기를 갖추어 성립하고 있으면 용익권을 가지고 담보권실행경매의 매수인에게 대항할 수 있다. 즉, 경매 후에도 종래와 동일한 조건으로 목적물을 계속 이용할 수 있다. 왜냐하면 그러한 등기된 용익권이 존재하는 부동산에 관하여 저당권을 설정받은 사람은 용익권에 의해 제한을 받고 있는 상태에서 부동산의 교환가치를 평가하였으므로 제3자의 용익권의 존속으로 인하여 예측하지 않은 손실을 입을 염려가 없기 때문이다.

2. 이에 반하여 저당권이 설정된 후에 제3자가 용익권(저당권설정등기가 있기까지 등기를 갖추지 못한 용익권)을 취득한 경우 용익권자는 저당권의 실행이 있을 때까지는 부동산을 용익할 수 있으나 저당권이 실행되면 경매절차상의 매수인에 대해 대항할 수 없다. 왜냐하면 이 경우 저당권자는 제3자가 가지고 있는 용익권의 부담이 없는 상태에서 목적물의 교환가치를 평가해서 저당권을 설정받은 것이기 때문이다(저당권의 실

행으로 용익권이 소멸해야 저당권자에게 손해가 없게 된다).

3. 위와 같이 저당권의 실행에 의하여 용익권이 소멸하는지 여부는 용익권을 저당권 설정등기 전에 취득하였는지, 아니면 후에 취득하였는지에 따라 달라지게 되는바, 그 선후관계는 용익권이 부동산에 있는 최고순위의 저당권과 사이에서 우선하는지 여부에 따라 정해지는 것이지, 경매를 신청한 저당권자와의 우열로 정해지는 것이 아니다. 예컨대 1번저당권의 설정등기가 있고, 이어 지상권 설정등기가 되고, 그 다음에 2번저당권의 설정등기가 있었는데, 2번저당권자의 신청으로 경매절차가 진행된다고 하면 지상권은 경매절차상 매수인에게 대항할 수 없게 되어 소멸한다. 왜냐하면 2번저당권자의 신청에 따른 경매에 의해서도 1번저당권은 소멸하게 되어 결국 실질적으로는 1번저당권의 실행이 있었던 것과 같게 되기 때문이다.

Ⅲ. 법정지상권

1. 의의

토지와 그 지상의 건물이 동일인에게 속하고 있다가 어떤 사정으로 인하여 토지와 건물의 소유자가 달라진 경우 건물소유자에게 건물 소유를 위하여 법률상 당연히 인정되는 지상권을 의미한다. 현행법상 여러 경우에 인정되나 여기서는 제366조가 규정하는 법정지상권에 관하여 설명하기로 한다.

2. 제도의 취지와 작용

토지와 그 지상의 건물은 법률상 별개의 부동산이므로 저당권의 설정이나 그 실행을 위한 경매는 각각 따로 행해진다. 따라서 토지와 그 지상 건물이 동일인의 소유에 속하고 있는 동안에는 소유자가 둘 중 어느 하나에 저당권을 설정하더라도 건물을 위한 대지이용은 자기소유 토지의 이용이므로 문제될 것이 없다. 하지만 어느 한 쪽이 저당권실행에 의한 경매로 인해 토지와 건물의 소유자가 달라지게 되면 건물소유자에게 대지이용의 권원이 당연히 필요하게 된다. 이러한 경우 토지소유자와 건물소유자 사이에 토지이용에 관한 합의(예컨대 지상권설정이나 토지임대차계약)가 이루어지면 문제가 없다. 이러한 경우 건물 소유자나 건물의 매수인은 법정지상권을 포기한 것으로 인정할 수 있기 때문이다. 그러나 토지 소유자와 건물의 신소유자 또는 건물 소유자와 토지의 신소유자는 전소유자의 의사에 의하지 않는 경매를 통하여 비로소 접촉하게 되기 때문에 그들 사이에 토지이용에 관한 합의가 반드시 성립한다고 보장할 수 없다(오히려 그러한 합의가 이루어지는 경우는 드물 것이다). 그러한 교섭이 실패로 끝난 경우 건물소유자가 건물 부지에 대한 점유권원이 없어 건물을 철거해야만 한다면 건물의 경매에서 매각대가는 크게 떨어질 수밖에 없을 것이고, 결국 건물의 담보화를 막게 된다. 또한 멀쩡한 건물을 철거해야 한다는 것은 사회경제적으로 큰 손실이 아닐 수 없다. 이러한 불합리한 결과를 피하기 위하여, 즉 기존 건물의 유지 존립을 위하여 민법은 제366조를 두어 법정지상권을 인정하고 있는 것이다. 저당권 실행을 위한 경매로 토지나 건물의 소유자가 다르게 된 경우 토지소유자는 건물소유자를 위하여 법률상 당연히 지상권을 설정한 것으로 보아 건물소유자의 대지이용을 보장하고 있다.

그 결과 토지의 매수인은 건물에 대한 지상권의 부담을 안고 토지소유권을 취득하게 되고, 건물의 매수인은 지상권이 붙은 건물의 소유권을 취득하게 된다. 토지의 저당권자는 건물이 건립되어 있는 상태에서 저당권을 취득한 것이므로 법정지상권이 성립된다고 하여도 이로 인해 불측의 손해를 받는다고 볼 수 없다(이러한 점에서 당사자의 의사에도 부합한다).

위 규정은 가치권과 이용권의 조절을 꾀한다는 공익상의 이유로 저당권의 설정을 강제하는 강행법규이다. 따라서 동조의 적용을 배제하는 당사자 사이의 특약은 그 효력이 없다(87다카1564). 이는 관습상 법정지상권과 다른 점이다.

3. 성립요건

민법 제366조는 “저당물의 경매로 인하여 토지와 그 지상 건물이 다른 소유자에 속한 경우에는 토지소유자는 건물소유자에 대하여 지상권을 설정한 것으로 본다. 그러나 지료는 당사자의 청구에 의하여 법원이 이를 정한다.”라고 규정하고 있다.

(1) 저당권설정 당시 건물이 존재할 것

(가) 이 요건은 토지에 설정된 저당권에 의한 경매의 경우에 한한다. 건물이 없는 토지(나대지)에 저당권을 설정하는 경우에 저당권자는 건물이 있는 경우에 비해 토지의 담보가치를 더 높게 평가하므로 저당권을 설정한 다음에 세워진 건물에 관해서까지 법정지상권의 성립을 인정한다면 토지의 교환가치는 떨어지고 저당권자가 피해를 입는다. 여기서 통설과 판례(71다1238)는 저당권 설정 당시부터 토지 위에 건물이 존재하는 경우에만 법정지상권의 성립을 인정하고 있다. 따라서 나대지에 저당권을 설정하고, 그 후 그 위에 건물을 지은 때에는 그 건물의 소유를 위한 법정지상권은 성립하지 않는다. 나대지에 관한 저당권 설정 당시 저당권자가 건물 건축에 동의한 경우에도 법정지상권은 성립하지 않는다(2003다26051). 그러한 사정은 주관적 사항이고, 공시할 수도 없는 것이어서 토지를 낙찰받는 제3자로서는 알 수 없는 것이므로 그와 같은 사정을 들어 법정지상권의 성립을 인정한다면 토지 소유권을 취득하려는 제3자의 법적 안정성을 해하게 되기 때문이다.

(나) 건물은 저당권 설정 당시에 실제로 존재하고 있으면 되고, 소유권보존등기가 없더

라도 법정지상권의 성립을 방해하지 않는다. 토지에 저당권을 설정할 당시에 있었던 지상 건물이 미등기 건물이라고 하더라도 나중에 보존등기를 갖추고 양도된 경우 그 양수인은 당연히 법정지상권을 취득한다.

토지에 저당권을 설정할 당시에 건축 중이었던 건물에 대하여도 법정지상권이 성립하는지에 관하여 판례(2004다13533)는 토지에 관하여 저당권이 설정될 당시 토지 소유자에 의하여 그 지상에 건물을 건축 중이었던 경우 그것이 사회관념상 독립된 건물로 볼 수 있는 정도에 이르지 않았다 하더라도 건물의 규모·종류가 외형상 예상할 수 있는 정도까지 건축이 진전되어 있었고, 그 후 경매절차에서 매수인이 매각대금을 다 낸 때까지 최소한의 기둥과 지붕 그리고 주벽이 이루어지는 등 독립된 부동산으로서 건물의 요건을 갖추면 법정지상권이 성립한다고 본다. 왜냐하면 위와 같은 정도로 건축이 진전되어 있으면 저당권자는 완성된 건물을 예상할 수 있으므로 법정지상권을 인정하여도 불측의 손해를 입는 것이 아니며, 사회경제적으로도 건물을 유지할 필요가 있기 때문이다(92다7221).

(다) 건물이 없는 토지에 1번저당권을 설정한 후 건물을 짓고, 그 후 토지에 2번저당권을 설정한 경우 2번저당권자의 신청으로 경매가 되더라도 법정지상권은 성립하지 않는다. 왜냐하면 만일 법정지상권의 성립을 인정한다면 나대지 상태에서 저당권을 설정받은 1번저당권자에게 불측의 손해를 입히게 되기 때문이다.

(라) 법정저당권이 성립된 후에 건물을 개축 또는 증축하는 경우는 물론 건물이 멸실되거나 철거된 후에 신축하는 경우에도 법정지상권은 성립한다. 이와 같이 건물을 재축(再築)하는 경우 신건물과 구건물 사이에 동일성은 유지되지 않지만 건물 존재의 계속성은 유지되기 때문이다. 다만 법정지상권의 범위는 구건물을 기준으로 그 유지 또는 사용을 위하여 일반적으로 필요한 범위 내의 대지 부분에 한정된다(96다40080). 이에 대하여는 그것이 저당물의 가치를 현저히 감소케 하는 결과를 가져오지 않는 한 원칙적으로 신건물을 기준으로 하고, 법정지상권을 인정하는 것이 토지의 담보가치를 현저하게 감소시키는 예외적인 경우에는 법정지상권이 성립하지 않는다고 보아야 한다는 견해도 있다.

(마) 동일인의 소유에 속하는 토지 및 그 지상 건물에 관하여 공동저당권이 설정된 후 그 지상 건물이 철거되고 새로 건물이 신축된 경우에는 그 신축건물의 소유자가 토지의 소유자와 동일하고 토지의 저당권자에게 신축건물에 관하여 토지의 저당권과 동일한 순위의 공동저당권을 설정해 주는 등 특별한 사정이 없는 한, 저당물의 경매로 인하여 토지와 그 신축건물이 다른 소유자에 속하게 되더라도 그 신축건물을 위한 법정지상권은 성립하지 않는다. 그 이유는 동일인의 소유에 속하는 토지 및 그 지상 건물에 관하여 공동저당권이 설정된 경우에는 처음부터 지상 건물로 인하여 토지의 이용이 제한 받는 것을 용인하고 토지에 대하여만 저당권을 설정하여 법정지상권의 가치만큼 감소된 토지의

교환가치를 담보로 취득한 경우와는 달리, 공동저당권자는 토지 및 건물 각각의 교환가치 전부를 담보로 취득한 것으로서, 저당권의 목적이 된 건물이 그대로 존속하는 이상, 건물을 위한 법정지상권이 성립해도 그로 인하여 토지의 교환가치에서 제외된 법정지상권의 가액 상당 가치는 법정지상권이 성립하는 건물의 교환가치에서 되찾을 수 있어 궁극적으로 토지에 관하여 아무런 제한이 없는 나대지로서의 교환가치 전체를 실현시킬 수 있다고 기대하지만(토지저당권자의 가치=토지의 교환가치-법정지상권의 가치, 건물저당권자의 가치=건물의 교환가치+법정지상권의 가치), 건물이 철거된 후 신축된 건물에 토지와 동순위의 공동저당권이 설정되지 아니하였는데도 그 신축건물을 위한 법정지상권이 성립한다고 해석하게 되면, 공동저당권자가 법정지상권이 성립하는 신축건물의 교환가치를 취득할 수 없게 되는 결과 법정지상권의 가액 상당 가치를 되찾을 길이 막혀 위와 같이 당초 나대지로서의 토지의 교환가치 전체를 기대하여 담보를 취득한 공동저당권자에게 불측의 손해를 입게 하기 때문이다(98다43601(전) 판결. 이를 "전체가치고려설"이라고 한다).

(2) 소유자의 동일성

저당권을 설정할 때에 토지와 건물이 동일한 소유자에게 속하고 있어야 한다.

(가) 저당권설정 당시에 토지와 건물이 각각 다른 사람의 소유에 속하고 있었던 때에는 법정지상권의 성립은 인정되지 않는다. 이러한 경우에는 그 건물에 관하여 이미 토지소유자에게 대항할 수 있는 용익권이 설정되어 있거나 그러한 기회가 있었던 것이므로 그 건물의 소유자나 매수인에게 다시 법정지상권을 인정할 필요가 없기 때문이다(이러한 기회가 있었음에도 건물의 소유자가 아무런 조치를 취하지 않았다면 철거를 각오하고 있었다고 보아야 할 것이다). 이러한 사정이 있는 토지나 건물 위의 저당권은 용익권의 존재를 전제로 하여 성립한다. 즉, 토지 위의 저당권은 용익권의 제한을 받는 상태에서 설정되고(다만 용익권이 등기되어 있거나 대항력을 갖추고 있어야 한다), 건물 위의 저당권은 용익권을 수반하는 상태에서 성립한다.

(나) 토지나 건물이 공유인 경우

① 토지공유자 중 한 사람이 다른 과반수 공유자의 동의를 얻어 그 지상에 건물을 소유하면서 토지 공유지분에 저당권을 설정한 후 경매로 인하여 공유지분과 건물의 소유자가 달라진 경우에 건물의 소유를 위한 법정지상권이 성립하는지 문제된다. 이 경우 법정지상권을 인정한다면 이는 토지공유자의 1인으로 하여금 자신의 지분을 제외한 다른 공유자의 지분에 대하여서까지 지상권설정의 처분행위를 허용하는 셈이 되어 부당하다. 이러한 법리는 토지와 건물 모두가 각각 공유에 속한 경우에 토지에 관한 공유자 일부의 지분만을 목적으로 하는 저당권이 설정되었다가 경매로 인하여 그 지분을 제3자가 취득하게 된 경우에도 마찬가지로 적용된다(2011다73038). 그러나 구분소유적 공유관계에 있

는 경우에는 공유자 중 1인이 소유하고 있는 건물과 그 대지는 다른 공유자와의 내부관계에 있어서는 그 공유자의 단독소유로 되었다 할 것이므로 공유자들이 그 토지 위에 각자 독자적으로 별개의 건물을 소유하면서 토지 전부에 관하여 저당권을 설정하였다가 저당권의 실행으로 토지와 건물의 소유자가 달라진 경우에는 법정지상권이 성립한다(2004다13533).

② 건물공유자의 1인이 그 건물의 부지인 토지를 단독으로 소유하면서 그 토지에 관하여만 저당권을 설정하였다가 위 저당권에 의한 경매로 인하여 토지의 소유자가 달라진 경우 위 토지 소유자는 자기뿐만 아니라 다른 건물공유자들을 위하여도 위 토지의 이용을 인정하고 있었다고 할 것인 점, 저당권자로서도 저당권 설정 당시 법정지상권의 부담을 예상할 수 있었으므로 불측의 손해를 입는 것이 아닌 점, 건물의 철거로 인한 사회경제적 손실을 방지할 공익상의 필요성도 인정되는 점 등에 비추어 위 건물공유자들은 토지 전부에 관하여 건물의 존속을 위한 법정지상권을 취득한다(2010다67159).

(다) 토지에 저당권을 설정할 당시 토지의 지상에 건물이 존재하고 있었고, 그 양자가 동일 소유자에게 속하였다가 그 후 저당권의 실행으로 토지가 낙찰되기 전에 건물이 제3자에게 양도된 경우, 민법 제366조 소정의 법정지상권을 인정하는 법의 취지가 저당물의 경매로 인하여 토지와 그 지상 건물이 각각 다른 사람의 소유에 속하게 된 경우에 건물이 철거되는 것과 같은 사회경제적 손실을 방지하려는 공익상 이유에 근거하는 점, 저당권자로서는 저당권설정 당시에 법정지상권의 부담을 예상하였을 것이고, 또 저당권설정자는 저당권설정 당시의 담보가치가 저당권이 실행될 때에도 최소한 그대로 유지되어 있으면 될 것이므로 위와 같은 경우 법정지상권을 인정하더라도 저당권자 또는 저당권설정자에게는 불측의 손해가 생기지 않는 반면, 법정지상권을 인정하지 않는다면 건물을 양수한 제3자는 건물을 철거하여야 하는 손해를 입게 되는 점 등에 비추어 위와 같은 경우 건물을 양수한 제3자는 민법 제366조 소정의 법정지상권을 취득한다(99다52602).

(3) 저당권의 설정

토지와 건물의 어느 한쪽이나 양쪽에 저당권이 설정되어야 한다. 토지와 그 지상 건물의 어느 쪽에도 저당권이 설정되지 않은 경우에는 제366조의 법정지상권이 성립하지 않는다. 그러나 일정한 경우에는 관습상의 법정지상권이 성립할 수 있다.

(4) 경매로 소유자가 달라질 것

위 법정지상권이 성립하는 것은 저당권의 목적으로 되어 있는 토지나 건물이 그 저당권자의 신청으로 담보권실행을 위한 경매에 부쳐진 때이다. 저당권의 목적으로 되어 있는 토지나 건물이 저당권자 또는 일반채권자가 집행권원에 기하여 통상의 강제집행(강제경매)을 한 경우에도 위 법정지상권이 성립하는지 문제된다. 다수설은 저당권자가 저당권이 아닌 집행권원에 의하여 강제경매한 경우와 저당권이 있는 부동산에 관하여 일반채권자가 강제경매를 한 경우에도 위 법정지상권이 성립한다고 하나 판례(2009다62059)는 관습상 법정지상권이 성립한다고 한다. 실제에 있어서는 적용법규에 차이가 있을 뿐 건물의 소유자가 법정지상권의 보호를 받게 된다는 점에 있어서는 동일하다.

(5) 특약의 배제

위 제366조는 강행규정이므로 저당권설정 당사자 사이의 특약으로 법정지상권의 성립을 막지 못한다(87다카1564).

4. 성립시기와 등기

(1) 법정지상권이 성립하는 시기는 토지 또는 그 지상 건물의 경매로 그 소유권이 경매의 매수인에게 이전하는 때이다. 따라서 경매에서 매수인이 매각대금을 다 낸 때에 법정지상권이 성립한다.

(2) 법정지상권은 위 제366조에 의하여 성립하는 것이므로 민법 제187조에서 말하는 법률의 규정에 의한 물권의 취득에 해당한다. 따라서 등기를 필요로 하지 않는다. 건물소유자는 법정지상권을 취득할 당시의 토지소유자는 물론이고, 그로부터 토지소유권을 취득한 제3자에 대해서도 등기 없이 그 법정지상권으로 대항할 수 있다. 그리고 법정지상권을 취득한 자는 토지소유자에 대하여 지상권 설정등기를 청구할 수 있다. 법정지상권이 성립한 후 토지에 관하여 제3자에게 소유권이전등기가 된 경우에는 물권의 효력으로서 제3자에 대하여 등기청구권을 가지게 된다(88다카15338).

5. 법정지상권의 내용

(1) 법정지상권의 범위는 건물이 있는 대지에 한정되는 것은 아니며, 건물로서 이용하는 데 필요한 한도에서는 대지 이외의 부분에도 미친다. 법정지상권이 성립한 후에 건물을 재축한 경우 법정지상권의 범위는 구건물을 기준으로 하여 정하여야 한다는 점은 이미 설명하였다.

(2) 법정지상권의 존속기간은 제280조 제1항이 정하는 기간으로 보아야 한다(92다4857). 따라서 지상목적물의 종류에 따라 그 기간이 정해진다.

(3) 지료는 지급해야 한다. 당사자의 협의에 의하여 정하나 협의가 성립하지 못한 때에는 당사자의 청구로 법원이 정한다(제366조 단서). 법원이 결정하는 지료는 지상권이 성

립한 때로 소급해서 효력이 발생한다. 법정지상권자가 지급할 지료를 정함에 있어서 법정지상권 설정 당시의 제반 사정을 참작하여야 하나, 법정지상권이 설정된 건물이 건립되어 있음으로 인하여 토지의 소유권이 제한을 받는 사정은 참작·평가하여서는 안된다(94다61144). 지료액 또는 그 지급시기 등 지료에 관한 약정은 이를 등기하여야만 제3자에게 대항할 수 있는 것이고, 법원에 의한 지료의 결정은 당사자의 지료결정청구에 의하여 형식적 형성소송인 지료결정판결로 이루어져야 제3자에게도 그 효력이 미친다(99다17142). 법정지상권이 있는 건물의 양수인으로서 장차 법정지상권을 취득할 지위에 있어 대지 소유자의 건물 철거나 대지 인도 청구를 거부할 수 있다 하더라도 그 대지를 점유·사용함으로 인하여 얻은 이득은 부당이득으로서 대지 소유자에게 반환할 의무가 있다(96다34665).

6. 법정지상권의 처분과 소멸

(1) 처분

민법 제366조 소정의 법정지상권은 토지와 그 토지상의 건물이 같은 사람의 소유에 속하였다가 그 중의 하나가 경매 등으로 인하여 다른 사람의 소유에 속하게 된 경우에 그 건물의 유지, 존립을 위하여 특별히 인정된 권리이기는 하지만 그렇다고 하여 위 법정지상권이 건물의 소유에 부속되는 종속적인 권리가 되는 것이 아니며 하나의 독립된 법률상의 물권으로서의 성격을 지니고 있는 것이기 때문에 건물의 소유자가 건물과 법정지상권 중 어느 하나만을 처분하는 것도 가능하다(이를 사회질서에 반하여 무효라고 할 수 없다. 2000다1976).

민법 제358조 본문은 "저당권의 효력은 저당부동산에 부합된 물건과 종물에 미친다."고 규정하고 있는바, 이 규정은 저당부동산에 종된 권리에도 유추적용되어 건물에 대한 저당권의 효력은 그 건물의 소유를 목적으로 하는 지상권에도 미친다고 보아야 할 것이다. 이 경우 건물에 대한 저당권이 실행되어 경락인이 그 건물의 소유권을 취득하였다면 경락 후 건물을 철거한다는 등의 매각조건하에서 경매되었다는 등 특별한 사정이 없는 한, 그 건물 소유를 위한 지상권도 민법 제187조의 규정에 따라 등기 없이 당연히 경락인이 취득하고, 따라서 경락인은 종전의 지상권자를 상대로 지상권이전등기절차의 이행을 구할 수 있다(92다527).

법정지상권의 취득자는 등기 없이 토지소유자를 포함하여 누구를 상대로 해서든지 법정지상권을 주장할 수 있으나 그 법정지상권을 제3자에게 처분하려면 제187조 단서에 의하여 등기를 해야 한다. 그런데 만일 법정지상권이 있는 건물의 경락인이 법정지상권에 관한 등기를 하지 않고 건물을 처분하면 어떻게 되겠는가. 특별한 사정이 없는 한, 민법 제100조 제2항의 유추적용에 의하여 건물과 함께 종된 권리인 지상권도 양도하기로 한 것으로 봄이 상당하므로 위 건물 양수인은 그 지상권이전등기청구권을 보전하기 위하여 경락인을 대위하여 종전의 지상권자에게 지상권이전등기절차의 이행을 구할 수 있다(위 92다527). 만일 위와 같은 양수인이 그 등기를 취득하지 않고 있는 동안에 토지소유자가 건물철거를 청구하면 어떻게 되겠는가. 판례(85다카2203)는 양수인은 채권자대위의 법리에 따라 대지소유자 및 전 건물소유자에 대하여 차례로 지상권설정등기 및 그 이전등기절차의 이행을 구할 수 있다 할 것이므로 이러한 법정지상권을 취득할 지위에 있는 자에 대하여 그 지상권의 부담을 용인하고, 또한 그 설정등기절차를 이행할 의무가 있는 대지소유자가 오히려 그 대지소유권에 기하여 건물철거 및 토지인도 등을 구하는 것은 신의성실의 원칙상 허용될 수 없다고 본다.

(2) 소멸

법정지상권은 토지소유자의 소멸청구, 지상권자의 포기, 당사자 간의 계약에 의하여 소멸한다.

법정지상권의 경우 당사자 사이에 지료에 관한 협의가 있었다거나 법원에 의하여 지료가 결정되었다는 아무런 입증이 없다면, 법정지상권자가 지료를 지급하지 않았다고 하더라도 지료 지급을 지체한 것으로는 볼 수 없으므로 법정지상권자가 2년 이상의 지료를 지급하지 아니하였음을 이유로 하는 토지소유자의 지상권소멸청구는 이유가 없다(99다17142). 법정지상권이 성립되고 지료액수가 판결에 의하여 정해진 경우 지상권자가 판결확정 후 지료의 청구를 받고도 책임 있는 사유로 상당한 기간 동안 지료의 지급을 지체한 때에는 지체된 지료가 판결확정의 전후에 걸쳐 2년분 이상일 경우에도 토지소유자는 민법 제287조에 의하여 지상권의 소멸을 청구할 수 있다(92다44749).

Ⅳ. 저당 토지 위의 건물에 대한 일괄경매권

1. 의의

(1) 위에서 본 바와 같이 법정지상권은 저당권 설정 당시에 이미 건물이 존재하고 있어야만 성립하므로 토지에 저당권을 설정한 후에 그 토지 위에 건물을 지은 경우 경매의 결과 토지소유자와 건물소유자가 달라지더라도 건물 소유자에게는 법정지상권이 인정되지 않는다. 이 경우 경매에 의한 토지의 매수인이 건물소유자에게 건물의 철거를 요구할 경우 건물소유자는 이에 응할 수밖에 없게 되는바, 이는 사회경제적으로 큰 불이익이 아닐 수 없다. 이때 만일 저당권자가 토지와 함께 그 건물도 경매할 수 있다면 건물은 그대로 존속할 수 있게 되어 사회경제적 불이익도 방지할 수 있을 뿐만 아니라 토지의 교환가치도 충분히 확보될 수 있게 된다. 또한 이렇게 함으로써 저당 토지상의 건물의 존재로 인하여 생기게 되는 경매의 어려움을 해소하여 저당권의 실행을 용이하게 할 수도 있

다. 이러한 점을 고려하여 저당권자가 갖는 가치권으로서의 저당권과 저당권설정자의 사용수익권의 행사를 조절하기 위하여 민법 제365조는 "토지를 목적으로 저당권을 설정한 후 그 설정자가 그 토지에 건물을 축조한 때에는 저당권자는 토지와 함께 그 건물에 대해서도 경매를 청구할 수 있다"고 규정하고 있다. 일괄경매권을 인정하고 있는 취지는, 저당권은 담보물의 교환가치의 취득을 목적으로 할 뿐 담보물의 이용을 제한하지 아니하여 저당권설정자로서는 저당권설정 후에도 그 지상에 건물을 신축할 수 있는데, 후에 그 저당권의 실행으로 토지가 제3자에게 경락될 경우에 건물을 철거하여야 한다면 사회경제적으로 현저한 불이익이 생기게 되어 이를 방지할 필요가 있으므로 이러한 이해관계를 조절하고, 저당권자에게도 저당토지상의 건물의 존재로 인하여 생기게 되는 경매의 어려움을 해소하여 저당권의 실행을 쉽게 할 수 있도록 한 데에 있다(2003다3850).

(2) 민사집행법 제98조 제1항은 "법원은 여러 개의 부동산의 위치 · 형태 · 이용관계 등을 고려하여 이를 일괄매수하게 하는 것이 알맞다고 인정하는 경우에는 직권으로 또는 이해관계인의 신청에 따라 일괄매각하도록 결정할 수 있다"라고 규정하고 있고, 제268조에서 부동산을 목적으로 하는 담보권실행을 위한 경매절차에 이를 준용하도록 함으로써 일괄매각결정에 관한 근거규정을 두고 있다. 이는 일괄경매권과 그 목적이나 결과에서 동일하나 일괄경매권은 저당권자에게 인정되는 실체법상의 권리임에 반하여, 민사집행법상 일괄매각은 법원의 결정에 의하여 이루어진다는 데 그 본질적 차이가 있다. 다만 민사집행법 제101조 제3항이 "여러 개의 재산을 일괄매각하는 경우에 그 가운데 일부의 매각대금으로 모든 채권자의 채권액과 강제집행비용을 변제하기에 충분하면 다른 재산의 매각을 허가하지 아니한다"라고 규정하여 과잉매각금지에 관하여 규정하고 있으나 그 단서에서 "토지와 그 위의 건물을 일괄매각하는 경우에는 그러하지 아니하다"라고 규정함으로써 과잉매각금지의 원칙은 두 경우 모두 적용되지 않는다.

2. 요건

(1) 저당권설정 후 건물 신축

토지에 저당권을 설정한 후 그 토지에 건물을 신축한 경우에 한하여 인정된다. 저당권설정 당시 이미 건물이 존재하고 있는 경우에는 건물에 대한 경매청구권이 인정되지 않는다. 왜냐하면 건물소유자에게 토지이용권이나 법정지상권이 인정될 것이기 때문이다. 민법 제365조는 저당권설정자가 토지에 저당권을 설정한 후 그 토지상에 건물을 축조함으로써 저당권의 실행이 곤란하여지거나 저당목적물의 담보가치가 하락하는 것을 방지하고자 함에 그 취지가 있다고 할 것이므로, 저당권설정 당시에 건물의 존재가 예측되고 또한 당시 사회경제적 관점에서 그 가치의 유지를 도모할 정도로 건물의 축조가 진행되어 있는 경우에는 위 규정은 적용되지 아니한다(86다카2856).

본조의 적용을 받기 위한 요건으로 건물은 저당토지상에 신축되어야 하지만 신축된 건물의 일부가 다른 토지에 걸쳐 있는 경우에도 그 건물의 상당 부분이 저당토지상에 건립되어 있고, 그 건물 전체가 불가분의 일체로서 소유권의 객체를 이루고 있다면 저당권자는 그 건물 전체에 대하여 경매청구를 할 수 있다(85다카246).

(2) 저당권설정자의 건물 소유

제365조의 문언에 따르면 저당권설정자 이외의 제3자가 건물을 축조한 경우에는 일괄경매권이 인정되지 않는다. 만일 이를 인정한다면 환가권의 지나친 확대라는 비난을 받게 될 것이다. 판례(93마1736)는 저당권설정자가 건물을 축조하였다고 하더라도 이를 제3자에게 양도하여 건물소유자가 달라졌다면 건물은 저당권설정자의 소유가 아니므로 일괄경매권의 대상이 되지 않는다고 본다.

또한 위 문언에 따르면 저당권설정자로부터 용익권을 취득하여 건물을 지은 경우 일괄경매권은 인정되지 않는다고 보아야 할 것이다. 다만 판례(2003다3850)는 저당지상의 건물에 대한 일괄경매청구권은 저당권설정자가 건물을 축조한 경우뿐만 아니라 저당권설정자로부터 저당토지에 대한 용익권을 설정받은 자가 그 토지에 건물을 축조한 경우라도 그 후 저당권설정자가 그 건물의 소유권을 취득한 경우에는 저당권자는 토지와 함께 그 건물에 대하여 경매를 청구할 수 있다고 본다. 이는 건물 철거의 사회경제적 손실을 방지하려는 취지에서 일괄경매의 요건을 완화한 것으로 보인다(일본 민법은 저당권설정자 이외의 사람이 축조한 건물도 일괄경매할 수 있다고 정하고 있다).

3. 효과

저당권자에게 일괄경매권이 인정된다고 하여도 이 권리를 반드시 행사해야 할 의무를 부담하는 것은 아니다. 즉, 저당권자는 저당부동산인 토지만의 경매를 신청하고, 건물의 경매는 신청하지 않을 수도 있다. 토지만을 경매하더라도 그 경매의 매수인은 법정지상권의 제한을 받지 않는다. 제366조의 법정지상권과 제365조의 일괄경매권은 그 요건이 서로 양립할 수 없기 때문이다(전자는 저당권설정 당시 토지와 건물이 동일인의 소유에 속하여야 하는데, 후자는 토지에 관한 저당권 설정 후 건물이 축조되어야 한다). 토지와 신축건물에 대하여 민법 제365조에 의하여 일괄매각이 이루어졌다면 일괄매각대금 중 토지에 안분할 매각대금은 법정지상권 등 이용 제한이 없는 상태의 토지로 평가하여 산정하여야 한다(2011다54587).

위와 같이 저당권자가 토지와 함께 건물을 경매하여도 그 건물의 경매대가로부터는 우선변제를 받지 못한다(제365조 단서). 토지 위의 건물은 경매의 대상이 되기는 하지만 그렇다고 하여 건물에 대하여도 저당권의 효력이 미치는 것은 아니기 때문이다. 위와 같은 경우 토지의 저당권자가 건물의 매각대금에서 배당을 받으려면 민사집행법 제268조, 제88조의 규정에 의한 적법한 배당요구를 하거나 그 밖에 달리 배당을 받을 수 있는 채권으로서 필요한 요건을 갖추고 있어야 한다(위 2011다54587).

V. 제3취득자의 지위

저당권이 설정된 후에 그 저당권의 목적부동산에 관한 소유권을 이전받은 자 또는 그 저당부동산 위에 지상권이나 전세권을 취득한 자(제3취득자)는 저당권이 실행되기 전에는 그 저당권은 단순히 존재하고 있는 데 지나지 않으므로 소유권을 취득하거나 저당부동산을 사용,수익하는 데 아무런 제한을 받지 아니한다. 특히 채무자인 양도인이나 지상권 또는 전세권의 설정자가 변제기에 변제를 하면 저당권이 소멸하므로 제3취득자는 저당권에 의하여 아무런 영향을 받지 않는다. 그러나 채무자가 변제를 하지 않아 저당권이 실행되면 저당권의 추급력으로 인해 제3취득자는 권리를 잃게 된다. 그러므로 저당권이 실행되기 전 제3취득자의 지위는 결국 채무자의 변제여부에 따라 달라지게 되어 매우 불안정한 상태에 놓여 있다. 이러한 제3자의 불안한 지위를 보호하기 위하여 민법은 저당물의 소유권을 취득한 제3취득자도 경매의 매수인이 될 수 있다고 규정하나(제363조 제2항. 채무자와 달리 경매의 기본이 되는 저당채무에 대하여 인적 책임이 아닌 물적 책임을 부담하는 데 불과하므로 이 규정은 당연한 것으로 주의적 규정이다), 이것만으로는 충분하다고 할 수 없어 다음과 같이 제3취득자의 변제(제364조)와 비용상환청구권(제367조)을 인정하는 규정을 두고 있다.

1. 제3취득자의 범위

여기서의 제3취득자는 저당부동산에 관하여 저당권이 설정된 후에 소유권, 지상권 또는 전세권을 취득한 자를 뜻한다. 저당권이 설정되기 전에 소유권을 취득한 자는 물상보증인이지 제3취득자가 아니다. 저당권 설정 전에 지상권이나 전세권을 취득한 자는 저당권이 실행되더라도 매수인에게 대항할 수 있으므로 여기에서 말하는 제3취득자에 해당하지 않는다. 저당부동산에 대하여 후순위저당권을 취득한 자도 제3취득자에 해당하지 아니하므로 이러한 후순위저당권자가 피담보채무를 변제한 것은 민법 제469조의 규정에 의한 이해관계 있는 제3자의 변제로서 유효한 것인지 따져볼 수는 있을지언정 민법 제364조의 규정에 따라 선순위저당권의 소멸을 청구할 수 있는 사유로는 삼을 수 없다(2005다17341). 저당부동산의 제3취득자가 피담보채무를 인수한 경우 그때부터는 제3취득자는 채권자에 대한 관계에서 채무자의 지위로 변경되므로 민법 제364조의 규정은 적용될 여지가 없다.

2. 제3취득자의 변제

제3취득자는 저당권자에게 "그 부동산으로 담보된 채권"을 변제하고 저당권의 소멸을 청구할 수 있다(제364조).

(1) 본래 채무는 제3자도 변제할 수 있는 것이다(제469조 제1항). 특히 저당부동산의 제3취득자는 이해관계 있는 제3자이므로 채무자의 의사에 반하여서도 변제할 수 있다(동조 제2항). 그럼에도 불구하고 제364조를 둔 이유는 다음과 같다.

① 저당권설정자가 제3취득자로부터 매매목적물의 대가 전액을 받고서도 저당권자에 대한 피담보채무를 변제하지 않는 경우에 저당권의 실행으로 말미암아 제3취득자의 권리가 상실될 위험이 있으므로 제3취득자로 하여금 대가 전액을 저당권설정자에게 지급하고 다시 저당권설정자가 그 피담보채무를 변제하게 할 것이 아니라 저당권자에게 직접 담보된 채권을 변제하도록 하게 함으로써 제3취득자의 보호를 도모하고자 한 것이다(2002다7176).

② 단순한 제3자의 변제라면 지연배상까지 포함하여 채권 전액을 변제하여야 하겠지만 제3취득자는 그 부동산이 담보하는 채권, 즉 제360조가 정하는 범위의 금액만 변제하면 되므로 지연배상은 원본의 이행기일을 경과한 후의 1년분만 변제하면 된다.

③ 채권의 변제기에 의한 제한을 받지 않는다는 견해도 있다. 즉, 제3취득자는 채무자로서 변제하는 것이 아니라 변제의 권리가 부여된 권리자로서 변제하는 것이므로 피담보채권의 변제기 전에도 제3취득자는 변제를 하고 저당권을 소멸시킬 수 있다는 것이다. 그러나 다수설은 법문상 그렇게 해석할 근거가 없을 뿐만 아니라 오히려 제3취득자의 변제도 피담보채권의 변제기가 된 다음에만 할 수 있다고 하는 것이 저당권의 투자매개수단으로서의 작용에도 부합한다고 본다. 판례(79다783)도 "제3취득자인 원고는 피고에 대하여 민법 제364조에 따라 결산기에 이르러 확정되는 그 부동산의 피담보채권을 변제하고 근저당권설정등기의 말소를 구할 수는 있다고 하겠지만, 원고 스스로 또는 근저당권설정자를 위하여 계속적 거래관계에 기인한 이 사건 근저당권설정계약의 종료 전에 이를 일방적으로 폐기하고 그 당시까지의 채무액만을 변제하는 조건으로 근저당권설정등기의 말소를 소구할 수는 없다"라고 한다.

(2) 제3취득자의 변제가 있으면 저당권은 소멸한다. 저당권의 소멸을 청구할 수 있다고 규정하고 있으나 제3취득자가 피담보채권를 변제하면 별도의 소멸청구 없이도 부종성에 의하여 저당권은 소멸한다. 또한 제3취득자는 변제하는 데 정당한 이익을 가지는 자이므로 변제를 하면 당연히 채권자를 대위하게 된다(제481조).

(3) 채권담보의 목적으로 매매예약의 형식을 빌어 소유권이전청구권 보전을 위한 가

등기가 경료된 부동산을 양수하여 소유권이전등기를 마친 제3자는 당해 가등기담보권의 피담보채권의 소멸에 의하여 직접 이익을 받는 자이므로, 그 가등기담보권에 의하여 담보된 채권의 채무자가 아니더라도 그 피담보채권에 관한 소멸시효를 원용할 수 있고, 이와 같은 직접수익자의 소멸시효 원용권은 채무자의 소멸시효 원용권에 기초한 것이 아닌 독자적인 것으로서 채무자를 대위하여서만 시효이익을 원용할 수 있는 것은 아니다 (95다12446, 저당권이 설정된 부동산을 양수하여 소유권이전등기를 마친 경우도 마찬가지라고 보아야 한다).

3. 제3취득자의 비용상환청구권

민법 제367조는 "저당물의 제3취득자가 그 부동산의 보존·개량을 위하여 필요비 또는 유익비를 지출한 때에는 제203조 제1항, 제2항의 규정에 의하여 저당물의 경매대가에서 우선상환을 받을 수 있다"라고 규정하고 있다. 그 취지는 저당권설정자가 아닌 제3취득자가 저당물에 관한 필요비 또는 유익비를 지출하여 저당물의 가치가 유지·증가된 경우, 매각대금 중 그로 인한 부분은 일종의 공익비용과 같이 보아 제3취득자가 경매대가에서 우선상환을 받을 수 있도록 한 것이다. 따라서 저당물에 관한 지상권, 전세권을 취득한 자만이 아니고 소유권을 취득한 자도 민법 제367조 소정의 제3취득자에 해당한다 (2004다36604). 제203조 제3항을 적용하지 아니하는 이유는 신속한 상환을 위함이다.

제 5 관 저당권의 침해에 대한 구제

Ⅰ. 저당권 침해의 특수성

저당권자의 담보를 위태롭게 하는 것이 저당권의 침해이다. 예컨대 저당권의 목적물을 멸실시키거나 훼손하는 것은 목적물의 교환가치를 감소시켜 저당권의 침해가 된다. 저당권의 효력이 미치는 산림에서 부당하게 벌채를 하는 경우, 저당건물을 부주의하게 관리하여 건물이 허물어져 무너지는 경우, 종물을 부당하게 분리하는 경우 등도 저당권의 침해에 해당한다. 저당권도 일종의 물권으로서 목적물에 대하여 일정한 지배권능을 가지는 것이므로 이와 같은 침해, 즉 피담보채권이 담보되지 못하게 될 염려가 생긴 경우에 저당권자는 그러한 침해행위의 중지를 요구하고, 불법행위를 이유로 침해자에게 손해배상을 청구할 수 있다.

그러나 저당권은 본래 목적물의 점유를 설정자로부터 빼앗는 것이 아니므로 목적물이 통상의 경제적인 용법에 따라 이용되고 있는 한, 저당권설정자가 부합물을 저당부동산으로부터 분리하거나 목적물을 제3자에게 사용·수익하게 하더라도 저당권이 침해되고 있다고 할 수 없다. 또한 저당권이 침해되었다고 하여 곧바로 저당권자에게 손해가 생겼다고 할 수도 없다. 목적물의 교환가치가 감소하더라도 그것이 여전히 피담보채권액을 넘고 있다면 저당권자가 손해를 입었다고 볼 수는 없기 때문이다. 이와 같은 저당권 침해의 특수성은 저당권이 용익물권과 달리 교환가치를 지배하는 가치권이라는 성질에서 비롯된 것이다. 이러한 점에서 저당권의 침해에 대한 구제문제는 다른 물권에 대한 침해와 좀 달리 볼 여지가 있다.

Ⅱ. 각종의 구제방법

1. 물권적 청구권

(1) 방해행위의 제거 및 예방 청구

저당권의 방해가 있는 때에는 저당권자는 물권적 청구권에 의한 방해배제나 예방을 청구할 수 있다(제370조, 제214조). 예컨대 저당산림의 수목을 부당하게 벌채하여 저당권의 교환가치를 감소시킨 경우 저당권자는 벌채행위의 중지를 청구할 수 있다. 이 청구권은 물권적 청구권으로서 저당권설정자나 채무자뿐만 아니라 제3자에 대하여도 행사할 수 있다. 상대방이 객관적으로 방해하는 사정을 지배하는 지위에 있거나 방해할 염려가 있으면 충분하고, 고의나 과실이 있어야 하는 것도 아니다. 이 물권적 청구권은 저당권에 대한 방해가 있는 한, 비록 목적 부동산의 교환가치가 피담보채권을 만족시킬 수 있는 것이라고 하더라도 발생한다(통설. 담보물권의 불가분성을 근거로 한다). 다만 저당권자는 목적물을 점유하는 권능은 없기 때문에 반환청구권은 인정되지 않는다(그리하여 제370조에 제213조는 제외하고, 제214조만 준용한다고 규정하고 있는 것이다). 저당물의 일부가 분리·반출된 경우에 저당권에 의한 방해배제청구권에 기하여 저당권자 자신에게 반환할 것을 청구할 수는 없지만 저당물을 원래의 장소에 원상회복할 것을 청구할 수 있다(95다55184). 일본 판례는 저당부동산의 소유자에게 있어 저당권에 대한 침해가 생기지 않도록 저당부동산을 적절하게 유지·관리할 것이 기대되지 않는 경우 저당권자는 불법점유자에 대하여 직접 자기에게 저당부동산의 인도를 구할 수 있다고 본다(피보전권리는 담보가치 유지 청구권이고, 직접 명도 청구의 근거는 "관리점유"라고 본다).

대지에 저당권이 설정된 후 저당권설정자가 건축을 하는 경우에 저당권자가 건축공사의 중지를 구할 수 있는지 문제된다. 저당권자는 원칙적으로 저당부동산의 소유자가 행하는 저당부동산의 사용·수익에 간섭할 수 없다. 그러나 저당부동산에 대한 점유가 저당부동산의 본래의 용법에 따른 사용·수익의 범위를 초과하여 그 교환가치를 감소시키거나 점유자에게 저당권의 실현을 방해하기 위하여 점유를 개시하였다는 점이 인정되는 등 그 점유로 인하여 정상적인 점유가 있는 경우의 경락가격과 비교하여 그 가격이 하락하거나 경매절차가 진행되지 않는 등 저당권의 실현이 곤란하게 될 사정이 있는 경우에는 저당권의 침해를 인정할 수 있다(2005다3243). 대지의 소유자가 나대지 상태에서 저당권을 설정한 다음 대지상에 건물을 신축하기 시작하였으나 피담보채무를 변제하지 못함으로써 저당권이 실행에 이르렀거나 실행이 예상되는 상황인데도 소유자 또는 제3자가 신축공사를 계속한다면 신축건물을 위한 법정지상권이 성립하지 않는다고 할지라도 경매절차에 의한 매수인으로서는 신축건물의 소유자로 하여금 이를 철거하게 하고 대지를 인도받기까지 별도의 비용과 시간을 들여야 하므로, 저당목적 대지상에 건물신축공사가 진행되고 있다면, 이는 경매절차에서 매수희망자를 감소시키거나 매각가격을 저감시켜 결국 저당권자가 지배하는 교환가치의 실현을 방해하거나 방해할 염려가 있는 사정에 해당한다(2003다58454). 판례에 의하면 위와 같은 사정이 있다면 저당권자는 저당권 침해를 이유로 공사중지를 구할 수 있다는 것이다. 이에 대하여는 건물신축행위는 소유자의 용익권의 행사이고, 저당권자는 나대지 위에 건물이 신축될 것을 알고 있었기 때문에 저당권자의 신뢰를 저버린 것이 아니며, 건물에 대해서도 일괄경매를 청구함으로써 저당권실행상의 불이익을 피할 수 있고, 저당권자가 나대지 위에 건물의 신축을 막기 위한 방법으로 담보지상권을 설정받는 방법이 있다는 이유로 반대하는 견해도 있다.

(2) 유해등기의 말소청구

무효인 등기라고 하더라도 저당권자에게 우선하는 외관을 갖고 있는 것은 저당권의 완전한 행사를 방해할 수 있기 때문에 저당권자는 방해배제청구로서 그 말소를 청구할 수 있다. 예를 들어 피담보채무가 이미 변제되어 저당권이 소멸하였는데도 그 저당권설정등기가 말소되지 않고 있다면 그보다 후순위인 저당권자로서는 선순위 저당권이 존재하는 것과 같은 외관으로 인하여 자신의 저당권의 실행이나 양도에 곤란을 겪을 수 있으므로 이러한 경우에는 저당권의 완전한 행사에 대한 방해를 제거하기 위하여 무효인 선순위 저당권의 말소를 구할 수 있다.

(3) 제3자이의의 소

저당권의 효력은 부합물과 종물에도 미치는 것이 원칙이므로 저당목적물의 교환가치는 부합물, 종물과 함께 일체를 이루는 전체로서 평가된다. 이러한 일체성을 손상하는 것은 저당목적물의 교환가치를 훼손하는 것으로서 저당권의 침해에 해당한다. 따라서 저당권자보다 우선하지 않는 채권자가 부합물이나 종물에 대하여 부분적으로 강제집행을 하는 경우에는 저당권자는 민사집행법 제48조에 기하여 제3자이의의 소를 제기할 수 있다.

2. 손해배상청구권

(1) 저당권을 침해하여 손해가 발생한 경우 저당권자가 침해자에 대하여 불법행위에 기한 손해배상을 청구할 수 있음은 당연하다. 담보물을 권한 없이 멸실·훼손하거나 담

보가치를 감소시키는 행위는 위법한 행위로서 불법행위를 구성한다. 근저당권의 공동담보물 중 일부를 권한 없이 멸실·훼손하거나 담보가치를 감소시키는 행위로 인하여 근저당권자가 나머지 저당목적물만으로 채권의 완전한 만족을 얻을 수 없게 되었다면 근저당권자는 불법행위에 기한 손해배상청구권을 취득한다. 이때 이와 같은 불법행위 후 근저당권이 확정된 경우 근저당권자가 입게 되는 손해는 채권최고액 범위 내에서 나머지 저당 목적물의 가액에 의하여 만족을 얻지 못하는 채권액과 멸실·훼손되거나 또는 담보가치가 감소된 저당목적물 부분의 가액 중 적은 금액이다(2006다42818).

(2) 손해배상청구권이 발생하는 것은 목적물의 침해로 저당권자가 채권의 완전한 만족을 얻을 수 없게 되는 때이다. 비록 저당물의 가격이 줄어들더라도 완전히 채권의 만족을 얻는다면 손해는 없는 것이 되어 불법행위가 성립하지 않는다.

(3) 손해액의 산정시기에 관하여 저당권의 실행을 기다릴 필요 없이 그 이전이더라도 불법행위 후 곧바로 손해배상을 청구할 수 있다는 것이 통설이다. 그 이유는 저당권의 실행 이전에 손해액을 산정하는 것이 불가능하지는 않다는 것이다. 판례(98다34126)도 "담보물을 권한 없이 멸실·훼손하거나 담보가치를 감소시키는 행위는 위법한 행위로서 불법행위를 구성하며, 이 때 채권자가 입게 되는 손해는 담보 목적물의 가액의 범위 내에서 채권최고액을 한도로 하는 피담보채권액으로 확정될 뿐, 그 피담보채무의 변제기가 도래하여 그 담보권을 실행할 때 비로소 발생하는 것은 아니다"라고 판시하여 같은 입장이다.

3. 채무자에 대한 특별효과

저당채무자 자신이 저당권을 침해한 경우에는 저당권자는 위에서 설명한 구제수단 외에 다음과 같은 주장도 할 수 있다.

(1) 담보물보충청구권

저당권설정자의 책임있는 사유로 인하여 저당물의 가액이 현저히 감소된 때에는 저당권자는 저당권설정자에 대하여 그 원상회복 또는 상당한 담보제공을 청구할 수 있다(제362조). 저당권설정자의 책임있는 사유로 저당물의 가액이 현저히 감소된 경우 저당권자가 투하한 자본을 자신의 의사에 반하여 회수하는 것이 강제되어서는 안 된다. 채무자가 저당권을 멸실·훼손하는 경우에도 저당권자는 담보력을 다시 확보함으로써 금전채권을 그대로 유지할 수 있어야 할 것이다. 이러한 취지에서 민법은 담보물보충청구권을 인정하고 있는 것이다.

"저당물의 가액이 현저히 감소된 때"에 해당하기 위해서는 교환가치의 감소로 인하여 피담보채권을 충분히 변제받지 못할 염려가 있으면 족하다. 이 경우 저당권설정자에는 물상보증인도 포함된다. 여기서 원상회복 청구는 물권적 청구권에 기해서도 청구할 수 있기 때문에 별의미가 없다고 본다. 만일 불가항력으로 저당물이 훼손된 경우에는 저당물보충청구권이 생기지 않고 물상대위에 따른 구제를 받을 수 있을 뿐이다.

이 청구권을 행사하는 경우에는 위에서 설명한 손해배상 청구권 또는 다음에서 보는 기한의 이익 상실을 주장하지 못한다. 전자는 저당권의 존속을 전제로 하고, 후자는 저당권의 소멸이나 해소를 전제로 하기 때문이다. 다만 담보물보충청구권을 행사하였으나 충분한 담보제공이 없는 경우에 저당권자는 손해배상청구권이나 채무자가 기한의 이익을 잃었음을 주장하여 즉시변제를 청구할 수는 있다.

(2) 기한의 이익 주장 금지

채무자가 담보를 손상·감소 또는 멸실하게 한 때에는 기한의 이익을 주장하지 못한다(제388조 제1호). 따라서 저당권자는 즉시변제를 청구할 수 있고, 저당권을 실행할 수 있게 된다. 채무자의 귀책사유를 요하는지에 관하여는 견해가 나뉜다. 일본의 통설은 위 규정은 채무자의 불법행위상의 제재가 아니라 스스로 신용의 기초를 저하시킨 경우의 문제이기 때문에 귀책사유를 요하지 않는다고 본다.

제4절 저당권의 처분과 소멸

Ⅰ. 저당권의 처분

1. 저당권자는 피담보채권을 변제받거나 저당권의 실행에 의하여 투하자금을 회수할 수 있다. 저당권자가 피담보채권의 변제기 전에 투하자금을 유동화하려면 저당권을 처분하는 길밖에 없다. 저당권으로 하여금 투자의 작용을 다하게 하기 위해서는 저당권 처분의 자유를 인정하는 것이 필요하다. 반면 피담보채권과 분리하여 저당권만을 자유롭게 처분하는 것은 저당권을 둘러싼 법률관계를 지나치게 복잡하게 만들 우려가 있고, 그러한 법률관계의 혼동은 금융거래의 안정을 해칠 위험도 있다. 따라서 저당권의 처분의 자유를 어디까지 인정할 것인지는 결국 입법정책의 문제라고 할 것이다. 그런데 민법 제361조는 "저당권은 그 담보된 채권과 분리하여 타인에게 양도하거나 다른 채권의 담보로 하지 못한다"라고 정함으로써 저당권의 처분을 엄격하게 제한하고 있다. 일본 민법은 전저당(轉抵當)을 인정함으로써(그 성질에 관하여는 저당권재도설정설이 통설이다) 독일보다는 못하지만 우리 민법보다는 부종성을 완화하고 있다. 우리의 경우 저당권자가 투하자본을 회수하려면 피담보채권과 함께 저당권을 양도하거나 입질해야 하므로 저당권 처분의 자유가 그만큼 제약되어 있다고 볼 수 있다.

저당권은 피담보채권과 분리하여 처분할 수 없으므로 피담보채권의 처분을 수반하지 않는, 저당권만을 양도하는 것은 허용되지 않는다. 그러나 피담보채권을 처분하면서 저당권의 처분을 배제하는 특약을 할 수는 있다(다수설). 판례(2003다61542)도 "담보권의 수반성이란 피담보채권의 처분이 있으면 언제나 담보권도 함께 처분된다는 것이 아니라 채권담보라고 하는 담보권 제도의 존재 목적에 비추어 볼 때 특별한 사정이 없는 한 피담보채권의 처분에는 담보권의 처분도 당연히 포함된다고 보는 것이 합리적이라는 것일 뿐이므로, 피담보채권의 처분이 있음에도 불구하고, 담보권의 처분이 따르지 않는 특별한 사정이 있는 경우에는 채권양수인은 담보권이 없는 무담보의 채권을 양수한 것이 되고, 채권의 처분에 따르지 않은 담보권은 소멸한다."라고 한다.

저당권을 처분하는 경우 당사자는 저당권자와 그 양수인이다. 따라서 물권적 합의가 채무자나 물상보증인 사이에까지 있어야 하는 것은 아니다. 판례(2002다15412)도 같다. 즉, 저당권은 피담보채권과 분리하여 양도하지 못하는 것이어서 저당권부 채권의 양도는 언제나 저당권의 양도와 채권양도가 결합되어 행해지므로 저당권부 채권의 양도는 민법 제186조의 부동산물권변동에 관한 규정과 민법 제449조 내지 제452조의 채권양도에 관한 규정에 의해 규율되고, 따라서 저당권의 양도에 있어서도 물권변동의 일반원칙에 따라 저당권을 이전할 것을 목적으로 하는 물권적 합의와 등기가 있어야 저당권이 이전된다고 할 것이나, 이때의 물권적 합의는 저당권의 양도·양수받는 당사자 사이에 있으면 족하고 그 외에 그 채무자나 물상보증인 사이에까지 있어야 하는 것은 아니라 할 것이고, 단지 채무자에게 채권양도의 통지나 이에 대한 채무자의 승낙이 있으면 채권양도를 가지고 채무자에게 대항할 수 있게 되는 것이다.

2. 위에서 본 바와 같이 저당권은 언제나 피담보채권과 함께 처분할 수 있을 뿐이므로 저당권부 채권의 양도에는 부동산물권변동에 관한 규정과 채권양도에 관한 규정이 모두 적용되어 그 양도에 따른 각각의 요건을 모두 갖추어야 한다.

(1) 저당권부 채권의 양도는 채권의 양도일뿐만 아니라 저당권의 양도이기도 하므로 부동산물권변동의 일반원칙에 따라 물권적 합의와 등기(저당권이전의 부기등기)를 하여야 효력이 생긴다. 저당권양도의 물권적 합의는 채권양도의 의사표시에 합체되어 하나의 행위로 행해지는 것이 보통일 것이다.

피담보채권과 근저당권을 함께 양도하는 경우에 채권양도는 당사자 사이의 의사표시만으로 양도의 효력이 발생하지만 근저당권이전은 이전등기를 하여야 하므로 채권양도와 근저당권이전등기 사이에 어느 정도 시차가 불가피한 이상 피담보채권이 먼저 양도되어 일시적으로 피담보채권과 근저당권의 귀속이 달라진다고 하여 근저당권이 무효로 된다고 볼 수는 없으나, 위 근저당권은 그 피담보채권의 양수인에게 이전되어야 할 것에 불과하고, 근저당권의 명의인은 피담보채권을 양도하여 결국 피담보채권을 상실한 셈이므로 집행채무자로부터 변제를 받기 위하여 배당이의의 소를 제기할 지위에 있다고 볼 수 없다(2001다77888).

(2) 저당권부 채권의 양도는 저당권의 양도와 함께 채권을 양도한 것이므로 채권양도에 관한 규정이 적용된다. 따라서 당사자 사이의 의사표시만으로 채권양도의 효력이 생기지만 채무자, 그 밖의 제3자에게 대항하기 위해서는 양도인이 채무자에게 통지하거나 채무자가 승낙하여야 한다(제450조 제1항). 이 통지 또는 승낙과 관련하여 다음과 같은 문제가 있다.

(가) 채무자는 그 통지를 받은 때까지 양도인에 대하여 생긴 사유로써 양수인에게 대항할 수 있다(제451조 제2항). 그 사유로는 변제, 그 밖의 사유로 인한 채권의 전부 또는 일부의 소멸, 취소권, 각종의 항변권 등이 있다.

(나) 채무자의 승낙에는 이의를 보류한 것과 이의를 보류하지 않은 것이 있다. 이의를 보류한 승낙의 효력은 통지의 경우와 같다. 그러나 이의를 보류하지 않은 승낙을 한 때에는 채무자는 그가 양도인에 대하여 대항할 수 있는 사유를 가지고 양수인에게 대항하지 못한다(제451조 제1항 본문). 즉, 채무자는 채권의 소멸, 채권의 불발생 등을 주장하지 못하고, 양수인은 유효하게 채권을 취득하게 된다(통설). 판례(2000다13887)는 "민법 제451조 제1항이 이의를 보류하지 않은 승낙에 대하여 항변사유를 제한한 취지는 이의를 보류하지 않은 승낙이 이루어진 경우 양수인은 양수한 채권에 아무런 항변권도 부착되지 아니한 것으로 신뢰하는 것이 보통이므로 채무자의 '승낙'이라는 사실에 공신력을 주어 양수인의 신뢰를 보호하고 거래의 안전을 꾀하기 위한 규정이라 할 것이므로, 채권의 양도에 대하여 이의를 보류하지 아니하고 승낙을 하였더라도 양수인이 악의 또는 중과실의 경우에 해당하는 한 채무자의 승낙 당시까지 양도인에 대하여 생긴 사유로써도 양수인에게 대항할 수 있다."라고 한다.

이 경우 채권의 부존재 또는 소멸에 의하여 부존재하였거나 소멸한 저당권도 당연히 부활하여 양수인에게 이전되는지 문제된다. 통설은 피담보채권이 소멸하면 저당권도 소멸하므로 채무자가 이의를 보류하지 않은 승낙을 하더라도 이에 의하여 저당권이 부활할 수는 없으며, 이의 없는 승낙에 의하여 저당권이 부활한다고 인정하는 것은 피담보채권이 존재하지 아니하여 무효인 저당권이전등기에 공신력을 인정하는 결과가 되어 등기의 공신력을 인정하지 않는 우리 법제에 반한다고 본다. 이에 대하여는 이미 소멸한 저당권의 부활은 저당목적물에 대하여 이해관계를 가지는 제3자를 해하는 결과가 되어 허용되지 않는 것일 뿐, 등기의 공신력의 문제는 이와 직접적인 관련이 없다고 주장하는 견해도 있다. 저당권이 되살아나지 아니하는 결과로 양수인은 유효하게 채권을 취득하더라도 저당권 없는 무담보의 채권을 취득할 뿐이다.

(3) 저당권이전의 등기는 하였으나 채권양도의 대항요건을 갖추지 못한 양수인이 저당권을 실행할 수 있는지 문제된다. 피담보채권을 저당권과 함께 양수한 자는 저당권이전의 부기등기를 마치고 저당권실행의 요건을 갖추고 있는 한 채권양도의 대항요건을 갖추고 있지 아니하더라도 경매신청을 할 수 있으며, 채무자는 경매절차의 이해관계인으로서 채권양도의 대항요건을 갖추지 못하였다는 사유를 들어 경매개시결정에 대한 이의나 즉시항고절차에서 다툴 수 있고, 이 경우는 신청채권자가 대항요건을 갖추었다는 사실을 증명하여야 할 것이나, 이러한 절차를 통하여 채권 및 근저당권의 양수인의 신청에 의하여 개시된 경매절차가 실효되지 아니한 이상 그 경매절차는 적법한 것이고, 또한 그 경매신청인은 양수채권의 변제를 받을 수도 있다(2004다29279).

(4) 저당권과 피담보채권은 담보물권의 부수성에 의하여 그 주체를 달리할 수 없는 것이 원칙이다. 그러나 후술하는 바와 같이 판례는 그 예외를 인정하고 있다.

(5) 피담보채권이 예컨대 상속, 전부명령, 변제자대위와 같이 법률의 규정에 의하여 이전된 경우 그에 따라 저당권은 등기 없이도 이전된다.

(6) 피담보채권의 일부가 양도되거나 이전된 경우 저당권은 불가분성이 있으므로 두 채권자가 그 채권액을 지분으로 하여 준공유한다(통설).

3. 저당권부 채권의 입질

피담보채권이 입질되는 경우(채권질)에는 저당권도 피담보채권과 함께 질권의 목적이 된다. 이때 그 저당권등기에 질권의 부기등기를 하여야만 질권의 효력이 저당권에 미친다(제348조, 부등법 제76조 제1항). 질권자는 자기 채권의 한도에서 입질된 채권을 직접 청구할 수 있다(제353조 제2항). 질권자의 피담보채권과 입질채권이 모두 변제기에 도달하면 질권자는 저당권을 실행하여 우선변제를 받을 수 있다. 입질된 채권의 채권자(저당권자)는 그 채권액이 질권의 피담보채권액을 초과하는 경우에도 그 차액을 추심할 수 없다. 질권자는 불가분성에 기해 채권 전부를 변제받을 때까지 채권 전부에 대하여 그 권리를 행사할 수 있기 때문이다.

Ⅱ. 저당권의 소멸과 말소등기

1. 저당권의 소멸

저당권은 물권에 공통되는 소멸원인과 담보물권에 공통되는 소멸원인으로 소멸하고, 그 밖에 경매, 제3취득자의 변제 등에 의하여 소멸한다. 여기서는 그 밖의 소멸에 관하여 민법이 정하는 것만 보기로 한다.

(1) 피담보채권이 시효로 소멸하면 그에 따라 저당권도 소멸한다(제369조). 저당권의 부종성을 인정한 것이다. 그러나 저당권만이 단독으로 소멸시효에 걸리는 일은 없다(통설).

(2) 지상권 또는 전세권을 목적으로 하는 저당권을 설정한 자는 저당권자의 동의 없이 지상권 또는 전세권을 소멸하게 하는 행위를 하지 못한다(제371조 제2항). 지상권 또는 전세권이 소멸하면 그것을 목적으로 하는 저당권도 소멸하기 때문이다.

2. 저당권의 소멸과 말소등기

저당권이 피담보채권의 소멸 등으로 소멸한 경우에는 말소등기와 상관없이 저당권의 부종성으로 인하여 저당권설정등기는 무효가 된다. 이러한 경우에 부동산의 소유자는 물권적 청구권으로서 현재의 저당권 명의인을 상대로 저당권설정등기의 말소를 청구할 수 있다. 저당권이 설정된 후에 그 부동산의 소유권이 제3자에게 이전한 경우에는 저당권설정자인 종전의 소유자도 저당권설정계약의 당사자로서 저당권소멸에 따른 원상회복으로서 저당권자를 상대로 저당권설정등기의 말소를 구할 수 있는 계약상의 권리가 있다(93다16338(전) 판결).

원인무효를 이유로 저당권설정등기의 말소를 청구하는 때에는 주등기인 저당권설정등기의 말소를 청구하면 충분하고, 이와 별도로 부기등기의 말소를 청구할 필요는 없다. 저당권이전의 부기등기는 주등기인 저당권설정등기에 종속되어 주등기와 일체를 이루는 것이고, 주등기와 별개의 새로운 등기가 아니다. 주등기가 말소되는 경우 직권으로 말소될 성질의 것이므로 위 부기등기의 말소청구는 권리보호이익이 없는 부적법한 청구이고, 또한 저당권 양도의 부기등기는 기존의 저당권설정등기에 의한 권리의 승계를 등기부상 명시하는 것뿐으로, 그 등기에 의하여 새로운 권리가 생기는 것이 아닌 만큼 저당권설정등기의 말소등기청구는 양수인만을 상대로 하면 족하고 양도인은 그 말소등기청구에 있어서 피고 적격이 없다(2000다5640). 요컨대 양수인을 상대로 주등기인 저당권설정등기의 말소를 청구하면 된다는 것이다.

위와 같이 근저당권이전의 부기등기가 기존의 주등기인 근저당권설정등기에 종속되어 주등기와 일체를 이룬 경우에는 부기등기만의 말소를 따로 인정할 아무런 실익이 없지만, 근저당권의 이전원인만이 무효로 되거나 취소 또는 해제된 경우, 즉 근저당권의 주등기 자체는 유효한 것을 전제로 이와는 별도로 근저당권이전의 부기등기에 한하여 무효사유가 있다는 이유로 부기등기만의 효력을 다투는 경우에는 그 부기등기의 말소를 소구할 필요가 있으므로 예외적으로 소의 이익이 있다(2002다15412). 이 경우 저당권자뿐만 아니라 저당권설정자도 말소를 청구할 수 있다고 본다.

저당권설정등기가 마쳐진 후에 그 등기가 위법하게 말소된 경우 그 저당권은 소멸하는지 문제된다. 판례(81다카923)에 의하면 등기는 물권의 효력발생요건일 뿐이고, 효력존속요건이 아니므로 등기가 원인 없이 말소되더라도 그 물권의 효력에는 아무런 영향을 미치지 않으며, 말소된 등기는 회복되어야 하고, 그 회복등기를 마치기 전이라도 말소된 등기의 등기명의인은 권리를 잃지 않는다. 말소등기를 믿고 거래한 자도 불측의 손해를 각오하여야 한다는 결과가 되지만 등기의 공신력이 인정되지 아니하는 현행 등기제도에서는 어쩔 수 없는 일이라 할 것이다.

제5절 특수한 저당권

Ⅰ. 공동저당(共同抵當)

1. 공동저당의 의의

동일한 채권의 담보로 수개의 부동산에 설정된 저당권을 공동저당이라고 한다(제368조). 예컨대 甲이 乙에 대하여 300만원의 채권을 가지고 있는데, 그 담보를 위하여 乙 소유의 토지 X(시가 300만원)와 Y(시가 200만원), 그리고 X 지상 乙 소유의 건물 Z(시가 100만원)에 각각 저당권을 취득하였다고 할 경우 공동저당이 성립한다. 이러한 공동저당에서는 수개의 부동산이 1개의 채권을 담보한다는 점이 특징이나, 그 법률관계는 수개의 부동산에 1개의 저당권이 있는 것이 아니라 각 부동산마다 1개의 저당권이 있고(일물일권주의), 다만 이들 모든 저당권은 피담보채권을 공통으로 하고 있기 때문에 서로 일정한 제한을 받고 있는 것이라고 본다(1개의 저당권이 성립한다고 보는 독일의 총괄저당권(Gesamthypothek)과 다르다).

공동저당은 토지와 그 지상 건물이 별개의 부동산으로 취급되고, 토지가 비교적 작은 필지로 잘게 나누어져 있는 외에, 특히 다음과 같은 이유로 이용되고 있다. 첫째, 부동산 1개의 가격이 피담보채권액에 미치지 못할 경우에 그들 부동산을 일괄해서 공동저당으로 설정한다면 피담보채권을 만족시킬 수 있다. 이는 채무자의 입장에서 본 "담보가치의 합산"이다. 둘째, 복수의 부동산에 저당권을 설정한다면 불가분의 원칙에 따라 여러 개의 목적물 중 어느 것으로부터 자유로이 우선변제를 받을 수 있으므로(이를 채권자의 입장에서 본 "실행용이화 기능"이라고 한다) 부동산 중에서 멸실·훼손·가격의 하락 등으로 가치가 감소하는 것이 있거나 경제계의 변동으로 경매하기가 곤란한 사정이 생기더라도 다른 것으로부터 변제를 받을 수 있다. 이는 채권자의 입장에서 본 "위험의 분산"이다. 결국 공동저당제도는 채무자에게는 담보가치가 적은 여러 개의 담보를 모아 많은 신용을 얻을 수 있게 하고, 채권자에게는 충분한 담보를 확보하게 하여 안심하고 신용을 주게 한다.

2. 공동저당의 성립

(1) 공동저당은 위에서 본 바와 같이 복수의 목적물이 동일한 채권을 담보하는 것으로서 각각의 목적물에 설정되는 것이기는 하지만 동시에 설정되어야 하는 것은 아니다. 즉, 추가담보로서 때를 달리하여 설정된 경우에도 공동저당으로 다루어진다. 예컨대 앞의 예에서 X·Y 토지 위의 저당권은 동시에, 그러나 Z건물 위의 저당권은 그 후에 설정된 경우라도 무방하다. 목적물의 전부나 일부가 채무자가 아닌 제3자(물상보증인)의 소유이더라도 상관없다. 각각의 목적물에서 공동저당권의 순위가 반드시 같아야 하는 것도 아니다. X 토지의 저당권은 1순위이고, Y 토지의 저당권은 2순위이어도 공동저당이 가능하다. 공유지분에도 공동저당권이 성립할 수 있다(2011다74932). 공동저당의 목적이 될 수 있는 것은 토지·건물 외에 1개의 부동산으로 보게 되는 공장재단·광업재단이나 그 밖에 저당권의 목적이 될 수 있는 것이면 무엇이든 좋다. 다만 상법 제787조 제1항, 제3항은 등기된 선박은 저당권의 목적으로 할 수 있고, 선박의 저당권에 대하여는 민법의 저당권에 관한 규정을 준용한다고 규정하고 있으나, 선박을 부동산으로 본다는 규정을 따로 두고 있지 아니하므로 동일한 채권의 담보로 부동산과 선박에 저당권을 설정한 경우 이는 민법 제368조 제1항에 정하여진 '동일한 채권의 담보로 수개의 부동산에 관하여 저당권을 설정한 경우'에 해당하지 아니한다(2001다53264). 이 판례는 제368조 제2항과 같은 복잡한 법리문제를 피하기 위하여 적용의 범위를 제한한 것으로 평가된다.

(2) 공동저당 등기

공동저당이라고 하여 민법에 특별한 공시방법이 정해져 있는 것은 아니다. 각 목적물 위의 저당권마다 일반원칙에 따른 등기를 하면 된다. 부등법은 공동저당을 설정하는 경우에 공동저당관계를 기록하도록 하고 있다. 즉, 등기관은 동일한 채권에 관하여 여러 개의 부동산에 관한 권리를 목적으로 하는 저당권설정의 등기를 할 때에 각 부동산의 등기기록에 그 부동산에 관한 권리가 다른 부동산에 관한 권리와 함께 저당권의 목적으로 제공된 뜻을 기록하여야 한다(부등법 제78조 제1항). 등기관은 부동산이 5개 이상일 때에는 공동담보목록을 작성하여야 한다(동조 제2항). 공동담보목록은 등기기록의 일부로 본다(동조 제3항). 등기관이 1개 또는 여러 개의 부동산에 관한 권리를 목적으로 하는 저당권설정의 등기를 한 후 동일한 채권에 대하여 다른 1개 또는 여러 개의 부동산에 관한 권리를 목적으로 하는 저당권설정의 등기를 할 때에는 그 등기와 종전의 등기에 각 부동산에 관한 권리가 함께 저당권의 목적으로 제공된 뜻을 기록하여야 한다(동조 제4항). 부등법이 공동저당관계의 등기를 요구하고 있는 이유는 ① 공동저당은 복수의 저당권이 피담보채권의 동일성에 의하여 결속되어 있는 것이지만 각 저당권의 설정등기가 각 부동산별로 따로따로 이루어지기 때문에 그 상호간의 결속관계를 공시할 필요가 있고, ② 공동저당물의 잉여담보가치가 후순위저당권자에 의하여 활용되도록 하기 위해서는 공동저당관계를 공시할 필요가 있기 때문이다.

여기서 공동저당의 등기가 공동저당의 성립요건인지 문제된다. 공동저당은 수 개의 저당권이 피담보채권의 동일성으로 인하여 결속되어 있는 관계일 뿐, 저당권과 다른 별개의 물권을 구성하는 것은 아니다. 따라서 공동저당의 등기가 없더라도 공동저당으로 인정할 수 있다. 판례(2008다57746)도 "부등법의 위 규정은 공동저당권의 목적물이 수 개의 부동산에 관한 권리인 경우에 한하여 적용되는 등기절차에 관한 규정일 뿐만 아니라, 수 개의 저당권이 피담보채권의 동일성에 의하여 서로 결속되어 있다는 취지를 공시함으로써 권리관계를 명확히 하기 위한 것에 불과하므로, 이와 같은 공동저당관계의 등기를 공동저당권의 성립요건이나 대항요건이라고 할 수 없다. 따라서 근저당권설정자와 근저당권자 사이에서 동일한 기본계약에 기하여 발생한 채권을 중첩적으로 담보하기 위하여 수 개의 근저당권을 설정하기로 합의하고 이에 따라 수 개의 근저당권설정등기를 마친 때에는 부등법에 따라 공동근저당관계의 등기를 마쳤는지 여부와 관계없이 그 수 개의 근저당권 사이에는 각 채권최고액이 동일한 범위 내에서 공동근저당관계가 성립한다."라고 본다.

3. 공동저당의 효력

(1) 개관

공동저당의 채권자는 어느 목적물로부터 채권의 전부나 일부에 대하여 우선변제를 받을지를 선택할 수 있다. 그러나 이 원칙을 관철한다면 여러 개의 저당부동산 중 채권자가 어느 물건으로부터는 많은 금액의 변제를 요구하고, 또 다른 물건으로부터는 적은 금액의 변제를 요구함에 따라서 부동산의 소유자나 후순위저당권자 등의 배당액에 차이가 생기게 된다. 예컨대 乙 소유의 A부동산(시가 500만원)과 丙 소유의 B부동산(시가 500만원)에 甲이 500만원의 채권에 대하여 공동저당권을 취득하고, A부동산에 丁이 250만원의 채권으로 후순위저당권을, B부동산에 戊가 250만원의 채권으로 후순위저당권을 취득한 경우에 만일 甲이 A부동산에 대한 저당권을 먼저 실행하면 乙과 丁은 권리를 모두 잃게 되는 반면에 丙과 戊는 뜻하지 않은 이익을 보게 되고, 만일 甲이 B부동산에 대한 저당권을 먼저 실행하면 丙과 戊는 권리를 모두 잃게 되는 반면에 乙과 丁은 뜻하지 않은 이익을 보게 된다. 이러한 우연한 사정에 의하여 위와 같이 배당액에 차이가 생기면 매우 불공평하다. 만일 이러한 결과를 수인해야 한다면 일단 공동저당의 목적물이 되면 다른 물건과 공동으로 저당에 들어가 있다는 것과 상관없이 그 물건에 관해서는 최악의 경우 채권 전액까지 부담할 것을 각오하여야 한다. 이는 부동산의 잉여담보가치를 이용하는 것(즉 후순위저당권을 설정하여 추가로 융자를 받는 것)을 극히 곤란하게 한다. 이는 담보가치의 과잉구속에 해당하는바, 여기서 채권자의 자유선택권을 원칙적으로 존중하면서도 각 저당물건에 합리적인 부담을 할당하는 등의 조치를 취함으로써 부동산소유자나 후순위저당권자를 보호할 필요가 있음을 알 수 있다.

민법 제368조 제1항은 공동저당권의 목적물의 전체 환가대금을 동시에 배당하는 동시배당의 경우에 공동저당권자의 실행선택권과 우선변제권을 침해하지 않는 범위 내에서 각 부동산의 책임을 안분시킴으로써 각 부동산상의 소유자와 차순위 저당권자 기타의 채권자의 이해관계를 조절하고, 동조 제2항은 대위제도를 규정하여 공동저당권의 목적부동산 중 일부의 경매대가를 먼저 배당하는 이시배당의 경우에도 최종적인 배당의 결과가 동시배당의 경우와 같게 함으로써 공동저당권자의 실행선택권 행사로 인하여 불이익을 입은 차순위 저당권자를 보호하고 있다(2005다14502). 위 제368조 제1항과 제2항이 적용되는 것은 채무자 소유의 부동산들에 공동저당권이 설정되거나 공동저당부동산이 모두 동일한 물상보증인 소유에 속하는 경우에 한정된다(공동저당권이 설정된 부동산 중 일부가 물상보증인이나 제3취득자의 소유인 경우에 대하여는 후술한다).

여러 개의 부동산을 일괄매각하는 경우에 그 가운데 일부의 매각대금으로 모든 채권자의 채권액과 강제집행비용을 변제하기에 충분하면 법원은 다른 부동산의 매각을 허가해서는 안 되고(민사집행법 제101조 제3항 본문), 이 경우 채무자는 그 부동산 가운데 매각할 것을 지정할 수 있다(동조 제4항). 공동저당의 경우에도 이 규정이 적용되므로 공동저당의 목적물 중 일부의 매각대금으로 채권 전액을 변제하기에 충분한 경우에는 다른 부동산의 매각을 허가할 수 없고, 항상 분할경매에 의한 이시배당을 하게 된다.

(2) 동시배당의 경우: 부담의 안분(安分)

동일한 채권의 담보로 수개의 부동산에 저당권을 설정한 경우에 그 부동산의 경매대가를 동시에 배당하는 때에는 각 부동산의 경매대가에 비례하여 그 채권의 분담을 정한다(제368조 제1항). 여기서 "경매대가"라 함은 매각대금에서 당해 부동산이 부담할 경매비용과 선순위채권을 공제한 잔액을 말한다(2001다66291). 이처럼 각 부동산별로 분담되는 배당액을 각 부동산의 책임분담액이라고 한다. 어느 목적물로부터든지 채권액의 전부나 일부를 추심할 수 있다는 공동저당권자의 자유는 이 한도에서 제한되는 셈이 된다.

예컨대 A가 B에 대한 300만원의 채권에 관하여 B 소유의 X(시가 300만원), Y(시가 200만원), Z(시가 100만원)부동산 위에 1번저당권(공동저당)을 가지고 있고, X부동산 위에 C가 150만원의 채권에 관하여 2번저당권을, Y부동산 위에 D가 100만원의 채권에 관하여 2번저당권을, Z부동산 위에 E가 50만원의 채권에 관하여 2번저당권을 가지고 있는 경우, X, Y, Z부동산을 동시에 경매하여 그 대가를 배당하는 때에는 A의 채권액 300만원을 X, Y, Z부동산의 시가에 비례하여 분담액을 정하게 된다. 그 결과 A는 X부동산으로부터는 150

만원(300만원x3/6), Y부동산으로부터는 100만원(300만원x2/6), Z부동산으로부터는 50만원(300만원x1/6)을 변제받고, C는 X부동산의 나머지 금액 150만원(300만원-150만원)을, D는 Y부동산의 나머지 금액 100만원(200만원-100만원)을, E는 Z부동산의 나머지 금액 50만원(100만원-50만원)을 변제받게 된다.

위와 같이 제368조 제1항의 규정은 공동저당권자의 이익을 침해하지 않는 정도로 그의 자유로운 결정을 막고, 그러함으로써 후순위저당권자 사이에서 공평을 유지하려는 취지이다. 그러나 부동산 경매대가의 배당에 참가하는 자는 저당권자에 한하지 않으며, 다른 담보권자, 집행권원을 가지고 있는 배당요구자, 가압류채권자 등도 있으므로 공동저당권자를 침해하지 않고 이들 여러 배당권자를 보호한다는 것도 요구된다. 따라서 이 규정은 부동산에 관하여 후순위저당권자가 있든 없든 상관없이 적용된다(통설). 예컨대 A가 B에 대한 300만원의 채권에 관하여 B 소유의 X(시가 300만원), Y(시가 200만원), Z(시가 100만원) 부동산 위에 1번저당권(공동저당)을 가지고 있고, X부동산 위에 C가 200만원의 채권에 관하여 2번저당권을 가지고 있는 경우(Z부동산 위에 후순위저당권자가 없는 경우이다), C는 X부동산의 경매대가 300만원 중 A에게 변제되는 150만원을 뺀 나머지 150만원을 우선적으로 취득하나 C가 변제받지 못한 나머지 50만원에 관하여는 Y에서 A가 가지고 간 100만원을 뺀 나머지 100만원이나 Z에서 A가 가지고 간 50만원을 뺀 나머지 50만원에 대하여는 우선변제권과 같은 특수한 권리를 갖지 않는다. C의 채무자가 동시에 Y · Z부동산의 소유자이기도 한 경우에는 C는 일반채권자로서 배당에 참가할 수 있다는 것이다.

위 부담의 안분에 관한 원칙은 공동저당부동산의 일부가 물상보증인의 소유인 경우에는 적용되지 않는다고 보아야 한다(2014다231965). 이 경우 이시배당이 행하여지면 후술하는 바와 같이 채무자 소유 부동산에 대한 후순위저당권자의 대위가 인정되지 않고, 또 물상보증인 소유의 부동산에 대한 후순위저당권자가 물상대위에 의하여 공동저당권으로부터 우선변제를 받을 수 있다고 한다면 이러한 결과는 동시배당에 있어서도 관철되어야 한다. 그런데 이시배당에서의 결과를 관철하려면 동시배당에 있어서도 우선 채무자 소유 부동산의 환가금이 채권자에게 배당되어야 하고, 그러고도 모자라는 경우에 비로소 물상보증인 소유의 부동산의 환가금으로부터 배당이 행하여져야 하기 때문이다.

(3) 이시배당의 경우: 후순위저당권자의 대위(代位)

(가) 공동저당의 목적부동산 중 어느 부동산이 경매되어 그 대가를 먼저 배당하는 경우에 공동저당권자는 그 대가로부터 채권 전부를 변제받을 수 있다. 이 경우에 그 경매한 부동산의 차순위저당권자는 선순위저당권자가 제368조 제1항의 규정에 의하여 다른 부동산의 경매대가에서 변제를 받을 수 있는 금액의 한도에서 선순위자를 대위하여 저당권을 행사할 수 있다(동조 제2항).

위 앞의 예(C의 채권이 150만원인 경우)에서 X부동산의 대가만을 먼저 배당하는 때에는 A는 그 대가(300만원)로부터 채권 전부(300만원)를 변제받는다. 이때 전혀 배당을 받지 못한, X부동산 위의 후순위저당권자인 C는 A가 공동저당의 목적인 다른 부동산으로부터 동시배당을 하였더라면 변제를 받았을 금액의 한도에서, 즉 Y부동산으로부터 100만원, Z부동산으로부터 50만원까지 A의 저당권을 대위행사해서 자기의 채권(150만원)을 추심할 수 있다(그 한도에서 C는 Y부동산에 관하여는 D보다, Z부동산에 관하여는 E보다 우선한다). 통설과 판례(99다22311)에 의하면 여기서 대위한다는 의미는 "선순위자를 대위하여 저당권을 행사할 수 있다"라고 규정하고 있으므로 저당권을 대위한다는 의미이지 채권까지 대위할 수 있다는 의미는 아니다. 따라서 일반적인 저당권의 이전과 다르고, 변제자 대위와도 다르다. 이러한 점에서 저당권의 부종성에 대한 예외규정이라고 할 수 있다.

이 대위제도는 공동저당에 있어 선순위저당권자의 선택이라는 우연한 사정으로 인하여 후순위저당권자의 지위가 부당하게 불리하게 되거나 불공평하게 되는 일이 없도록 하기 위한 것이다. 또한 공동저당물의 총담보가치 중 공동저당권자의 피담보채권을 초과하는 잉여의 담보가치에 대하여 후순위저당권이 안심하고 설정될 수 있도록 함으로써 공동저당물의 총담보가치가 최대한 활용될 수 있게 한다. 여기서 후순위저당권자는 공동저당권자의 바로 다음 순위의 저당권자뿐만 아니라 그 이하 순위의 저당권자를 포함하는 것으로 새겨야 한다. 예컨대 위의 예에서 X부동산 위에 F가 50만원의 채권으로 3번 저당권을 가지고 있다면 C뿐만 아니라 F도 Y,Z부동산에 대한 A의 공동저당권을 대위할 수 있다(다만 대위 결과 Y,Z부동산의 경매대가로부터는 C가 F보다 우선하여 변제를 받는다).

이 대위는 어떤 부동산으로부터 공동저당권자가 그 채권의 전부를 변제받는 경우뿐만 아니라 일부의 변제밖에 받지 못한 경우에도 인정된다(통설). 만일 달리 본다면 선순위저당권자가 어떤 부동산의 대가의 전액으로 그 채권의 일부를 변제받는 때에는 그 부동산 위의 후순위저당권자는 전혀 담보권의 이익을 누리지 못하게 되는데 반하여, 다른 저당부동산의 후순위저당권자는 유리한 배당을 받는 것이 되어 후순위저당권자 사이에 불공평한 결과를 가져오기 때문이다. 따라서 위의 예에서 A가 Y부동산을 먼저 경매하여 그 대가 200만원을 전부 가져간 경우 그의 채권은 100만원이 남게 되는데, 그 후 X부동산이 경매되어 대가 300만원에서 A가 위 100만원을 변제받게 되면 A의 공동저당권은 완전히 소멸한다. 이때 Y부동산의 후순위저당권자인 D는 X부동산에 대하여 A의 채권의 분담액 150만원에서 A가 변제받은 위 100만원을 뺀 나머지 50만원과 Z부동산에 대하여 A의 채권의 분담액 50만원에 관하여 각각 A가 가지고 있던 1번저당권을 대위행사할 수 있다.

한 사람의 물상보증인이 제공한 여러 개의 공동저당목적물에 후순위저당권자가 있는 경우 일본 판례는 제368조 제2항이 적용된다고 본다. 무릇 후순위저당권자는 선순위의 공동저당권의 부담을 각 부동산의 가액에 비례하여 배분하면 부동산의 담보가치에 잉여가 생길 것을 기대하여 저당권의 설정을 받는 것이 통상이고, 선순위의 공동저당권자가 부동산의 대가에 대하여 채권의 전부를 변제받음으로써 후순위저당권자의 위와 같은 기대를 해치는 때에는 채무자가 그 소유하는 부동산에 공동저당권을 설정한 경우와 마찬가지로 제368조 제2항 후문의 대위에 의하여 그러한 기대를 보호하여야 할 것이기 때문이다.

대위자가 수인인 경우에 동일부동산의 후순위저당권자들 사이에서는 그 저당권의 순위가 선순위인 자가 우선하여 대위하고, 동일부동산에 대한 동순위의 저당권자 또는 서로 다른 부동산의 후순위저당권자가 수인인 때에는 동순위로 대위한다,

(나) 여기서 "대위한다"는 것은 공동저당권자가 가지고 있던 저당권이 후순위저당권자에게 이전하는 것을 말한다. 따라서 대위에 의하여 저당권이 이전하는데, 이 이전은 당사자의 의사에 의하지 않은, 법률의 규정에 의한 이전이므로 제187조에 의하여 등기 없이 효력이 생긴다. 공동저당에서 채무자나 저당권설정자는 다른 부동산의 후순위저당권자에 의하여 대위행사되는 것을 미리 예상할 수 있으므로 이들에 대하여는 대위의 등기 없이도 대위를 주장할 수 있다. 문제는 대위될 저당권등기가 말소되고 다른 채권자를 위한 저당권이 설정된 경우(예컨대 Y부동산에 대한 A의 1번저당권이 말소되고, 그 후에 G가 저당권을 취득한 경우)에도 등기 없이 대위를 주장할 수 있는지 여부이다. 다수설은 등기부에 공동저당권이 말소된 사실과 후순위저당권이 있는 사실을 확인할 수 있는 경우에는 마땅히 공동저당의 대위를 예상할 수 있으므로 새로운 저당권자는 보호받을 수 없다(즉 대위권행사가 가능하다)고 본다. 그러나 판례(2012다99341)는 이와 달리 "후순위저당권자의 대위에 의하여 선순위저당권자가 가지고 있던 다른 부동산에 관한 저당권이 후순위저당권자에게 이전된 후에 아직 저당권이 말소되지 아니하고 부동산등기부에 존속하는 경우라면, 비록 공동저당의 대위등기를 하지 아니하더라도 제3취득자로서는 저당권이 유효하게 존재함을 알거나 적어도 저당권이 공동저당권으로서 공시되어 있는 상태에서 이를 알면서 해당 부동산을 취득할 것이므로 저당권의 이전과 관련하여 제3취득자를 보호할 필요성은 적다. 하지만 먼저 경매된 부동산의 후순위저당권자가 다른 부동산에 공동저당의 대위등기를 하지 아니하고 있는 사이에 선순위저당권자 등에 의해 그 부동산에 관한 저당권등기가 말소되고, 그와 같이 저당권등기가 말소되어 등기부상 저당권의 존재를 확인할 수 없는 상태에서 그 부동산에 관하여 소유권이나 저당권 등 새로 이해관계를 취득한 사람에 대해서는 후순위저당권자가 민법 제368조 제2항에 의한 대위를 주장할 수 없다."고 본다.

부동산등기법 제80조 제1항은 공동저당의 대위등기에 관하여 "등기관이 민법 제368조 제2항 후단의 대위등기를 할 때에는 매각 부동산, 매각대금, 선순위저당권자가 변제받은 금액을 기록하여야 한다"라고 규정하고 있다. 여기서 대위등기는 선순위저당권이전의 부기등기이다(93다25417).

공동저당부동산 중 하나의 부동산 위에 후순위저당권자가 있는 경우에 공동저당권자가 그 채권을 전부 변제받기 전에 다른 부동산에 대한 저당권을 포기할 수 있는지에 관하여 판례(2009다41250)는 "채무자 소유의 수개 부동산에 관하여 공동저당권이 설정된 경우 민법 제368조 제2항 후문에 의한 후순위저당권자의 대위권은 선순위 공동저당권자가 공동저당의 목적물인 부동산 중 일부의 경매대가로부터 배당받은 금액이 그 부동산의 책임분담액을 초과하는 경우에 비로소 인정되는 것이지만, 후순위저당권자로서는 선순위 공동저당권자가 피담보채권을 변제받지 않은 상태에서도 추후 공동저당 목적 부동산 중 일부에 관한 경매절차에서 선순위 공동저당권자가 그 부동산의 책임분담액을 초과하는 경매대가를 배당받는 경우 다른 공동저당 목적 부동산에 관하여 선순위 공동저당권자를 대위하여 저당권을 행사할 수 있다는 대위의 기대를 가진다고 보아야 하고, 후순위저당권자의 이와 같은 대위에 관한 정당한 기대는 보호되어야 하므로 선순위 공동저당권자가 피담보채권을 변제받기 전에 공동저당 목적 부동산 중 일부에 관한 저당권을 포기한 경우에는, 후순위저당권자가 있는 부동산에 관한 경매절차에서 저당권을 포기하지 아니하였더라면 후순위저당권자가 대위할 수 있었던 한도에서는 후순위저당권자에 우선하여 배당을 받을 수 없다고 보아야 한다"라고 본다.

(다) 대위권의 발생시기

대위권이 발생하는 시기는 공동저당권자의 채권이 완전히 변제되는 때이다. 공동저당권자가 어떤 부동산의 대가만에 의하여 채권 전부를 변제받은 경우에는 이 변제가 있는 때에 대위권이 발생한다. 공동저당권자가 그 채권의 일부만을 변제받은 경우에는 공동저당권자는 그 채권의 나머지 금액에 관하여 다른 저당부동산 위에 여전히 저당권을 가지게 되고, 그 나머지 채권액의 변제를 받을 때까지 기대권을 가지면서 저당권을 잃지 않으므로 이때에는 후순위저당권자는 선순위 공동저당권자가 장차 다른 저당부동산의 대가로부터 채권액의 나머지를 완전히 변제받아 그 공동저당권이 소멸하는 경우에 비로소 그 저당권을 대위하게 된다(통설). 이와 같은 차순위저당권자의 대위권은 일단 배당기일에 그 배당표에 따라 배당이 실시되어 배당기일이 종료되었을 때 발생하는 것이지 배당이의 소송의 확정 등 그 배당표가 확정되는 것을 기다려 그때에 비로소 발생하는 것은 아니다(2003다18401).

(라) 제368조 제2항 후문의 적용범위

위 규정을 적용하기 위하여는 공동저당의 목적물은 공동저당관계를 공시하기에 적합하여야 할 뿐만 아니라 동일한 경매절차에서 경매될 수 있는 것이어야 하고, 위 규정을 적용함에 있어서는 위와 같이 매우 복잡하고 난해한 문제들에 부딪히게 되므로 그 적용범위를 제한함이 타당하다는 이유로 위 규정은 공동저당의 목적물이 동종물(同種物)인 경우에만 적용된다고 본다.

4. 물상보증인 또는 제3취득자와의 관계

(1) 공동저당 부동산 중 채무자 이외의 자, 즉 물상보증인 또는 제3취득자가 소유한 부동산이 있는 경우에 그 부동산이 경매되면 그 소유자는 채무자에 대하여 구상권을 취득하고, 채권자를 대위하여 다른 공동저당 부동산 위의 공동저당권을 취득한다(제481조, 제482조). 이 경우 위 조항에 의한 변제자대위와 제368조 제2항 후문에 의한 후순위저당권자의 대위가 충돌한다. 이는 공동저당 부동산의 전부나 일부가 물상보증인 또는 제3취득자의 소유에 속하는 경우에도 위에서 살펴 본 후순위저당권자의 대위에 관한 위 규정이 적용되는가의 문제이다.

예컨대 A의 B에 대한 채권(300만원)의 담보로 B 소유의 X부동산(시가 300만원)과 C 소유의 Y부동산(시가 300만원) 위에 1번저당권(공동저당권)이 설정되었고, 그 후 X부동산 위에 D의 채권(150만원)을 위해 2번저당권이 설정되고, Y부동산 위에 E의 채권(150만원)을 위해 2번저당권이 설정된 경우, A가 Y부동산으로부터 전액 변제를 받아 C가 제481조에 의하여 300만원에 관하여 채권자 A를 대위하여 X부동산에 권리를 행사하면 D는 배당을 받지 못한다. 이에 반하여 C의 대위권을 제368조 제2항에 의하여 150만원으로 제한하면 D는 보호되나 C의 구상권이 보호되지 못하는 결과가 된다. 이것을 어떻게 조정할 것인지의 문제이다.

(2) 이에 대하여는 우리 민법과 규정이 동일한 일본에서도 문제가 되었다[5]. 처음에는 공동저당권자는 그 객체인 부동산들이 가액에 비례한 피담보채권의 안분액만큼은 부담할 것을 각오한 자로 해석되므로 후순위저당권자를 보호하여야 한다고 주장하는 견해(후순위저당권자대위우선설)가 있었다. 즉, 공동저당의 목적물을 제공하여 물상보증인으로 된 자는 부동산의 가격에 좇은 안분액만큼은 이를 부담하는 것을 감수한 것이므로 채무자 소유의 부동산 상의 후순위저당권자의 지위를 보호하는 것이 부동산의 담보가치를 충분하게 이용한다는 목적으로 보아 타당하다고 본 것이다. 이 주장은 법해석에 의하여 달성되어야 할 이익과 관련하여 부동산의 담보가치의 충분한 이용을 내세우는 부분과 이를 정당화하기 위하여 물상보증인의 의사를 추단하는 부분의 둘로 나눌 수 있다. 이 중에서 오히려 핵심을 이룬다고 여겨지는 전자의 주장은 결국 다음과 같은 의미라고 이해된다. 물상보증인이 일단 그 소유의 부동산을 담보로 제공하였다면 가능하면 많은 채권자들이 그로부터 우선적으로 변제를 받음으로써 채권담보로서의 실(實)이 충분히 달성되도록 하여야 할 것이다. 그런데 물상보증인의 변제자대위를 우선시키면 채무자 소유의 부동산에 대한 후순위저당권자로서는 그만큼 담보가 모자라게 되므로 이는 바람직하지 않다는 것이다.

그러나 후술하는 바와 같이 다수설과 판례는 "변제자대위우선설"을 취하여 제368조 제

---

5) 양창수, 민법연구 제4권, 293면 이하 참조.

2항은 채무자 소유의 여러 개의 부동산 위에 저당권이 존재하는 경우에 한정하여 적용되는 것으로 보고, 물상보증인의 변제자대위를 우선시한다. 일본 판례도 같다(현재 일본에서 후순위저당권자대위우선설을 취하는 학자는 거의 없다). 그 이유는 물상보증인은 다른 공동담보물인 채무자 소유의 부동산의 담보력을 기대하고 자신의 부동산을 담보로 제공한 것이므로 그 후에 채무자 소유의 부동산에 후순위저당권이 설정되었다는 사정에 의하여 그 기대이익을 박탈당할 아무런 이유가 없기 때문이라는 것이다. 오히려 그 경우 후순위저당권자로서는 등기를 통하여 선순위의 저당권이 장래 있을지도 모르는 변제자대위에 의하여 물상보증인에게 이전될 수도 있음을 적어도 알 수 있었다. 그러므로 채무자 소유의 부동산에 대하여 후순위저당권을 취득하려고 하는 사람에 대하여 공동저당권의 피담보채권이 당해 부동산의 환가금만에 의하여 만족을 얻는 것을 전제로 자신의 태도를 정할 것을 요구하여도 아무런 불합리가 없다고 할 것이다. 그 밖에 물상보증인은 채무가 없음에도 부동산을 담보로 제공한 자이므로 채무자보다는 강하게 보호되어야 한다는 점을 이유로 들기도 한다.

여기서의 제3취득자는 공동저당부동산 위에 후순위저당권이 설정되기 전에 소유권을 취득한 자를 의미한다. 따라서 공동저당권이 설정된 채무자의 부동산 중 하나에 후순위저당권이 설정된 후에 다른 부동산이 제3자에게 양도된 경우에는 후순위저당권자의 대위가 제3취득자의 대위에 우선한다. 판례(2010다99132)도 "민법 제368조 제2항에 의하여 공동저당 부동산의 후순위저당권자에게 인정되는 대위를 할 수 있는 지위 내지 그와 같은 대위에 관한 정당한 기대를 보호할 필요성은 그 후 공동저당 부동산이 제3자에게 양도되었다는 이유로 달라지지 않는다. 즉, 공동저당 부동산의 일부를 취득하는 제3자로서는 공동저당 부동산에 관하여 후순위저당권자 등 이해관계인들이 갖고 있는 기존의 지위를 전제로 하여 공동저당권의 부담을 인수한 것으로 보아야 하기 때문에 공동저당 부동산의 후순위저당권자의 대위에 관한 법적 지위 및 기대는 공동저당 부동산의 일부가 제3자에게 양도되었다는 사정에 의해 영향을 받지 않는다."라고 한다.

(3) 결과적으로 판례에 따르면 ① A가 X부동산(시가 300만원)으로부터 채권액(300만원) 전부를 변제받았다면 D는 X부동산 위의 2번저당권을 잃을 뿐만 아니라 Y부동산에 대하여 A가 가지고 있던 1번저당권을 대위할 수 없다. 그 결과 E가 Y부동산의 1번저당권자가 된다. 또한 ② A가 Y부동산으로부터 채권액 전부의 변제를 받으면 C는 300만원을 대위변제를 한 것이 되므로 B에 대하여 300만원의 구상권을 취득하고, 제481조에 의하여 A가 X부동산에 가지고 있던 1번저당권을 대위할 수 있다. 이렇게 되면 C는 X부동산의 대가를 전부 차지할 수 있으나 D는 아무것도 취하지 못하는 결과가 된다. 이때 E는 X부동산에 대한 A의 1번저당권을 물상대위를 하는 것과 같이 물상보증인에게 이전한 위 1번저당권으로부터 우선하여 변제를 받을 수 있다.

(4) 대법원 1994. 5. 10. 선고 93다25417 판결의 내용은 다음과 같다.

공동저당의 목적인 채무자 소유의 부동산과 물상보증인 소유의 부동산에 각각 채권자를 달리하는 후순위저당권이 설정되어 있는 경우, 물상보증인 소유의 부동산에 대하여 먼저 경매가 이루어져 그 경매대금의 교부에 의하여 1번저당권자가 변제를 받은 때에는 물상보증인은 채무자에 대하여 구상권을 취득함과 동시에, 민법 제481조, 제482조의 규정에 의한 변제자대위에 의하여 채무자 소유의 부동산에 대한 1번저당권을 취득하고, 이러한 경우 물상보증인 소유의 부동산에 대한 후순위저당권자는 물상보증인에게 이전한 1번저당권으로부터 우선하여 변제를 받을 수 있으며, 물상보증인이 수인인 경우에도 마찬가지라 할 것이므로(이 경우 물상보증인들 사이의 변제자대위의 관계는 민법 제482조 제2항 제4호, 제3호에 의하여 규율될 것이다), 자기 소유의 부동산이 먼저 경매되어 1번저당권자에게 대위변제를 한 물상보증인은 1번저당권을 대위취득하고, 그 물상보증인 소유의 부동산의 후순위저당권자는 1번저당권에 대하여 물상대위를 할 수 있다[6].

물상보증인이 대위취득한 선순위저당권설정등기에 대하여는 말소등기가 경료될 것이 아니라 물상보증인 앞으로 대위에 의한 저당권이전의 부기등기가 경료되어야 할 성질의 것이며, 따라서 아직 경매되지 아니한 공동저당물의 소유자로서는 1번저당권자에 대한 피담보채무가 소멸하였다는 사정만으로는 말소등기를 청구할 수 없다.

(5) 위와 같이 물상보증인 소유의 부동산의 후순위저당권자가 1번저당권에 대하여 물상대위를 할 때 채무자는 물상보증인에 대한 반대채권이 있더라도 특별한 사정이 없는 한 물상보증인의 구상금 채권과 상계함으로써 물상보증인 소유의 부동산에 대한 후순위저당권자에게 대항할 수 없다. 채무자는 선순위공동저당권자가 물상보증인 소유의 부동산에 대해 먼저 경매를 신청한 경우에 비로소 상계할 것을 기대할 수 있는데, 이처럼 우연한 사정에 의하여 좌우되는 상계에 대한 기대가 물상보증인 소유의 부동산에 대한 후순위저당권자가 가지는 법적 지위에 우선할 수 없다(2014다221777).

(6) 공동저당의 목적인 채무자 소유의 부동산과 물상보증인 소유의 부동산 중 채무자 소유의 부동산에 대하여 먼저 경매가 이루어져 그 경매대금의 교부에 의하여 1번 공동저당권자가 변제를 받더라도 채무자 소유의 부동산에 대한 후순위 저당권자는 민법 제368조 제2항 후단에 의하여 1번 공동저당권자를 대위하여 물상보증인 소유의 부동산에 대하여 저당권을 행사할 수 없다(2013다207996). 물상보증인은 채권자를 위하여 담보를 제공한 자이므로 아무런 관련이 없는 채무자소유 부동산의 후순위저당권자가 물상보증인 소유의 부동산에 저당권을 행사하는 것은 인정될 수 없기 때문이다. 그리고 이러한

6) 민법 제370조, 제342조를 유추적용하여 일종의 물상대위권을 인정할 수 있다는 취지이다. 이 경우 물상대위권의 요건으로서의 압류는 특정성유지를 위한 것이므로 등기에 의하여 특정되어 있다고 볼 수 있어 별도의 압류는 필요없다.

법리는 채무자 소유의 부동산에 후순위 저당권이 설정된 후에 물상보증인 소유의 부동산이 추가로 공동저당의 목적으로 된 경우에도 마찬가지로 적용된다(위 판례).

(7) 공동저당권이 설정되어 있는 수개의 부동산 중 일부는 채무자 소유이고 일부는 물상보증인의 소유인 경우 위 각 부동산의 경매대가를 동시에 배당하는 때에는, 물상보증인이 민법 제481조, 제482조의 규정에 의한 변제자대위에 의하여 채무자 소유 부동산에 대하여 담보권을 행사할 수 있는 지위에 있는 점 등을 고려할 때 제368조 제1항은 적용되지 아니한다고 봄이 상당하다. 따라서 이러한 경우 경매법원으로서는 채무자 소유 부동산의 경매대가에서 공동저당권자에게 우선적으로 배당을 하고, 부족분이 있는 경우에 한하여 물상보증인 소유 부동산의 경매대가에서 추가로 배당을 하여야 한다(2008다41475). 즉 동시배당에 관한 제368조 제1항에 대해서도 변제자 대위우선의 법리가 그대로 적용된다는 것이다. 채무자는 채무를 종국적으로 부담하는 주체인 반면에 물상보증인은 채무자에게 구상권과 변제자대위권을 행사할 수 있는 지위에 있기 때문이다.

(8) 결국 제368조는 제1항이든 제2항 후단이든 법률의 문언과는 달리 채무자 소유의 부동산에 공동저당권이 설정된 경우에는 그대로 적용되지만 담보목적물 중 일부가 물상보증인의 소유인 경우에는 적용되지 않는다는 것이다. 다만 한 사람의 물상보증인이 제공한 여러 개의 공동저당목적물에 후순위저당권자가 있는 경우에는 제368조 제2항이 적용된다고 본다. 일본 판례도 같다.

Ⅱ. 근저당권

1. 근저당권의 의의

(1) 피담보채무의 최고액만을 정하고 채무의 확정을 장래에 보류하여 설정하는 저당권을 의미한다(제357조 제1항). 주로 계속적인 거래관계로부터 발생하는 다수의 채권을 장래의 결산기에 일정한 한도까지 담보하기 위하여 이용되고 있다. 예컨대 어떤 상인이 은행과 사이에 당좌대월계약을 맺었다고 하자. 이 계약은 상인이 은행에 당좌예금계좌를 개설하고, 은행은 상인이 은행을 지급인으로 하여 발행한 수표를 그의 예금이 남아 있는 한, 지급할 것을 약정하는 것이다. 그런데 이 계약에 부수해서 비록 예금잔고가 0원이 되더라도 일정액, 예컨대 100만원까지는 상인이 발행한 수표의 지급을 은행이 하기로 약속하는 경우가 있다. 이것이 당좌대월계약이다. 이러한 계약에 의하여 예금잔고가 0원이 된 이후로는 상인이 발행한 수표를 은행이 지급함에 따라 은행은 상인에 대해 금전대여에 따른 채권을 취득하게 되고, 상인이 당좌예금계좌에 입금함에 따라 그 채권은 감소하거나 소멸한다. 은행의 상인에 대한 채권의 총액은 100만원의 범위에서 증감하면서 변

동한다. 이 경우 은행의 채권을 담보하기 위하여 보통의 저당권을 설정해서는 그 목적을 달성할 수 없다. 왜냐하면 보통의 저당권에서는 피담보채권이 특정되어 있어 이 채권이 소멸하면 부종성에 의해 저당권도 소멸하기 때문이다. 이에 피담보채권으로서 성립한 은행의 채권이 상인의 변제로 소멸해도 저당권은 영향을 받지 않고 그대로 존속하고, 그 후에 성립하는 채권을 다시 담보할 수 있게 할 필요가 생겼다. 여기에서 저당권의 소멸에 관한 부종성을 완화하여 저당권과 채권 사이의 특정한 결합관계를 요구하지 않는 저당권이 등장하였는데, 그것이 근저당권이다.

근저당권을 설정하는 예는 상인 사이의 계속적 상품거래계약이나 개인들 사이의 거래에서도 많이 볼 수 있다. 예컨대 제조업자와 도매상 사이에 제조업자가 생산하고 있는 상품을 도매상에게 계속적으로 공급하되 100만원까지는 외상거래를 인정한다는 계약이 성립하였다면 제조업자의 도매상에 대한 대금채권은 상품이 공급됨에 따라 발생하고, 도매상이 변제함에 따라서 소멸한다. 채권은 수시로 바뀌지만 채권의 남은 금액이 100만원 이내에서 거래는 계속되는데, 이때에도 보통의 저당권이 아닌 근저당권을 설정할 필요가 있다.

이처럼 저당권은 계속적 거래관계에서 발생하는 여러 채무를 한꺼번에 담보하는 데에서 큰 효용을 발휘하였으나 현재에는 계속적 거래관계가 없는 경우에도 당사자들 사이에 근저당권을 설정하고 있다. 거래현실에서 저당권이 이용되는 경우는 거의 찾아볼 수 없고, 부동산담보는 대부분 근저당권의 형태로 이용되고 있다.

(2) 근저당권의 특질

(가) 근저당권은 "장래의 증감·변동하는 불특정의 채권"을 담보할 수 있다는 점에서 보통의 저당권과 다르다. 앞에서 본 바와 같이 민법이 여러 곳에서 장래의 특정한 채권을 위한 담보를 인정하는 규정(제206조, 제443조, 제588조 등)을 두고 있다. 이들 규정에 의하여 장래의 채권을 담보하기 위하여 보통의 저당권을 설정할 수 있음은 당연하다. 따라서 근저당권은 장래의 채권을 담보한다는 점만으로는 보통의 저당권과 구별되지 않는다. 그런데 근저당권에 의하여 담보되는 채권은 증감하면서 변동하는 불특정의 채권이다. "불특정의 채권"이란 여러 채권 가운데 어느 채권이 담보될 지가 미정이라는 의미이다. 이 점(성립에서의 부종성의 완화)에서 근저당권은 보통의 저당권과 구별되는 것이다.

(나) 근저당권은 피담보채권의 확정을 장래에 유보하여 채권최고액만을 정한다는 점에서 보통의 저당권과 다르다. 보통의 저당권에서는 피담보채권액을 확정하여 설정하는 데 반하여, 근저당권에서는 채권최고액만을 정하고 그 한도에서 채권을 담보하는 것이다. 등기부에도 저당권의 경우에는 피담보채권액을 기재하지만 근저당권의 경우에는 최고액을 기재할 뿐이다.

(다) 근저당권에서는 소멸에 관한 부종성이 요구되지 않는 점에서 보통의 저당권과 다르다. 보통의 저당권에서는 제369조에 의하여 피담보채권이 소멸하면 저당권도 소멸한다. 그러나 근저당권에서는 피담보채권이 증감·변동하여 일시적으로 소멸하더라도 저당권은 소멸하지 않는다(저당권의 소멸의 부종성에 대한 예외). 그리하여 근저당권에서는 채권최고액의 한도 내에서는 채권이 증감·변동하더라도, 비록 채권이 기간 내에 전부 변제되어 0으로 되는 일이 있더라도 근저당권은 소멸하지 않고 기간 내에 다시 채권이 발생하면 근저당권은 그 동일성을 유지하여 그 채권을 담보한다. 이 점이 보통의 저당권과 다른, 가장 뚜렷한 특질이다.

(3) 근저당권은 판례가 유효성을 인정하고, 학설이 판례를 지지함에 따라 현행민법에 그 규정을 두게 되었다. 민법 제357조는 "저당권은 그 담보할 채무의 최고액만을 정하고 채무의 확정을 장래에 보류하여 이를 설정할 수 있다."라고 정하고 있다. 독일 민법 제1190조는 채무액불확정설에 따라 최고액저당권(Höchstbetragshypothek)을 인정하고 있지만 실무상 거의 이용되고 있지 않다. 이에 반하여 1971년 개정된 일본 민법은 채권불특정설에 따라 21개조의 규정을 두고 있다(실무상으로도 많이 이용되고 있다). 우리 민법은 독일민법을 모범으로 하고 있다.

(4) 오래 전부터 거래실무계에서는 위에서 설명한 것과 다른 형태의 근저당권이 이용되고 있다. 종래의 근저당권은 채권자와 채무자 사이에 일정한 거래계약이 있고, 그 계약으로부터 생기는 복수의 채권을 담보하는 저당권이었다. 하지만 채권자와 채무자 사이에 어떤 거래계약이 현재 실제로 존재하는지 여부를 묻지 않고, 또는 앞으로 그러한 거래계약이 있게 되는지 여부와는 관계없이 단순히 채권 또는 거래의 종류만을 특정해서 설정하는 모습의 근저당권도 생각할 수 있다. 극단적으로 그러한 거래의 종류조차 특정하지 않고 채권자가 채무자에 대하여 취득하는 모든 채권을 담보하는 모습의 것도 생각할 수 있다. 이러한 모습의 저당권을 "포괄근저당"이라고 한다.

포괄근저당권은 일본에서 주로 2차대전 후에 빈번히 이용되었으며, 일본의 영향으로 우리나라의 금융기관들도 포괄근저당권을 이용하였다. 일본에서는 1950년대 후반에 그 유효성이 크게 문제되었는데, 위와 같이 현행 민법에 이에 관한 규정을 신설하여 해결하였다. 우리나라에서도 그 유효성에 관하여 논란이 많았는데, 이에 관하여는 후술하기로 한다.

2. 근저당권의 설정

근저당권의 설정도 부동산물권변동의 일반원칙에 따라 설정에 관한 물권적 합의와 등기에 의한다. 물권적 합의는 채권계약과 함께 행하여진다고 새겨야 한다.

(1) 설정계약

당사자는 채권자(근저당권자)와 담보제공자(근저당권설정자)이다. 설정자는 채무자인 경우가 보통이겠지만 채무자 이외의 자라도 상관없다. 설정계약에서 담보할 채권의 최고액과 피담보채권의 범위를 결정하는 기준이 정하여져야 한다. 최고액은 근저당권에서 가장 본질적인 요소일 뿐만 아니라 저당권에서 특정의 원칙상으로도 필요하다. 여러 채권자가 하나의 근저당권 설정계약을 체결한 경우 근저당권을 준공유하게 된다(2006다31887).

근저당권은 보통의 저당권과 달리 그 설정 당시에 아직 피담보채권이 현존하고 있을 필요가 없고, 피담보채권의 범위를 정하는 것으로 충분하다. 금융거래에서는 당좌대월계약과 같이 근저당권으로 담보하는 채권이 발생할 기초가 되는 계속적 법률관계를 정하는 경우가 많은데, 이를 "기본계약"이라고 한다. 근저당권의 존속기간이나 결산기를 정할지 여부는 자유이다. 그러나 기본계약에서 결산기를 정하는 것이 보통이다. 결산기가 정해지면 존속기간도 그것에 의하여 당연히 결정된다. 그러나 기본계약이 근저당권의 필수적인 요소는 아니다. 기본계약을 체결하지 않고 피담보채권의 범위만을 정하여 근저당권을 설정할 수도 있다. 심지어 판례(92다40785)는 특정채권을 담보하기 위하여 설정한 근저당권도 유효하다고 본다.

(2) 등기

근저당권의 등기절차는 저당권 일반에 관한 준칙이 대부분 그대로 적용된다. 이하 근저당권에 특유한 문제에 관해서만 설명한다.

(가) 근저당권은 그것이 보통의 저당권이 아니라 근저당권이라는 것을 반드시 등기하여야 한다. 그렇지 않으면 근저당권으로서의 효력이 생기지 않고, 저당권의 효력만이 생길 뿐이다. 즉, 이미 특정의 채권이 발생하고 있으면 그 채권을, 그렇지 않으면 장래의 특정의 채권을 각각 담보하는 보통의 저당권으로 성립할 뿐이다(통설). 이에 따라 한번 변제하면 그 범위에서 저당권은 소멸한다. 등기원인으로는 예컨대 "2020. 5. 3.자 근저당권설정계약"과 같이 기재하고, 근저당권의 기초가 되는 계속적 계약관계나 기본계약은 기재하지 않는다.

(나) 담보할 채권의 최고액을 반드시 등기하여야 한다(부등법 제75조 제2항 제1호). 이는 보통저당권의 채권액에 해당하는 것이다. 일본에서는 극도액(極度額)이라고 한다. 이 최고액으로서 등기되는 것은 채권원본만의 한도액이 아니라 후술하는 바와 같이 이자를 포함하는 원리금의 한도액이다. 따라서 이자의 등기를 따로 할 수는 없다.

(다) 근저당권설정등기에는 채무자도 공시된다. 등기부상의 채무자는 근저당권설정계

약에서 정한 채무자와 일치하여야 한다. 반일 근저당권설정계약에서 정한 채무자와 등기부상의 채무자가 일치하지 않는다면 법률행위의 내용과 등기가 합치되지 않는 경우에 해당하여 그 근저당권은 무효이다. 판례(80다1468)도 근저당권 설정계약상의 채무자 아닌 제3자를 채무자로 하여 된 근저당권 설정등기는 채무자를 달리 한 것이므로 근저당권의 부종성에 비추어 원인 없는 무효의 등기라고 본다.

담보물권의 부수성에 의하여 근저당권이 담보하는 채권은 근저당권자에게 귀속하여야 한다. 판례(84다카681)도 채권과 근저당권이 그 주체를 달리할 수 없다고 본다. 따라서 채권자는 등기부상의 근저당권자로 기재된 사람과 일치하여야 한다.

그러나 한편 판례는 예외적으로 근저당권설정등기상의 채무자 아닌 자에 대한 채무를 피담보채무로 볼 수도 있다고 한다. 또한 예외적으로 채권자 아닌 제3자 명의로 설정된 근저당권도 유효하다고 본다. 즉, 저당권자와 채무자 모두 제3자 명의로 마쳐진 근저당권설정등기의 효력에 관하여 99다48948(전) 판결의 다수의견은 "근저당권은 채권담보를 위한 것이므로 원칙적으로 채권자와 근저당권자는 동일인이 되어야 하지만, 제3자를 근저당권 명의인으로 하는 근저당권을 설정하는 경우 그 점에 대하여 채권자와 채무자 및 제3자 사이에 합의가 있고, 채권양도, 제3자를 위한 계약, 불가분적 채권관계의 형성 등의 방법으로 채권이 그 제3자에게 실질적으로 귀속되었다고 볼 수 있는 특별한 사정이 있는 경우에는 제3자 명의의 근저당권설정등기도 유효하다고 보아야 할 것이고, 한편 부동산을 매수한 자가 소유권이전등기를 마치지 아니한 상태에서 매도인인 소유자의 승낙 아래 매수 부동산을 타에 담보로 제공하면서 당사자 사이의 합의로 편의상 매수인 대신 등기부상 소유자인 매도인을 채무자로 하여 마친 근저당권설정등기는 실제 채무자인 매수인의 근저당권자에 대한 채무를 담보하는 것으로서 유효하다고 볼 것인바, 위 양자의 형태가 결합된 근저당권이라 하여도 그 자체만으로는 부종성의 관점에서 근저당권이 무효라고 보아야 할 어떤 질적인 차이를 가져오는 것은 아니라 할 것이다. 그리고 매매잔대금 채무를 지고 있는 부동산 매수인이 매도인과 사이에 소유권이전등기를 경료하지 아니한 상태에서 그 부동산을 담보로 하여 대출받는 돈으로 매매잔대금을 지급하기로 약정하는 한편, 매매잔대금의 지급을 위하여 당좌수표를 발행·교부하고 이를 담보하기 위하여 그 부동산에 제1순위 근저당권을 설정하되, 그 구체적 방안으로서 채권자인 매도인과 채무자인 매수인 및 매도인이 지정하는 제3자 사이의 합의 아래 근저당권자를 제3자로, 채무자를 매도인으로 하기로 하고, 이를 위하여 매도인이 제3자로부터 매매잔대금 상당액을 차용하는 내용의 차용금증서를 작성·교부하였다면, 매도인이 매매잔대금 채권의 이전 없이 단순히 명의만을 제3자에게 신탁한 것으로 볼 것은 아니고, 채무자인 매수인의 승낙 아래 매매잔대금 채권이 제3자에게 이전되었다고 보는 것이 일련의 과정에 나타난 당사자들의 진정한 의사에 부합하는 해석일 것이므로 제3자 명의의 근저당권설정등기는 그 피담보채무가 엄연히 존재하고 있어 그 원인이 없거나 부종성에 반하는 무효의 등기라고 볼 수 없다."라고 판시하고 있다. 이 판결에서 소수의견은 "근저당권설정등기에 본래 채권자라고 되어야 할 소유자가 채무자로 되는 것을 허용하게 되면 이는 마치 우리 민법이 채택하지 않은 독일 민법의 유통저당권이나 토지채무제도를 승인하는 것과 같은 결과로 되므로 이때에는 부종성의 관점에서 그 근저당권을 무효라고 보아야 하고, 이를 유효로 하는 것은 비록 당사자 간의 의사의 합치가 있다 하더라도 그에 의한 새로운 제도의 창설을 금지하는 물권법의 대원칙인 물권법정주의에 반하게 되어 허용될 수 없다 할 것이다. 그리고 다수의견이 채권자 아닌 제3자를 근저당권 명의로 하여 근저당권을 설정하는 경우 그 점에 대하여 채권자와 채무자 및 제3자 사이에 합의가 있고, 채권이 제3자에게 이전 또는 실질적으로 귀속되었다고 볼 수 있는 특별한 사정이 있으면 제3자 명의의 설정등기도 유효하다고 보는 것은 부동산 실권리자명의 등기에 관한 법률이 규정한 부동산 물권에 관한 명의신탁 금지를 잠탈하는 것으로 보아야 할 것이다."라고 주장하였다.

(라) 근저당권의 존속기간이나 기본계약에 의한 거래관계의 결산에 관한 약정을 반드시 등기할 필요는 없다. 이 등기가 없더라도 근저당권의 등기는 유효하다. 이들 시기는 근저당권에 의하여 담보되는 채권을 현실적으로 확정하는 기준이 되기 때문에 이를 등기할 수는 있으나 등기를 할 것인지 여부는 당사자의 자유이다. 따라서 이들 시기가 등기된 때에는 그 시기 이후에 생긴 채권을 피담보채권에 포함시키지 못하며, 또한 당사자의 합의로 등기한 결산기를 연기하더라도 그것을 후순위저당권자에게 대항하지 못한다. 또한 존속기간 등을 등기하지 않는 경우에는 근저당권설정계약의 해지(통상 "근저당권설정계약의 해지"라고 하고, 판례에도 이러한 표현이 보이나 "기본계약의 해지"가 더 정확한 표현일 것이다) 등으로 기본계약관계에서 정한 결산기가 된 때의 채권총액이 근저당권에 의하여 담보된다.

3. 피담보채권의 범위

근저당권은 설정계약에서 정한 피담보채권의 범위에 포함되는 채권을 최고액의 범위에서 담보한다. 이와 관련하여 문제되는 점은 다음과 같다.

(1) 담보되는 채권의 유동 · 교체

근저당권에서 채권최고액은 목적물로부터 우선변제를 받을 수 있는 최고한도를 의미한다. 따라서 결산기에 확정된 채권액이 최고액을 넘으면 그 최고액까지, 최고액에 미달하면 구체적인 확정액에 한하여 근저당권자는 우선변제를 받을 수 있다. 이런 점에서 최고액을 근저당권에서 가장 본질적인 요소라고 하는 것이다. 한편 결산기가 될 때까지 일시적으로 채권액이 최고액을 넘어도 상관없고, 반대로 개개의 채권이 모두 변제되어서 채권이 일시적으로 0이 되어도 근저당권은 소멸하지 않고, 그 후에 발생하는 개개의 채권을 최고액까지 담보한다. 이와 같이 담보되는 채권이 유동·교체되는 데에 근저당권의 특색이 있다.

(2) 최고액과 민법 제360조

저당권의 피담보채권에 관한 제360조는 근저당권에도 당연히 적용된다. 따라서 근저당권은 원본·이자·위약금·채무불이행으로 인한 손해배상·저당권의 실행비용, 그리고 원본의 이행기일을 경과한 후의 1년분의 지연배상을 담보한다. 그런데 최고액은 목적물로부터 우선변제를 받는 최고한도이므로 결국 근저당권의 최고액은 제360조가 정하는 것을 모두 포함한 일정액이라는 것이 된다. 피담보채권이 최고액을 넘으면 그 초과부분에 관해서는 우선변제를 받지 못하고, 무담보의 일반채권으로 될 뿐이다. 따라서 제357조 제2항에서 "채무의 이자는 최고액 중에 산입한 것으로 본다"라고 정한 것은 당연한 내용을 규정하고 있는 것이다.

근저당권의 최고액에 원본과 이자가 포함되는 것은 분명한데, 제360조가 규정하는 것 중 원본과 이자를 뺀 나머지도 포함되는지 문제된다. 근저당권에서 채권의 최고액만이 등기될 뿐이므로 후순위저당권자를 비롯하여 다른 채권자의 이익을 해치지 않도록 하기 위해서는 공시되지 않는 피담보채권의 범위(이는 최고액과 관계없이 근저당권자가 저당목적물로부터 우선변제를 받을 수 있다)를 좁게 새겨야 할 것이다. 즉, 가능한 최고액에 포함되는 것으로 해석해야 한다는 것이다. 이런 견지에서 최고액에 포함되는지의 여부를 살피기로 한다.

(가) 위약금과 손해배상은 최고액에 포함된다고 하여야 한다. 그리고 금전채권에 대한 손해배상은 결국 지연이자가 되는데, 제357조 제2항은 이자를 최고액에 포함시키고 있으므로(최고액에 산입되는 이자의 범위를 제한하고 있지 않다) 실제로 이자와 다름없는 것은 모두 최고액에 포함된다고 하는 것이 타당하다. 따라서 제360조 단서의 지연이자도 마찬가지로 최고액에 포함된다고 하여야 한다. 또한 최고액에 포함된다고 하는 이상 지연이자를 1년분에 한정할 필요는 없다. 즉, 제360조 단서는 근저당권의 경우에는 적용되지 않는다고 하여야 한다(다수설. 제357조 제2항은 제360조의 예외규정이라고 본다). 판례(2008다72318)도 "근저당권의 피담보채권 중 지연이자는 근저당권의 채권최고액의 한도 내에서 그 전액이 담보되는 것"이라고 보고 있다. 이와 같이 최고액에 포함되는 것은 따로 등기할 필요가 없다.

(나) 근저당권의 실행비용은 최고액에 포함되지 않는다고 하여야 한다. 본래 근저당권에서 최고액은 당사자 사이에 증감·변동하는 채권 중 담보할 한도액을 말하는 것이므

로 근저당권의 실행비용은 원칙적으로 거기에 포함되지 않는다고 하여야 한다(통설). 이렇게 해석하는 것이 근저당권자에게 더 유리하다. 실무에서도 매각대금에서 경매비용을 공제한 나머지를 최고액 범위에서 근저당권자에게 배당한다.

(다) 피담보채권이 확정된 후에 실제 채권액이 최고액을 초과하는 경우에 채무자 겸 근저당권설정자가 최고액, 지연손해금 및 집행비용을 변제하더라도 채권전액의 변제가 있을 때까지 근저당권의 효력은 잔존채무에 미치는 것이므로 위 채무일부의 변제로써 근저당권의 말소를 청구할 수 없다(80다2712). 같은 취지에서 민사집행법상 경매절차에 있어 근저당권설정자와 채무자가 동일한 경우에 근저당권의 채권최고액은 민사집행법 제148조에 따라 배당받을 채권자나 저당목적 부동산의 제3취득자에 대한 우선변제권의 한도로서의 의미를 갖는 것에 불과하고, 그 부동산으로써는 그 최고액 범위 내의 채권에 한하여서만 변제를 받을 수 있다는 이른바 책임의 한도라고까지는 볼 수 없다. 그러므로 민사집행법 제148조에 따라 배당받을 채권자나 제3취득자가 없는 한 근저당권자의 채권액이 근저당권의 채권최고액을 초과하는 경우에 매각대금 중 그 최고액을 초과하는 금액이 있더라도 이는 근저당권설정자에게 반환할 것은 아니고 근저당권자의 채권최고액을 초과하는 채무의 변제에 충당하여야 한다(2008다4001). 그러나 채무자가 아닌 근저당권설정자(물상보증인)는 최고액을 변제하고 근저당권의 말소를 청구할 수 있다. 즉, 물상보증인이 채무를 대위변제할 경우에 근저당권에 의하여 담보되는 채무액의 범위는 결산기에 이르러 확정되는 채권 중 근저당권설정계약에서 정한 채권최고액을 한도로 하고(물상보증 당시 맺은 계약의 내용에 따른 것이다), 물상보증인이 최고액을 초과하는 부분에 해당하는 채권액까지 부담하는 것은 아니다(74다998).

(3) 피담보채권의 범위에 관한 결정 기준

근저당권의 피담보채권의 범위는 근저당권설정계약에 따라 결정된다. 이하 피담보채권의 범위에 관하여 살피기로 한다.

(가) 처분문서인 근저당권설정계약서는 그 성립의 진정이 인정되는 이상 법원은 그 기재내용에 의하여 의사표시의 존재 및 내용을 인정하여야 하고, 특별한 합리적 이유 없이 함부로 이를 배척해서는 안 된다. 그러나 처분문서의 기재내용과 다른 명시적·묵시적 약정이 있거나 처분문서와 달리 해석할 만한 특별한 사정이 있으면 다르게 볼 수 있다(85다카1046). 약관조항에 피담보채권의 범위가 포괄적으로 기재되어 있는 경우에 특별한 사정이 있으면 약관의 일부가 예문에 불과하다는 이유로 약관의 구속력을 배제할 수 있다. 즉, 근저당권설정계약서는 처분문서이므로 특별한 사정이 없는 한 그 계약 문언대로 해석하여야 함이 원칙이나, 그 근저당권설정계약서가 금융기관 등에서 일률적으로 일반거래약관의 형태로 부동문자로 인쇄하여 두고 사용하는 계약서인 경우에 그 계약 조항

에서 피담보채무의 범위를 기존의 채무나 장래에 부담하게 될 모든 채무도 포괄적으로 포함하는 것으로 기재하였다고 하더라도 당해 근저당권설정계약의 체결 경위나 거래 관행, 각 채무액과 그 근저당권의 채권최고액과의 관계, 다른 채무액에 대한 별도의 담보 확보 여부 등 여러 사정에 비추어 인쇄된 계약 문언대로 피담보채무의 범위를 해석하면 오히려 일반 거래 관례에 어긋난다고 보여지고, 당사자의 의사는 특정한 계속적 거래나 일정한 종류의 거래로 인하여 발생하는 채무만을 그 근저당권의 피담보채무로 약정한 취지라고 해석하는 것이 합리적인 때에는 그 계약서의 포괄적 기재는 부동문자로 인쇄된 일반거래약관의 예문에 불과하므로 그에 구속되지 말고 구체적인 당사자의 의사를 밝혀 그 피담보채무의 범위를 확정하여야 한다(97다22768). 결국 당사자의 의사가 계약서 문언과 달리 일정한 범위 내의 채무만을 피담보채무로 약정한 취지라고 해석하는 것이 합리적이라고 인정되는 경우에는 당사자의 의사에 따라 그 피담보채무의 범위를 제한할 수 있다는 것이다.

피담보채권의 범위를 판단할 때 가장 중요한 것은 당사자에게 근저당권으로 어떤 채권을 담보하려는 의사가 있었는지 이다. 그러나 피담보채권의 범위에 관한 분쟁이 발생하였을 때 당사자의 의사가 명확하지 않은 경우가 많다. 이와 같이 피담보채권의 범위에 관한 당사자의 의사가 명확하지 않은 경우 당사자의 의사가 무엇인지를 탐구하여야 하는바, 이때 채권의 발생원인이 무엇인지, 근저당권설정자가 물상보증인인지, 근저당권설정 이전에 이미 발생한 채권인지 등에 따라 피담보채권에 속하는지 여부가 달라진다.

(나) 판례에서 주로 문제된 사례는 물상보증에 관한 것이다. 피담보채권의 범위를 결정할 때 채무자가 근저당권을 설정해준 경우와 채무자 이외의 자가 근저당권을 설정해 준 물상보증의 경우를 구별할 필요가 있다. 채무자는 어차피 채무를 변제해야 하므로 채무의 존부가 중요할 뿐이고, 피담보채권의 범위에 대해서는 실질적인 이해관계가 없으므로 그 범위를 제한적으로 해석할 필요성이 거의 없다. 이에 반하여 물상보증의 경우에는 물상보증인이 직접 채무를 부담하지 않기 때문에 채무자의 채무가 근저당권의 피담보채무에 속하는지에 따라서 그의 책임범위가 달라진다. 물상보증인은 담보의 범위를 제한하려는 의사를 가지고 있는 경우가 많기 때문에 피담보채권의 범위를 좁게 인정할 가능성이 높아진다.

(다) 당사자 사이에 계속적 거래관계가 있어서 이로부터 어떤 채권이 이미 발생하고 있었는데, 그 후 종전의 계속적 거래관계를 기본계약으로 하여 근저당권을 설정하였을 때에 그 근저당권은 설정 전에 같은 거래관계에서 이미 발생하고 있는 채권도 담보하는가. 이는 결국 당사자의 의사 또는 설정계약의 해석의 문제이다. 판례(70다103)는 근저당권설정계약은 당사자간에 특별한 사정이 없는 한 계약전후에 걸쳐 발생한 채무가 그 계약당사자간의 금원차용과 같은 동일한 거래방법에 의한 것인 때에는 계약이전에 발생한 채

무까지 담보하기로 한 합의가 있었다고 해석함이 상당하다고 본다. 근저당권설정 이전에 발생한 기존의 채권과 근저당권설정시에 발생한 대출금채권을 합산할 경우 실제의 채권액이 최고액을 초과하는 것은 은행의 대차관계에 있어 극히 이례에 속한다고 할 것이어서 담보취득의 관례에 어긋난다고 본다(83다카2159). 그러나 채권액과 최고액의 비율이 금융기관의 통상의 담보비율을 초과하지 않고 있다가 나중에 추가로 채권이 발생하여 실제 채권액이 최고액을 초과하더라도 이는 금융기관의 담보취득 관례상 이례적인 것이 아니라고 본다(86다카1760). 따라서 근저당권설정 이전에 발생한 기존의 채권과 근저당권설정시에 발생한 채권액의 합계가 최고액을 초과한 경우에 위 기존의 채권은 피담보채권의 범위에서 배제되나, 근저당권설정 이후에 발생한 채권, 예컨대 추가대출로 인한 채권은 그로 인하여 실제 채권액이 최고액을 넘게 되었다고 하더라도 근저당권의 피담보채권에 포함된다.

4. 피담보채권의 확정(근저당권의 확정)

근저당권은 피담보채권이 유동·교체하는 특색을 지니고 있으므로 언제 피담보채권이 확정되는지가 문제된다. 일본 민법은 제398조의20에 명문의 규정을 두어 확정시기를 정하고 있다.

(1) 확정사유

(가) 당사자의 의사에 기한 확정사유

근저당권설정계약 또는 기본계약에서 정한 결산기의 도래, 근저당권의 존속기간 만료, 근저당권설정 또는 기본계약의 해지 등에 의하여 피담보채권은 확정된다. 판례(2002다7176)에 의하면 "피담보채무는 근저당권설정계약에서 근저당권의 존속기간을 정하거나 근저당권으로 담보되는 기본적인 거래계약에서 결산기를 정한 경우에는 원칙적으로 존속기간이나 결산기가 도래한 때에 확정되지만, 이 경우에도 근저당권에 의하여 담보되는 채권이 전부 소멸하고 채무자가 채권자로부터 새로이 금원을 차용하는 등 거래를 계속할 의사가 없는 경우에는, 그 존속기간 또는 결산기가 경과하기 전이라 하더라도 근저당권설정자는 계약을 해지하고 근저당권설정등기의 말소를 구할 수 있고, 한편 존속기간이나 결산기의 정함이 없는 때에는 근저당권의 피담보채무의 확정방법에 관한 다른 약정이 없는 한 근저당권설정자는 언제든지 해지의 의사표시를 함으로써 피담보채무를 확정시킬 수 있다"고 본다. 판례는 "근저당권설정계약을 해지할 수 있다"라고 하고 있으나 전술한 바와 같이 근저당권설정계약은 계속적 계약이 아니므로 해지의 대상은 근저당권설정계약이 아니라 기본계약이라고 함이 타당하다고 본다(이에 관하여는 근저당권설정계약을 계속적 계약이라고 하는 견해도 있다). 근저당권설정계약이나 기본계약에서 정한 존속기간이나 결산기가 된 경우에 당사자가 근저당권의 확정시기를 연장하는 약정을 하는 것은 상관없다. 그러나 제3자의 권리를 침해하지는 못한다고 보아야 한다.

피담보채무를 확정시키는, 근저당권설정자의 근저당권설정계약의 해지에 관한 권한은 근저당부동산의 소유권을 취득한 제3취득자도 원용할 수 있다고 할 것인데, 제3취득자가 명시적인 해지의 의사표시를 하지는 아니하였지만 근저당권자에게 저당목적 부동산을 취득하였음을 내세우면서 앞으로 대위변제를 통하여 채권최고액 범위 내에서 피담보채무를 소멸시키고 근저당권의 소멸을 요구할 것이라는 전제에서 피담보채무를 일부 변제하기 시작하는 등 제3취득자가 기존 근저당권설정계약의 존속을 통한 피담보채무의 증감변동을 더 이상 용인하지 아니하겠다는 의사를 파악할 수 있는 어떤 외부적, 객관적 행위를 하고, 채권자도 그러한 사정 때문에 그 계약이 종료됨으로써 피담보채무가 확정된다고 하는 점을 객관적으로 인식할 수 있었던 경우라면, 제3취득자는 근저당권설정계약을 해지하는 묵시적인 의사표시를 한 것으로 볼 수 있으므로, 근저당권의 피담보채무는 그 설정계약에서 정한 바에 따라 확정된다(위 2002다7176 판결).

근저당권자가 피담보채무의 불이행을 이유로 경매신청한 때에는 그 경매신청 시에 근저당권은 확정되는 것이며 근저당권이 확정되면 그 이후에 발생하는 원금채권은 그 근저당권에 의하여 담보되지 않는다(87다카545). 위와 같이 경매신청을 하여 경매개시결정이 있은 후에 경매신청이 취하되었다고 하더라도 채무확정의 효과가 번복되는 것은 아니다(2001다73022). 다만 경매개시결정이 있기 전에 경매신청이 취하된 경우에는 근저당권은 확정되지 않는다. 근저당권자가 파산 등 도산절차를 신청한 경우에도 거래를 종료시키려는 의사를 표시하였다고 볼 수 있다.

(나) 당사자의 의사에 기하지 않은 확정사유

제3자가 근저당 목적물에 대하여 경매를 신청한 경우 근저당권의 피담보채권이 언제 확정되는지 문제된다. 경매에서 부동산이 매각되면 근저당권이 소멸하기 때문이다(민사집행법 제91조 제2항).

판례(99다26085)는 "당해 근저당권자는 저당부동산에 대하여 경매신청을 하지 아니하였는데 다른 채권자가 저당부동산에 대하여 경매신청을 한 경우 경매신청을 하지 아니한 근저당권자의 근저당권도 경락으로 인하여 소멸하므로, 다른 채권자가 경매를 신청하여 경매절차가 개시된 때로부터 경락으로 인하여 당해 근저당권이 소멸하게 되기까지의 어느 시점에서인가는 당해 근저당권의 피담보채권도 확정된다고 하지 아니할 수 없는데, 그 중 어느 시기에 당해 근저당권의 피담보채권이 확정되는가 하는 점에 관하여 우리 민법은 아무런 규정을 두고 있지 아니한바, 부동산 경매절차에서 경매신청기입등기 이전에 등기되어 있는 근저당권은 경락으로 인하여 소멸되는 대신에 그 근저당권자는 배당요구를 하지 아니하더라도 당연히 그 순위에 따라 배당을 받을 수 있고, 이러한 까닭으로 선순위 근저당권이 설정되어 있는 부동산에 대하여 근저당권을 취득하는 거래를 하려는 사람들은 선순위 근저당권의 채권최고액 만큼의 담보가치는 이미 선순위 근저당권자에 의하여 파악되어 있는 것으로 인정하고 거래를 하는 것이 보통이므로, 담보권 실행을 위한 경매절차가 개시되었음을 선순위 근저당권자가 안 때 이후의 어떤 시점에 선순위 근저당권의 피담보채무액이 증가하더라도 그와 같이 증가한 피담보채무액이 선순위 근저당권의 채권최고액 한도 안에 있다면 경매를 신청한 후순위 근저당권자가 예측하지 못한 손해를 입게 된다고 볼 수 없는 반면, 선순위 근저당권자는 자신이 경매신청을 하지 아니하였으면서도 경락으로 인하여 근저당권을 상실하게 되는 처지에 있으므로 거래의 안전을 해치지 아니하는 한도 안에서 선순위 근저당권자가 파악한 담보가치를 최대한 활용할 수 있도록 함이 타당하다는 관점에서 보면, 후순위 근저당권자가 경매를 신청한 경우 선순위 근저당권의 피담보채권은 그 근저당권이 소멸하는 시기, 즉 경락인이 경락대금을 완납한 때에 확정된다고 보아야 한다."라고 판시함으로써 매각대금 납입기일에 확정된다고 본다(다수설도 같다). 이에 대하여는 근저당권자가 경매개시결정이 있음을 안 때에 확정된다고 보는 견해도 있다(일본 민법 제398조의20 제1항은 근저당권자가 경매개시결정이 있음을 안 날로부터 2주일이 지난 때에 확정된다고 규정하고 있다).

다만 근질권에 관하여 판례(2009다43621)는 근저당권과는 달리 "근질권의 목적이 된 금전채권에 대하여 근질권자가 아닌 제3자의 압류로 강제집행절차가 개시된 경우, 제3채무자가 그 절차의 전부명령이나 추심명령에 따라 전부금 또는 추심금을 제3자에게 지급하거나 채권자의 경합 등을 사유로 위 금전채권의 채권액을 법원에 공탁하게 되면 그 변제의 효과로서 위 금전채권은 소멸하고, 그 결과 바로 또는 그 후의 절차진행에 따라 종국적으로 근질권도 소멸하게 되므로 근질권자는 위 강제집행절차에 참가하거나 아니면 근질권을 실행하는 방법으로 그 권리를 행사할 것이 요구된다. 이런 까닭에 위 강제집행절차가 개시된 때로부터 위와 같이 근질권이 소멸하게 되기까지의 어느 시점에서인가는 근질권의 피담보채권도 확정된다고 하지 않을 수 없다. 근질권자가 제3자의 압류 사실을 알고서도 채무자와 거래를 계속하여 추가로 발생시킨 채권까지 근질권의 피담보채권에 포함시킨다고 하면 그로 인하여 근질권자가 얻을 수 있는 실익은 별 다른 것이 없는 반면 제3자가 입게 되는 손해는 위 추가된 채권액만큼 확대되고, 이는 사실상 채무자의 이익으로 귀속될 개연성이 높아 부당할 뿐 아니라, 경우에 따라서는 근질권자와 채무자가 그러한 점을 남용하여 제3자 등 다른 채권자의 채권 회수를 의도적으로 침해할 수 있는 여지도 제공하게 된다. 따라서 이러한 여러 사정을 적정·공평이란 관점에 비추어 보면, 근질권이 설정된 금전채권에 대하여 제3자의 압류로 강제집행절차가 개시된 경우 근질권의 피담보채권은 근질권자가 위와 같은 강제집행이 개시된 사실을 알게 된 때에 확정된다"고 본다.

채무자에 대하여 파산선고가 있는 경우 피담보채권은 확정된다. 또한 근저당권이 설정된 뒤 채무자 또는 근저당권설정자에 대하여 회생절차개시 결정이 내려진 경우 피담보채권은 그 개시결정시점을 기준으로 확정된다(99다66649).

(2) 확정의 효과

피담보채권이 확정되면 그 이후에 발생한 채권은 더 이상 근저당권에 의하여 담보되지 못한다. 피담보채권이 확정되면 그 이후부터 근저당권은 부종성을 가지게 되어 보통의 저당권과 같은 취급을 받게 된다(2001다73022, 다수설). 이에 대하여는 피담보채권의 확정으로 보통의 저당권으로 바뀌는 것은 아니고, 확정근저당권으로서 그 근저당권에 의해서는 더 이상 새로운 채권을 담보하지 않는 상태로 된다고 보는 견해도 있다.

5. 근저당권의 실행

근저당권자는 피담보채권이 확정되고, 확정된 피담보채권의 변제기가 되면 근저당권을 실행하여. 더 정확히 말하자면 근저당권으로부터 전환된 보통의 저당권을 실행하여 우선변제를 받을 수 있다. 채권자가 특히 기한을 유예해 주지 않는 한 원칙적으로 피담보채권의 확정과 동시에 변제기에 이른 것이 된다. 그 실행 절차는 저당권의 실행절차와 같다. 다른 채권자가 근저당권의 목적부동산에 관하여 경매를 신청한 경우에는 근저당권자는 그 절차에서 우선변제권을 주장하게 된다.

6. 근저당권의 처분

(1) 제361조는 "저당권은 그 담보한 채권과 분리하여 타인에게 양도하거나 다른 채권의 담보로 하지 못한다"라고 정하고 있다. 이 규정은 근저당권의 경우에도 적용된다. 따라서 피담보채권과 분리하여 근저당권만을 양도하는 것은 그 효력이 없다. 그러나 근저당권을 이전하지 않고 그 피담보채권만을 양도하는 것은 허용된다.

근저당권에 의하여 담보되어 있는 어떤 개별적 채권이 양도된 경우 또는 대위변제된 경우에 근저당권과의 관계는 어떻게 되는가. 즉, 그러한 경우에 그 채권은 이제는 근저당권에 의하여 담보되는 채권의 범위에서 제외되는가, 또는 양도된 후에도 여전히 근저당권에 의하여 담보되는가의 문제이다. 피담보채권이 확정되기 전에는 이미 발생한 개개의 채권이 양도된 경우 근저당권은 이전되지 않는다. 근저당권에 있어서는 피담보채권의 유동·교체는 문제가 되지 않기 때문이다. 판례도 같다. 즉, 근저당권이라고 함은 계속적인 거래관계로부터 발생하고 소멸하는 불특정다수의 장래채권을 결산기에 계산하여 잔존하는 채무를 일정한 한도액의 범위 내에서 담보하는 저당권이어서, 거래가 종료하기까지 채권은 계속적으로 증감·변동하는 것이므로 근저당 거래관계가 계속 중인 경우 즉, 근저당권의 피담보채권이 확정되기 전에 그 채권의 일부를 양도하거나 대위변제한 경우 근저당권이 양수인이나 대위변제자에게 이전할 여지는 없다(2001다53929). 일본 민법은 제398조의7 제1항에 원본의 확정 전에 근저당권자로부터 채권을 취득한 자는 그 채권에 관하여 근저당권을 행사할 수 없고, 원본의 확정 전에 채무자를 위하여 또는 채무자에 갈음하여 변제한 자도 역시 같다는 규정을 둠으로써 입법적으로 이전을 부정하고 있다.

근저당권부 채권을 양도하는 경우에는 저당권부 채권을 양도하는 경우와 마찬가지로 물권변동의 일반원칙에 따라 물권적 합의와 근저당권이전등기를 하여야 하고, 뿐만 아니라 채권양도에 관한 규정도 적용된다. 따라서 근저당권의 양도약정은 근저당권자와 양수인 사이에 있으면 충분하고 채무자나 물상보증인의 동의는 필요하지 않다. 다만 채권최고액의 변경은 등기를 하여야 하고, 이해관계인의 동의를 요한다고 본다.

물상보증인이 근저당권 채무자의 계약상의 지위를 인수한 것이 아니라 그 채무만을 면책적으로 인수하고 이를 원인으로 하여 근저당권 변경의 부기등기가 경료된 경우, 특별한 사정이 없는 한 그 변경등기는 당초 채무자가 근저당권자에 대하여 부담하고 있던 것으로서 물상보증인이 인수한 채무만을 그 대상으로 하는 것이지, 그 후 채무를 인수한 물상보증인이 다른 원인으로 근저당권자에 대하여 부담하게 된 새로운 채무까지 담보하는 것으로 볼 수는 없다(2001다73022).

(2) 근저당권의 기초가 되는 당사자 사이의 계속적 계약상의 채권자의 지위가 이전되면 이에 수반하여 근저당권도 이전된다. 또한 채무자의 지위가 이전되면 근저당권 채무자의 변경이 생긴다. 이때 이해관계인의 동의는 필요하지 않다. 채무자가 변경된 경우에는 당연히 변경 후의 범위에 속하는 채권이나 채무자에 대한 채권만이 당해 근저당권에 의하여 담보되고, 변경 전의 범위에 속하는 채권이나 채무자에 대한 채권은 그 근저당권에 의하여 담보되는 채무의 범위에서 제외된다(97다15777).

계약당사자의 지위가 이전하는 원인에는 상속·합병 등 일반승계와 계약양도 등 특정승계가 있다. 계약양도나 계약인수에 따른 근저당권의 이전은 3면계약에 의하여야 한다. 이 경우에는 근저당권에 의하여 담보되는 채권이 발생하고 있는지 여부는 상관없다.

7. 근저당권의 소멸

피담보채권이 확정되기 전에는 비록 발생한 채권을 채무자가 변제해도 근저당권이 소멸하지 않음은 근저당권의 특질에 비추어 당연하다. 그러나 피담보채권이 확정된 때 담보할 채권이 없거나 채권이 있더라도 변제로 소멸한 때 또는 실행이 끝나면 근저당권은 소멸한다.

피담보채권이 확정되기 전에 근저당권을 소멸시킬 수 있는가. 피담보채권의 확정에서 본 바와 같이 근저당권의 존속기간을 정하지 않은 경우 기본계약이나 근저당권설정계약을 해지하여 근저당권을 소멸시킬 수 있다. 또한 존속기간이나 결산기를 정하고 있는 경우에 발생한 채권이 전부 소멸하고, 또한 채무자가 거래를 계속하기를 원하지 않으면 존속기간이 지나지 아니한 경우라도 설정자는 계약을 해지하고 설정등기의 말소를 청구할 수 있다.

8. 포괄근저당권(包括根抵當權)

(1) 의의

이미 설명한 바와 같이 실제 거래계에서는 주로 포괄근저당권이 이용되고 있다. 포괄근저당권의 가장 극단적인 것은 "채권자 A의 채무자 B에 대한 현재 및 장래에 발생할 일체의 채권"을 담보하는 것이다. 그러나 실제 그러한 것은 드물고, 흔히 이용되는 것은 A・B사이에서 현재 체결되어 있는 당좌대월계약 등을 열거하면서 "……등의 계약에서 생기는 채권 기타 일체의 채권"을 담보한다는 형식으로 설정한다. 이를 "한정적 포괄근저당권"이라고 한다. 이에 대하여 기본계약이 아예 없는 것도 있는데, 이를 "무한정적 포괄근저당권"이라고 한다(이것만을 포괄근저당권이라고 하는 견해도 있다). 일본 민법 제398조의2는 근저당권의 피담보채권의 범위를 어음, 수표상의 청구권을 제외하고는 특정의 계속적 거래계약으로 인한 채권, 기타 채무자와의 일정한 종류의 거래로 인하여 생기는 채권으로 함으로써 한정적 포괄근저당권만을 인정하고 있다.

포괄근저당권은 당사자 사이에 반복적으로 계속되는 다양한 각 거래마다 근저당권을 설정하는 번거로움을 피하기 위해 이용된다. 당사자들이 각종의 거래 전부에 통하는 일반적・추상적 신용거래계약을 맺고, 이를 전제로 그 거래로부터 생기는 모든 채권을 일정한도까지 담보하려는 것이다. 계속적 상품거래에서도 이용되나 주로 은행거래에서 많이 이용된다.

위와 같은 포괄근저당권은 피담보채권의 범위가 포괄적이라는 점에 특징이 있다. 포괄근저당권을 설정할 때 당사자 사이에 기본계약을 체결할 수도 있는데, 이러한 경우에도 피담보채권은 포괄적이다. 부동산등기부에는 근저당권이라고만 공시되므로 등기부만으로는 포괄근저당권인지 알 수 없고, 근저당권설정계약이나 기본계약 또는 당사자의 의사를 확인해야만 포괄근저당권인지를 알 수 있다.

(2) 포괄근저당권의 유효성

(가) 민법은 근저당권에 관한 규정을 두고 있고, 최고액만을 등기하도록 하고 있으므로 포괄근저당권은 유효하다는 견해가 있다. 이에 대하여 포괄근저당권을 한정적으로만 유효하다고 보는 견해도 있다. 즉, 당사자 사이의 일체의 채권(불법행위에 기한 채권과 부당이득반환채권을 포함함)을 담보한다는 것과 같은 순수한 포괄근저당권은 무효이지만 당사자 사이의 거래로 인하여 발생하는 채권을 담보한다는 정도의 포괄근저당권은 유효라는

것이다. 여기서 생각할 점은 무한정적 포괄근저당권은 저당권자가 악용할 가능성이 있다는 것이다. 예컨대 근저당권설정자의 자력이 악화된 경우에 근저당권자가 제3자와 짜고 제3자로부터 근저당권설정자에 대한 무담보채권을 양수하여 우선변제를 받으면 근저당권설정자의 다른 일반채권자들은 강제집행의 대상이 없어지므로 손해를 입게 된다. 그렇지만 이러한 경우에는 민법 제103조, 제104조에 의하여 어느 정도 통제가능하다고 보이므로 그러한 이유로 무한정적 포괄근저당권을 무효로 볼 이유는 없다고 본다.

(나) 이미 설명한 바와 같이 다수설과 판례는 포괄근저당권을 유효라고 보고 있다. 다만 이른바 예문해석에 의하여 또는 당사자의 의사를 비롯한 여러 사정을 고려하여 근저당권설정계약서에 기재된 것보다 좁은 범위의 피담보채권을 인정하기도 한다.

(다) 포괄근저당권 문제은 저당권의 부종성과 관련되어 있다. 저당권의 부종성 중에서 존속·소멸에 관해서는 문제가 되지 않는다. 문제는 성립에 관한 부종성이다. 제357조 제1항 전문은 근저당권에 관하여 "그 담보할 채무의 최고액만을 정하고 채무의 확정을 장래에 보류하여 이를 정할 수 있다"라고 규정하고 있다. 그런데 이를 근저당권설정시에 장차 확정될 피담보채권의 발생 또는 성립에 관한 당사자 사이의 어떤 합의 내지 계약이 있어야 한다는 것이라고 새긴다면 성립에 관한 부종성을 강하게 요구하는 것이 된다. 이에 따른다면 피담보채권의 발생의 원인이 되는 기본계약은 꼭 있어야 하고, 포괄근저당권은 부종성을 갖추고 있다고 할 수 없어 무효라고 하게 될 것이다. 이와 달리 채무의 확정을 장래에 보류한다는 것은 당사자 사이에 피담보채권의 성립에 관한 기본계약이 존재할 것을 전제로 하는 것이 아니며, 피담보채권이 당사자 사이의 어떤 원인으로 생긴 것이든 이를 묻지 않고 모두 근저당권에 의하여 담보되나, 다만 그 채권이 장차 확정 내지 특정할 수만 있으면 된다는 뜻으로 새긴다면 이는 성립에 관한 부종성을 완화하는 해석으로 포괄근저당권은 언제나 유효하다고 새기게 될 것이다. 왜냐하면 피담보채권은 장래의 일정한 시기에 최고액의 범위 내에서 특정된다는 것이 확실하기 때문이다.

생각건대 채권담보를 전제로 하지 않는 근저당권은 성립할 수 없다. 그러나 근저당권이 성립하는데 기본계약이 반드시 있어야 한다고는 볼 수 없다. 근저당권설정계약을 체결하고 그 등기를 한 경우에는 당사자에게 근저당권으로 어떤 채권을 담보하게 하려는 의사가 있다고 보아야 한다. 이때 그 채권이 성립하고 있는지 여부는 중요한 게 아니다. 따라서 근저당권에서 부종성은 어떤 채권을 담보한다는 점과 근저당권을 실행할 때 채권이 존재한다는 점에 있다고 볼 수 있고, 근저당권설정시에 기본계약이 존재할 필요는 없다고 본다. 등기실무상으로도 근저당권설정등기에 등기원인으로 근저당권설정계약이라고만 기재하고 있고, 기본계약이 존재한다는 점에 관하여는 밝힐 필요가 없다.

다만 포괄근저당권을 인정하더라도 피담보채권의 범위는 예문해석 또는 당사자의 의사, 개별약정 우선의 원칙 등 여러 사정을 고려하여 제한적으로 보아야 하는 경우가 많다. 판례도 포괄근저당권의 유효성 문제를 직접적으로 판단하기보다는 근저당권이 구체적으로 어떠한 채권을 담보하고 있는지를 판단하는데 집중하고 있다.

9. 공동근저당권

(1) 의의

공동근저당권은 동일한 채권을 담보하기 위하여 여러 부동산에 설정된 근저당권을 말한다. 공동근저당권은 근저당권과 공동저당이 결합된 형태인데, 우리 민법에 공동근저당권에 관한 규정은 없다. 그러나 동일한 기본계약으로부터 발생하는 채권을 담보하기 위하여 수 개의 부동산 위에 근저당권을 설정하는 것을 금지할 이유는 없으므로 공동근저당권은 당연히 유효하다고 본다(이설 없음).

공동근저당은 결합형태의 당연한 귀결로서 공동저당과 근저당의 성질을 겸하고 있다. 이러한 이유로 공동근저당에서는 근저당의 핵심적 문제인 피담보채권의 확정과 공동저당의 핵심적 쟁점인 배당에 관한 문제가 서로 엮어 있다. 후자와 관련하여 근저당권은 보통의 저당권에 비하여 부종성 및 채권의 특정성이 완화되어 있는 것에 불과한 것이므로 후술하는 바와 같이 판례는 공동근저당권의 경우에도 원칙적으로 공동저당에 관한 제368조가 적용된다고 본다.

(2) 성립

공동근저당권이 성립하려면 피담보채권의 동일성이 인정되어야 한다. 그러나 채권최고액이 다르더라도 공동근저당권이 성립할 수 있다. 즉, 일정한 채무를 담보하는 2개의 근저당권을 설정하면서 채권최고액을 각각 500만원과 1,000만원으로 정한 경우에 500만원에 대하여는 공동근저당권이 성립된다. 일본 민법 제398조의16은 각 근저당권의 피담보채권의 범위와 채권최고액이 각각 일치하여야 한다는 취지로 규정하고 있다.

공동근저당권을 설정하고자 하는 경우에 등기부에 여러 부동산이 공동근저당권에 제공된 뜻을 기록할 수 있다(부등법 제78조 참조). 그런데 당사자가 각 부동산에 근저당권을 개별적으로 설정하고 등기에 목적물들이 동일한 채권을 담보하는 것임을 공시하지 않은 경우에 공동근저당권으로 보아야 하는지 문제된다. 위 제78조는 공동저당이라는 뜻을 공시하는 등기절차에 관한 규정으로서 여러 개의 저당권이 피담보채권의 동일성에 의하여 서로 결속되어 있다는 취지를 공시함으로써 권리관계를 명확히 하기 위한 것에 불과하다. 그러므로 이와 같은 공동저당관계의 등기가 공동저당권의 성립요건이나 대항요건이 될 수는 없다. 따라서 근저당권설정자와 근저당권자 사이에서 동일한 기본계약에 기하여 발생한 채권을 중첩적으로 담보하기 위하여 여러 개의 근저당권을 설정하기로 합의하고, 이에 따라 여러 개의 근저당권설정등기를 마친 때에는 부등법에 따른 공동근저당권의 등기를 마쳤는지 여부와 관계없이 여러 개의 근저당권 사이에는 각 채권최고액이 동일한 범위 내에서 공동근저당권관계가 성립한다(2008다57746).

(3) 공동근저당권에서 피담보채권의 확정

(가) 공동근저당권 목적물 전부가 경매된 경우

누가 경매를 신청하였는지와 상관없이 목적부동산 전부에 관하여 피담보채권이 확정된다. 피담보채권이 확정되는 시점은 이미 설명한 바와 같이 공동근저당권자가 경매신청을 한 경우에는 그 신청 시이고, 후순위근저당권자 등 제3자가 경매신청을 한 경우에는 매수인이 매각대금을 다 낸 때이다. 공동근저당은 이러한 확정시점을 기준으로 채권액과 채권최고액 중 적은 금액을 담보하게 되고, 그 금액에 관하여 제368조 제1항에 따라 각 부동산의 경매대가에 비례하여 그 채권의 분담을 정하게 된다.

(나) 공동근저당권의 목적물 중 일부만이 경매된 경우

① 공동근저당권자가 스스로 일부근저당권을 실행하여 경매를 신청한 경우에는 채무자와 더 이상 거래하지 않겠다는 의사를 표시한 것이라고 할 수 있으므로 아직 실행되지 않은 공동근저당권에 대해서도 피담보채권이 확정된다. 판례(95다36596)도 물상보증인에 대한 근저당권의 피담보채권의 발생 원인인 어음거래 약정이 그 결산기가 정하여져 있지 않고 물상보증인의 토지에 대하여 아직 경매신청이 되지 않은 상태라고 하더라도, 먼저 채무자의 토지에 대하여 피담보채무의 불이행을 이유로 근저당권이 실행된 이상, 채권자와 물상보증인 사이의 근저당권 설정계약의 원인관계인 어음거래 약정에 기한 거래는 그로써 종료되고 그 경매신청시에 그 피담보채권이 확정된다고 한다. 이 경우 공동근저당권자가 경매된 부동산으로부터 위와 같이 확정된 피담보채권의 일부를 변제받으면 다른 부동산의 경매대가로부터는 나머지 금액에 관하여만 우선변제 받을 수 있게 된다.

② 제3자가 일부근저당권을 실행하여 경매를 신청한 경우에는 다수설(불확정설 또는 개별확정설이라고 한다)은 그 경매 목적물 또는 물상보증인 소유의 부동산상의 근저당권에 대하여만 피담보채권이 확정된다고 본다. 그 이유는 위와 같은 사유만으로는 당연히 채권자와 채무자 사이의 계속적 거래관계가 종료된다고 볼 수 없고, 채권자의 신청에 의한 경매가 아니므로 거래가 계속되는 도중에 채무자로부터 임의의 변제를 받은 것과 마찬가지로 볼 수 있다는 것이다. 이에 따르면 나머지 공동근저당권은 장래에 발생하는 채권도 담보하게 된다. 이에 대하여 소수설(동시확정설)은 공동근저당권 중 일부만이 확정되고 나머지는 확정되지 않는다는 이론 자체가 자연스럽지 못할 뿐만 아니라 민법 제368조 제2항과 조화되지 않고, 다른 부동산의 경매가 행하여진 경우의 구체적인 법률관계가 복잡해지는 문제가 생긴다는 이유로 다른 부동산에 관하여도 확정된다고 본다. 이

에 따르면 장래에 발생하는 채권을 담보할 여지는 없게 된다.

판례(2015다50637)는 다수설과 같이 "공동근저당권자가 목적 부동산 중 일부 부동산에 대하여 제3자가 신청한 경매절차에 소극적으로 참가하여 우선배당을 받은 경우, 나머지 목적 부동산에 관한 근저당권의 피담보채권은 기본거래가 종료하는 등의 다른 확정사유가 발생하지 아니하는 한 확정되지 아니한다. 공동근저당권자가 제3자가 신청한 경매절차에 소극적으로 참가하여 우선배당을 받았다는 사정만으로는 당연히 채권자와 채무자 사이의 기본거래가 종료된다고 볼 수 없고, 기본거래가 계속되는 동안에는 공동근저당권자가 나머지 목적 부동산에 관한 근저당권의 담보가치를 최대한 활용할 수 있도록 피담보채권의 증감·교체를 허용할 필요가 있으며, 위와 같이 우선배당을 받은 금액은 나머지 목적 부동산에 대한 경매절차에서 다시 공동근저당권자로서 우선변제권을 행사할 수 없어 이후에 피담보채권액이 증가하더라도 나머지 목적 부동산에 관한 공동근저당권자의 우선변제권 범위는 우선배당액을 공제한 채권최고액으로 제한되므로 후순위 근저당권자나 기타 채권자들이 예측하지 못한 손해를 입게 된다고 볼 수 없기 때문이다."라고 한다.

(4) 공동근저당권에 기한 배당

(가) 2013다16992(전) 판결은 제3자에 의한 일부 부동산에 대한 경매신청의 경우로서 최고액이 감액된다는 취지로 다음과 같이 판시하고 있다.

민법 제368조는 공동근저당권의 경우에도 적용되고, 공동근저당권자가 스스로 근저당권을 실행한 경우는 물론이며 타인에 의하여 개시된 경매·공매 절차, 수용 절차 또는 회생절차 등에서 환가대금 등으로부터 다른 권리자에 우선하여 피담보채권의 일부에 대하여 배당받은 경우에도 적용된다.

공동근저당권이 설정된 목적 부동산에 대하여 동시배당이 이루어지는 경우에 공동근저당권자는 채권최고액 범위 내에서 피담보채권을 민법 제368조 제1항에 따라 부동산별로 나누어 각 환가대금에 비례한 액수로 배당받으며, 공동근저당권의 각 목적 부동산에 대하여 채권최고액만큼 반복하여, 이른바 누적적으로 배당받지 아니한다.

그렇다면 공동근저당권이 설정된 목적 부동산에 대하여 이시배당이 이루어지는 경우에도 동시배당의 경우와 마찬가지로 공동근저당권자가 공동근저당권 목적 부동산의 각 환가대금으로부터 채권최고액만큼 반복하여 배당받을 수는 없다고 해석하는 것이 민법 제368조 제1항 및 제2항의 취지에 부합한다.

그러므로 공동근저당권자가 스스로 근저당권을 실행하거나 타인에 의하여 개시된 경매 등의 환가절차를 통하여 공동담보의 목적 부동산 중 일부에 대한 환가대금 등으로부터 다른 권리자에 우선하여 피담보채권의 일부에 대하여 배당받은 경우에, 그와 같이 우선변제 받은 금액에 관하여는 공동담보의 나머지 목적 부동산에 대한 경매 등의 환가절차에서 다시 공동근저당권자로서 우선변제권을 행사할 수 없다고 보아야 하며, 공동담보의 나머지 목적 부동산에 대하여 공동근저당권자로서 행사할 수 있는 우선변제권의 범위는 피담보채권의 확정 여부와 상관없이 최초의 채권최고액에서 위와 같이 우선변제 받은 금액을 공제한 나머지 채권최고액으로 제한된다고 해석함이 타당하다. 그리고 이러한 법리는 채권최고액을 넘는 피담보채권이 원금이 아니라 이자·지연손해금인 경우에도 마찬가지로 적용된다.

(나) 당사자는 최초 근저당권 설정 시는 물론 그 후에도 공동근저당권임을 등기하여 공동근저당권의 저당물을 추가할 수 있는데, 이와 같이 특정 공동근저당권에 있어 공동저당물이 추가되기 전에 기존의 저당물에 관하여 후순위 근저당권이 설정된 경우에도 민법 제368조 제1항이 마찬가지로 적용된다(2013다36040).

(다) 임의환가에 의한 청산

공동근저당권자가 채무자 겸 근저당권설정자로부터 공동근저당 목적물 등의 매매대금으로 피담보채권의 일부를 임의변제 받은 경우 그 변제된 금원은 우선변제권이 있는 피담보채권에 우선 충당하여야 하는 것이 아니고, 변제충당의 일반 법리에 따라 공동근저당권자의 채무자에 대한 채권 전부의 변제에 충당하여야 하며, 공동근저당권자는 그 변제충당 후 나머지 채권에 대하여 채권최고액을 한도로 우선변제권을 가진다(2010다3681).

공동담보의 목적 부동산 중 채무자 소유 부동산을 제3자에게 매각하여 그 대가로 피담보채권의 일부를 변제하는 경우, 공동근저당권자는 그와 같이 변제받은 금액에 관하여는 더 이상 물상보증인 소유 부동산에 대한 경매 등의 환가절차에서 우선변제권을 행사할 수 없다. 그 이유는 만일 위와 달리 공동근저당권자가 임의환가 방식을 통해 채무자 소유 부동산의 대가로부터 피담보채권의 일부를 변제받았음에도 이후 공동근저당권의 다른 목적 부동산인 물상보증인 소유 부동산에 대한 경매 등의 환가절차에서 우선변제권을 행사할 수 있다고 보게 되면, 채무자 소유 부동산의 담보력을 기대하고 자기의 부동산을 담보로 제공한 물상보증인의 기대이익을 박탈하게 되는 것일 뿐만 아니라, 공동근저당권자가 담보 목적물로부터 변제받는 방법으로 임의환가 방식을 선택하였다는 이유만으로 물상보증인의 책임 범위가 달라 지게 되어 형평에 어긋나기 때문이다(2017다292756).

(라) 물상보증인의 변제자대위

전술한 바와 같이 공동저당에 제공된 채무자 소유 부동산과 물상보증인 소유 부동산 가운데 물상보증인 소유 부동산이 먼저 경매되어, 매각대금에서 선순위 공동저당권자가 변제를 받은 때에는, 물상보증인은 채무자에 대하여 구상권을 취득함과 동시에 변제자 대위에 의하여 채무자 소유 부동산에 대한 선순위 공동저당권을 대위취득한다. 또한 물상보증인 소유 부동산에 대한 후순위 저당권자는 물상보증인이 대위취득한 채무자 소유 부동산에 대한 선순위 공동저당권에 대하여 물상대위를 할 수 있다. 이러한 법리는 공동근저당권의 경우에도 마찬가지로 적용된다(위 2017다292756).

(5) 누적적(累積的)근저당

당사자 사이에 채권을 담보하기 위하여 수 개의 근저당권을 설정하면서 제368조의 적용을 배제하고 각각의 채권최고액을 합한 금액을 우선변제받기 위하여 공동근저당권의 형식을 취하지 않는 경우가 있다. 주로 추가로 공동담보를 설정하는 경우이다. 이처럼 동일한 채권의 담보로 수 개의 부동산 위에 개별 근저당권을 설정하고, 등기의 목적물인 각 부동산이 동일한 거래관계로부터 발생하는 채권을 담보하는 것임을 공시하지 않는 것을 누적적근저당이라고 한다.

예컨대 시가 800만원의 甲부동산 위에 채권최고액 600만원의 근저당권을 설정한 후, 거래를 확대하기 위하여 다시 채권최고액을 300만원 증액시키는 취지에서 다시 시가 400만원의 乙부동산을 추가담보로 제공하려고 하는 경우를 보기로 한다. 이 경우 甲부동산 위의 근저당권의 채권최고액을 900만원으로 변경등기를 하고, 乙부동산 위의 근저당권의 채권최고액을 900만원으로 하여 甲, 乙부동산에 관하여 각각 추가적 공동담보등기를 하면 제368조가 적용되어 甲부동산은 600만원(900만원x2/3), 乙부동산은 300만원(900만원x1/3)을 부담하게 되어 그 목적이 달성되기는 한다. 그런데 이 방법에 의하면 등록세의 부담이 크고, 또한 甲부동산 위에 후순위저당권자가 존재하는 경우에는 채권최고액 증액의 변경등기를 위해 그의 승낙을 받아야 한다. 따라서 실제에 있어서는 이러한 방법이 거의 활용되지 못한다. 그리하여 甲부동산 위의 근저당권을 그대로 채권최고액 600만원의 근저당권으로 두고, 乙부동산 위에 다시 채권최고액 300만원의 근저당권을 설정하여 등기를 하는 방법이 이용되고 있는데, 이러한 경우에도 제368조가 적용되는지 문제되는 것이다.

만일 제368조 제1항이 적용된다고 한다면 甲, 乙부동산 위의 두 개의 채권최고액 중 겹치는 부분에 관하여만 공동저당으로 취급되고 이를 초과하는 부분에 관하여는 그 부동산만이 부담하게 되므로 위 사례에서 공통의 300만원에 관하여는 제368조 제1항에 의하여 甲부동산이 200만원, 乙부동산이 100만원을 부담하고, 나머지는 甲부동산만이 부담하게 된다. 그 결국 채권자가 의도한 추가담보의 이익은 전혀 없게 되고, 부동산소유자와 후순위저당권자는 생각하지 않았던 이익을 받게 된다. 따라서 단독저당권에 의한 추가적 공동담보에 관하여는 제368조를 적용해서는 안 된다고 할 것이다(통설). 이 경우 후순위담보권자는 선순위담보권의 채권최고액을 공제한 금액을 담보가치로 파악하고 거래하는 것이어서 제368조의 적용을 부정한다고 하여 후순위저당권자가 예견할 수 없는 손해를 입게 되지는 않는다. 근저당권에서 거래의 안전을 침해하지 않는 범위 내에서는 당사자의 자율적 결정을 허용해야 할 것이라는 점에서도 적용부정설이 타당하다(통설). 참고로 일본은 등기가 대항요건이므로 순수 공동근저당권으로 등기하지 아니한 이상 누적적근저당권으로 볼 수밖에 없다(제398조의16, 18 참조),

2014다51756 판결은 누적적근저당권을 인정하면서 앞서 본 변제자대위우선설에 따라 다음과 같이 판시하고 있다. "당사자 사이에 하나의 기본계약에서 발생하는 동일한 채권을 담보하기 위하여 여러 개의 부동산에 근저당권을 설정하면서 각각의 근저당권 채권최고액을 합한 금액을 우선변제받기 위하여 공동근저당권의 형식이 아닌 개별 근저당권의 형식을 취한 경우, 이러한 근저당권은 민법 제368조가 적용되는 공동근저당권이 아니라 피담보채권을 누적적으로 담보하는 근저당권에 해당한다. 이와 같은 누적적 근저당권은 공동근저당권과 달리 담보의 범위가 중첩되지 않으므로, 누적적 근저당권을 설정받은 채권자는 여러 개의 근저당권을 동시에 실행할 수도 있고, 여러 개의 근저당권 중 어느 것이라도 먼저 실행하여 그 채권최고액의 범위에서 피담보채권의 전부나 일부를 우선변제 받은 다음 피담보채권이 소멸할 때까지 나머지 근저당권을 실행하여 그 근저당권의 채권최고액 범위에서 반복하여 우선변제를 받을 수 있다. 한편 채권자가 하나의 기본계약에서 발생하는 동일한 채권을 담보하기 위하여 채무자 소유의 부동산과 물상보증인 소유의 부동산에 누적적 근저당권을 설정 받았는데 물상보증인 소유의 부동산이 먼저 경매되어 매각대금에서 채권자가 변제를 받은 경우, 물상보증인은 채무자에 대하여 구상권을 취득함과 동시에 민법 제481조, 제482조에 따라 종래 채권자가 가지고 있던 채권 및 담보에 관한 권리를 행사할 수 있다. 이때 물상보증인은 변제자대위에 의하여 종래 채권자가 보유하던 채무자 소유 부동산에 관한 근저당권을 대위취득하여 행사할 수 있다고 보아야 한다."

제 6 절 특별법에 의한 저당권

Ⅰ. 의의

저당권은 부동산에 설정되는 것이 원칙이다. 물론 전세권과 지상권에도 설정될 수 있다. 그러나 일정한 동산에도 저당권을 설정할 필요가 있고, 부동산과 그 위에 있는 동산을 함께 담보로 제공하기 위하여 저당권을 이용할 필요성도 있다. 그리하여 민사특별법에서 저당권의 목적물을 확장하고 있다. 저당권에 관한 민법 규정은 특별법에 의하여 설정되는 저당권에도 준용된다(제372조). 이하 입목저당, 동산저당, 공장 및 재단저당 등에 관하여 설명하기로 한다.

Ⅱ. 입목저당

1. 우리나라에서는 오래 전부터 토지에 부착된 수목의 집단을 그 지반인 토지와 분리하여 거래의 대상으로 하는 관행이 있었다. 수목의 집단은 명인방법을 갖춘 때에 거래의 객체가 된다. 다만 명인방법으로는 소유권을 양도할 수 있을 뿐이고, 저당권을 설정할 수는 없다. 입목에 관한 법률(이하 "입목법"이라 한다)은 1필의 토지에 부착된 수목의 집단에 관하여 동법에 의하여 소유권보존등기를 할 수 있고, 양도나 저당권설정이 가능하도록 하였다. 이 등기를 받은 수목의 집단을 입목법상 입목이라고 하고, 토지와는 독립한 부동산으로 본다(동법 제3조 제1항). 입목은 토지와 분리해서 양도할 수도 있고, 저당권을 설정할 수도 있다(동조 제2항).

입목저당은 그 목적물이 특별법에 의하여 독립한 부동산으로 보게 되는 입목이라는 점, 따라서 이를 위하여 특별히 독립한 등기부가 마련되어 있다는 점을 빼고는 민법상의 저당권과 그 본질이 같다. 다만 다음과 같이 입목법에 약간의 특칙이 있다.

2. 입목을 저당권의 목적으로 하고자 하는 자는 그 입목을 보험 또는 농업협동조합법에 의한 공제에 가입하여야 한다(제22조).

3. 저당권의 목적이 된 입목의 소유자는 당사자 간에 약정된 시업방법에 따라 그 입목을 조성하고 육림하여야 한다(제5조). 저당권자의 동의가 있는 때에는 입목소유자는 행정기관의 허가를 얻어 벌채나 개간을 할 수 있다(시행령 제2조). 이때 벌채되어 토지로부터 분리된 입목에 대해서도 저당권의 효력이 미친다(법 제4조 제1항). 이 경우 저당권자는 채권의 기한이 되기 전이라도 분리된 수목을 경매할 수 있다. 다만 그 매각대금을 공탁하여야 한다(동조 제2항). 이에 대하여 수목의 소유자는 상당한 담보를 공탁하고 경매의 면제를 신청할 수 있다(동조 제3항).

4. 토지와 그 지상의 입목이 같은 소유자에 속하는 경우에 그 어느 한쪽이 저당권의 목적이 되어 경매되고, 토지와 입목의 소유자가 다르게 된 때에는 토지 소유자는 입목소유자에게 지상권을 설정한 것으로 본다(제6조 제1항). 이때 그 지료는 당사자의 약정에 의한다(동조 제2항). 토지와 그 지상의 입목 사이의 관계에 관하여 법정지상권을 인정한 것이다.

5. 지상권자 또는 토지임차인이 그의 소유 입목을 저당한 경우에 저당권자의 승낙 없이는 자기의 지상권이나 임차권을 포기하지 못하고, 또한 토지소유자와의 사이에서 계약을 해지하지 못한다(제7조).

Ⅲ. 동산저당

1. 의의와 작용

민법상 동산은 질권의 목적이 될 수 있을 뿐, 저당권의 목적이 되지 못한다. 그러나 거래계에서는 동산을 채무자의 점유에 남겨 둔 채로 담보화하는 것을 강하게 요구한다. 이를 위하여 두 가지 방안을 생각해 볼 수 있다. 하나는 후술하는 양도담보이다. 다른 하나는 일정한 동산에 관하여 등기나 등록 제도를 두어 그 위에 설정하는 저당권을 등기나 등록에 의하여 공시하는 방법이다. 이것이 동산저당제도이다. 이러한 동산저당제도로서 현재 인정되고 있는 것은 건설기계저당권, 소형선박저당권, 자동차저당권, 항공기저당권과 상법이 인정하는 선박저당권이다. 동산저당제도에서 가장 문제가 되는 것은 등기나 등록제도에 의하여 어느 정도로 동산에 관한 권리관계를 공시할 수 있는지 이다. 현행법상 인정되는 이들 동산에 대한 공시는 거의 완전한 것이라고 할 수 있다.

2. 자동차 등 특정동산의 저당

(1) 법적 근거

"자동차 등 특정동산 저당법"에 의하여 규율되고 있다. 이 제도는 자동차 등 특정동산의 소유자에게 금융의 편의를 주기 위하여 마련된 것이다.

(2) 목적물

위 법에 의하여 저당권을 설정할 수 있는 동산은 다음의 4가지이다(위 법 제3조).

건설기계: 건설기계관리법에 따라 등록된 건설기계를 말한다(제1호).

소형선박: 선박등기법이 적용되지 아니하는 선박을 말한다(제2호).

자동차: 자동차관리법에 따라 등록된 자동차를 말한다(제3호).

항공기: 항공안전법에 따라 등록된 항공기 및 경량항공기를 말한다(제4호).

(3) 저당권의 성립요건

이들 동산저당권은 각각 건설기계관리법에 따른 건설기계등록원부, 선박법에 따른 선박원부, 자동차관리법에 따른 자동차등록원부, 항공안전법에 따른 항공기등록원부에 등록하여야 성립한다(위 법 제5조).

(4) 질권설정의 금지

저당권의 목적물로 되어 있는 자동차 등 특정동산은 질권의 목적으로 하지 못한다(제9조).

(5) 특별개시사유

자동차 등 특정 동산의 소유자가 등록을 말소하려는 경우에는 등기 말소의 뜻을 미리 저당권자에게 통지하여야 하며(제6조), 이 통지를 받으면 저당권자는 저당권설정계약에서 정한 변제기가 되지 않았어도 그 특정동산에 대하여 저당권을 실행할 수 있다(제7조 제1항).

3. 선박저당권(상법 제787조, 제790조, 제789조 등 참조)

Ⅳ. 공장저당과 재단저당

1. 공장에 있는 여러 물건들을 한꺼번에 담보로 제공할 수 있으면 담보가치를 유지하는데 매우 편리하다. 공장 및 광업재단 저당법(종전의 공장저당법과 광업재단저당법이 통합된 법이다)은 공장 등에 있는 여러 물건에 하나의 저당권을 설정할 수 있도록 재단저당제도와 협의의 공장저당을 규정하고 있다.

(1) 재단저당제도는 기업경영을 위한 토지, 기계, 기구, 그 밖의 물적 설비나 지식재산권 등을 한데 묶어 하나의 재단을 구성하고, 그 위에 저당권을 설정하는 것이다. 위와 같은 재산은 경제상 서로 유기적인 결합을 이루어 전체로서 의미와 가치를 가지는 것이므로 이를 개개의 재산으로 분해한다면 그 가치가 현저하게 줄어들 뿐만 아니라 그 하나하나에 담보권을 설정하는 데에는 많은 비용과 노력이 필요하게 된다. 여기서 이들 재산의 집합을 하나의 물건으로 보아 이에 담보권을 설정하는 것이 기업금융의 요구에 부합하게 된다. 재산저당제도는 여기에 그 존재이유가 있다. 그렇지만 현재 재단저당제도는 거의 이용되고 있지 않다(그 이유는 후술한다).

(2) 협의의 공장저당은 공장이 속하는 토지나 건물에 설정된 저당권의 효력이 미치는 목적물의 범위를 공장의 기계, 기구 등에도 미치도록 한 것이다.

2. 협의의 공장저당

위와 같이 위 법은 공장재단저당과는 별도로 재단을 구성함이 없이, 기계나 기구 등을 부동산과 함께 저당권의 목적으로 하는 제도를 인정하고 있다. 설정등기 시 토지나 건물에 설치된 기계나 기구 등의 목록을 제출하여야 하고(동법 제6조 제1항), 이 기재가 된 때에는 저당권의 효력이 미친다(87다카1514). 공장 토지나 건물에 설치된 기계나 기구 등은 각각 분리하게 되면 가치가 현저히 떨어지고, 또한 채권자로서는 공장 토지나 건물을 저당권으로, 기계나 기구 등은 양도담보나 질권으로 담보권을 설정받더라도 한 사람이 이를 모두 경매에서 매수한다는 보장이 없게 되어 경매대가가 현저히 낮아지게 될 것이다. 그렇지만 만일 이를 일괄경매할 수 있다면 경매대가는 높아질 것이다. 이런 취지에서 협의의 공장저당제도를 인정하고 있는 것이다.

이는 개개의 부동산에 관하여 저당권을 설정하는 것이며, 전체로서 공장을 담보에 제공하는 것이 아니다. 또한 지식재산권 등의 권리나 다른 부동산에 부가된 기계나 기구 등에는 저당권의 효력이 미치지 않는다. 이 점에서 공장재단저당과 그 본질을 달리한다. 그러나 토지나 건물의 부가물, 종물뿐만 아니라 그 토지에 설치된 기계나 기구 그 밖의 공장의 공용물에까지 저당권의 효력이 확장되어 있는 점에서 민법상의 저당권과 다르고, 그 결함을 보충하고 바르게 고친 것이라고 할 수 있다(동법 제3조, 제4조). 공장저당에는 추급력이 인정된다(동법 제7조 본문). 즉, 저당권자는 공장저당권의 목적이 된 물건이 제3취득자에게 인도된 후에도 그 물건에 대하여 저당권을 행사할 수 있다. 다만 선의취득이 인정되는 동산에는 추급력이 인정되지 않는다(동조 단서).

3. 공장재단저당

(1) 재단은 1개 또는 둘 이상의 공장에 관하여 설정된다(동법 제10조). 재단을 구성하는 것은 ① 공장에 속하는 토지, 건물, 그 밖의 공작물, ② 기계, 기구, 전봇대, 전선, 배관, 레일, 그 밖의 부속물, ③ 항공기, 선박, 자동차 등 등기나 등록이 가능한 동산, ④ 지상권 및 전세권, ⑤ 임대인이 동의한 경우에는 물건의 임차권, ⑥ 지식재산권이다(동법 제13조 제1항). 재단은 1개의 부동산으로 본다(동법 제12조 제1항), 공장저당은 소유권과 저당권 외의 권리의 목적이 되지 못한다(동조 제2항 본문). 다만 저당권자의 동의를 얻은 경우에는 임대차의 목적물로 할 수 있다(같은 항 단서).

(2) 공장재단은 공장재단등기부에 소유권보존등기를 함으로써 설정된다(동법 제11조). 공장재단의 소유권보존등기가 있는 경우 공장재단 목록은 등기부의 일부로 보고 기록된 내용은 등기된 것으로 본다(동법 제36조). 이 공장재단 목록은 재단등기부와 더불어 공시의 기능을 하게 된다. 공장에 속하는 토지나 건물로서 미등기된 것이 있으면 공장재단을 설정하기 전에 그 토지나 건물의 소유권보존등기를 하여야 한다(동법 제13조 제2항). 공장재단에 설정된 저당권이 소멸한 후 10개월 내에 새로운 저당권을 설정하지 않은 경우 공장재단은 소멸하고(동법 제21조), 등기기록이 폐쇄된다(동법 제50조 제1항).

(3) 공장재단에는 타인의 권리의 목적인 물건과 압류, 가압류 또는 가처분의 목적인 물건을 포함시킬 수 없다(동법 제13조 제3항). 동산에 관해서는 그러한 사실의 유무를 판정하는 것이 곤란하다. 그리하여 공장재단의 소유권보존등기의 신청이 있을 때에 등기관은 공장재단을 구성할 동산에 관하여 권리를 가지는 자는 일정한 기간 내에 신고할 것

을 공고하고(동법 제33조 제1항), 이 기간 내에 권리의 신고가 없는 때에는 그 권리는 존재하지 않는 것으로 본다(동조 제3항). 권리가 존재하지 않는 것으로 본다는 것은 선의의 저당권자를 보호하려는 것이고, 재단구성자로 하여금 부당한 이득을 취하도록 하려는 것이 아니다. 따라서 그 동산이 재단을 구성하지 않게 되면 원권리자는 그 권리를 회복한다고 새겨야 한다.

(4) 공장재단에 속하는 것은 공장재단과 분리하여 양도하지 못한다(동법 제14조). 그러나 재단 자체를 한데 묶어서 양도하는 것은 상관없다고 새겨야 한다. 그리고 재단저당권자의 동의 없이 재단에서 분리된 물건 위에는 저당권은 그대로 존속한다(동법 제20조). 다만 제3자가 선의취득할 수 있다(이설 없음).

4. 광업재단저당

광업권자는 광업재단을 구성할 수 있다. ① 광업권, ② 토지, 건물, 그 밖의 공작물, ③ 기계, 기구, 그 밖의 부속물, ④ 항공기, 선박, 자동차 등 등기 또는 등록이 가능한 동산, ⑤ 지상권이나 그 밖의 토지사용권, ⑥ 임대인이 동의하는 경우에는 물건의 임차권, ⑦ 지식재산권으로서 그 광업에 관하여 동일한 광업권자에 속하는 것의 전부 또는 일부로 광업재단을 구성할 수 있다(동법 제53조). 광업재단에 관해서는 공장재단에 관한 규정이 준용된다(동법 제54조).

5. 재단저당제도의 전망

기업의 물적설비와 재산권을 유기적인 단일체로 파악하여 여기에 저당권을 설정하는 법적제도인 재단저당제도는 저당제도에서 하나의 혁명적인 것이라고 할 수 있다. 특히 담보부 사채신탁제도와 결합하는 때에는 기업금융의 매개수단으로 매우 효과적으로 작용할 수 있다. 그러나 재단저당제도는 다음과 같은 결함이 있기 때문에 비교적 작은 규모의 기업의 금융수단으로 이용되고 있을 뿐이다. 이에 대규모 기업의 금융수단으로서 기업 그 자체를 담보하는 기업담보제도의 방법을 마련할 필요가 있다(일본은 1985년에 기업담보법을 제정한 바 있다. 이 법에 의하면 재단목록을 작성하지 아니하므로 절차의 번잡과 비용의 과다 문제를 극복할 수 있는 장점이 있다).

① 기업의 규모가 확대되면 재단목록의 작성이나 변경이 번거롭다는 것이다. 재단목록은 등기부의 일부로서 공시의 작용을 하며, 이에 기재되지 않은 물건은 저당권의 목적이 되지 않는다. 그러므로 저당권자는 재단을 구성하는 물건이 변동될 때마다 이 목록을 변경하여야 한다. 무수히 많은 기계나 기구 등의 끊임없는 증감변동을 일일이 목록에 기재한다는 것은 매우 번거로운 일이 아닐 수 없다. 그 내용을 제대로 파악하기도 쉬운 일이 아니다. 저당제도와 공시는 불가분의 관계에 있으므로 저당목적물을 제3자에 대하

여 효력을 주장하려면 그 공시방법의 변경절차를 밟아야 한다는 것은 피할 수 없는 요청이며, 여기에 재단저당제도의 근본적이고 치명적인 결함이 있다.

② 재단을 구성하는 것은 기본적으로 물적 설비나 물권적 권리이다. 그러므로 고객의 비밀이나 영업상의 비밀과 같은 사실상의 기업이익은 물론, 그 밖의 막대한 금액에 이르는 채권 등은 담보의 대상에서 제외된다. 이에 따라 기업재산을 유기적 일체로 하여 담보의 목적으로 한다는 재단저당제도의 이상을 완전히 실현하지 못하고 있다.

③ 재단구성에 다액의 비용이 소요된다는 점이다. 재단을 구성하는 부동산은 소유권보존등기를 하여야 하고, 다액의 등록면허세가 부과되며, 재단목록의 변경기재에도 비용이 소요된다.

제5장

동산담보권과 채권담보권

제1절 서설

Ⅰ. 개설

동산이나 채권 등 권리를 담보로 제공하려면 질권을 설정하여야 한다. 특허권 등 지식재산권을 담보로 제공하는 경우에는 개별법에서 질권을 설정하도록 하고 있다. 또한 판례는 동산양도담보제도를 인정하고 있다. 그러나 동산담보나 채권담보가 많이 이용되지는 않았다. 왜냐하면 점유개정에 의한 질권설정을 금지하고, 동산양도담보에 있어 공시가 불완전하기 때문이다.

2012. 6. 11.부터 시행된 "동산・채권 등의 담보에 관한 법률"은 동산담보권과 채권담보권이라는 새로운 담보권을 창설하고 담보등기를 할 수 있게 하였다. 종래의 질권이나 양도담보와는 완전히 다른 공시방법을 채택한 것이다. 현재 동산담보권과 채권담보권은 많이 활용되고 있다. 위 법에는 지식재산권에 관한 특례에 대한 규정(제58조 내지 제61조)도 두고 있다(이에 대한 설명은 생략한다). 일본은 "동산 및 채권양도의 대항요건에 관한 민법의 특례 등에 관한 법률"을 제정하여 2005년부터 시행하고 있다.

Ⅱ. 이 법의 주요 특징

1. 동산담보권과 채권담보권의 창설

우리 민법에서는 동산이나 권리에 대한 약정담보권으로 질권만을 인정하고 있다. 실무에서는 양도담보 등 비전형담보도 이용된다. 이 법에서는 동산과 채권에 관한 새로운 담보권을 창설하였다. 즉, 동산담보권과 채권담보권은 이 법에 의하여 비로소 인정된 담보물권인 것이다.

양도담보 등 그 명칭을 불문하고 담보약정을 한 경우에는 이 법에 따른 등기를 할 수 있다. 소유권유보부 매매나 금융리스 등의 경우에도 이 법에 따른 등기를 할 수 있다. 이와 같이 담보약정의 형식과는 무관하게 실질적으로 담보의 기능을 하고 있다면 담보약정으로 보고 있다. 이를 "실질이 형식을 지배한다"라고도 표현한다.

2. 기존 담보제도와의 병존

이 법을 제정하는 과정에서 동산이나 채권에 관한 기존의 담보제도인 질권이나 양도담보 등을 폐지하고 미국 통일상법전(UCC)과 같이 하나의 통일적인 담보권을 도입할 것인지, 즉 "통일적인 접근방법"을 채택할 것인지 문제되었다. 그러나 이 법에서는 동산 및 채권에 관한 새로운 담보제도를 도입하면서 기존의 담보제도는 병존하는 것으로 하였고, 어느 쪽에도 우선적 지위를 부여하지 않았다.

3. 담보등기제도의 도입

동산질권에 관한 공시방법은 인도이고, 채권질권에 관한 공시방법은 채무자에 대한 통지 또는 채무자의 승낙이나 이 법에서는 동산 및 채권담보에 관하여 담보등기제도를 도입하였다. 동산이나 채권에 관한 담보등기부는 인적 편성주의를 채택하여 담보권설정자별로 편제된다. 인적 편성주의를 채택한 이유는 동산이나 채권은 동일한 물건이나 동일한 내용의 채권이 무수히 많기 때문에 부동산과 달리 물적 편성주의를 채택하는 것이 불가능하기 때문이다. 담보등기부는 전산정보처리조직에 의하여 입력·처리된 등기사항에 관한 전산정보자료를 담보권설정자별로 저장한 보조기억장치(자기디스크, 자기테이프, 그 밖에 이와 유사한 방법으로 일정한 등기사항을 기록·보존할 수 있는 전자적 정보저장매체를 포함한다)를 말한다(법 제2조 제8호 제1문).

4. 등기우선의 원칙 불채택(제7조 제3항, 제35조 제3항 참조)

이에 대하여는 후술한다.

제2절 동산담보권

Ⅰ. 동산담보권의 의의와 성립

1. 의의

동산담보권은 담보약정에 따라 동산(여러 개의 동산 또는 장래에 취득할 동산을 포함한다)을 목적으로 등기한 담보권을 말한다(법 제2조 제2호). 동산담보권이 성립하려면 담보권설정자가 소유하는 동산을 담보로 제공하기로 약정하고, 이 법에 따른 담보등기를 하여야 한다.

2. 담보약정

(1) 이 법에서 담보약정의 내용과 방식에 대하여는 아무런 제한을 두고 있지 않다. 즉, 담보약정은 양도담보 등 그 명목을 묻지 않고 이 법에 따라 동산, 채권, 지적재산권을 담보로 제공하기로 하는 약정을 말한다(법 제2조 제1호). 따라서 당사자가 동산담보권설정계약이라는 용어를 사용하여야 하는 것은 아니고, 질권설정계약, 양도담보계약, 소유권유보부 매매라는 용어를 사용하였다고 하더라도 동산을 담보로 제공하기로 하는 내용의 계약이라면 이 법에 따른 담보약정에 해당한다.

(2) 동산담보권은 물권이므로 이 법에서 정한 물권의 내용과 다른 효력을 부여하는 것은 물권법정주의의 원칙상 허용되지 않는다. 따라서 양도담보약정을 한 후 동산담보등기를 한 경우에는 동산담보권으로서의 효력만이 있다고 본다.

3. 담보설정자와 담보권자

(1) 이 법에 따른 담보권자에 대한 제한은 없다. 다만 동산담보권이나 채권담보권(지적재산권담보권은 제외됨)을 설정할 수 있는 자는 법인(상사법인, 민법법인, 특별법에 따라 설립된 법인 및 외국법인을 말한다) 또는 상업등기법에 따라 상호등기를 한 자에 한정된다(법 제2조 제5호). 이는 사업자라고 하더라도 상호등기를 하지 않은 경우에는 담보등기제도를 이용할 수 없도록 한 것인데, 새로운 담보제도를 급작스럽게 도입함으로 인한 혼란을 피하기 위하여 마련된 과도기적인 조치이다. 장기적으로는 인적 적용범위에 대한 제한을 없애는 것이 바람직할 것이다.

(2) 동산담보권을 설정하려면 담보권설정자가 담보목적물에 대한 처분권을 가지고 있어야 한다. 담보권설정자가 담보목적물을 소유하고 있는 경우는 물론, 소유권을 가지고 있지 않더라도 담보목적물을 처분할 수 있는 권리 또는 권능을 가지고 있으면 된다.

(3) 이 법은 담보거래의 안정성을 위하여 동산담보권을 설정하려는 자의 명시의무를 부여하고 있다. 즉, 동산담보권을 설정하려는 자는 담보약정을 할 때 ① 담보목적물의 소유 여부, ② 담보목적물에 관한 다른 권리의 존재 유무를 상대방에게 명시하여야 한다(법 제6조). 등기에 의하여 소유권 등이 공시되는 부동산과 달리 동산의 경우에는 누구에게 소유권 또는 처분권이 있는지를 알기 어렵기 때문에 위와 같은 명시의무를 인정한 것이다.

4. 담보목적물

여러 개의 동산(장래에 취득할 동산을 포함한다)이더라도 목적물의 종류, 보관장소, 수량을 정하거나 그 밖에 이와 유사한 방법으로 특정할 수 있는 경우에는 동산담보권을 설정할 수 있다(법 제3조 제2항). 이는 동산양도담보에 관한 판례(85누941 등)를 수정하여 받아들인 것이다. 개별 동산이든 집합 동산이든 위와 같은 방법으로 특정할 수 있으면 동산담보권의 목적물이 될 수 있다. 그러나 선박등기법에 따라 등기된 선박 등은 담보등기를 할 수 없다(법 제3조 제3항).

5. 피담보채권

피담보채권에는 아무런 제한이 없다. 금전채권이 아니라도 피담보채권이 될 수 있다.

6. 동산담보등기

(1) 성립요건

약정에 따른 동산담보권의 득실변경은 담보등기부에 등기를 하여야 그 효력이 생긴다(법 제7조 제1항). 즉 담보등기는 동산담보권의 성립요건이다. 동산양도의 경우 인도를 성립요건으로 정한 민법 제188조와 균형을 맞추기 위하여 담보등기를 동산담보권의 성립요건으로 한 것이다.

(2) 담보권의 순위

동산담보권은 물권으로서 원칙에 따라 시간적으로 앞선 권리가 우선한다. 법 제7조 제2항은 "동일한 동산에 설정된 담보권의 순위는 등기의 순서에 따른다"라고 규정하고 있다. 후술하는 바와 같이 동산양도담보의 경우 이중으로 양도담보로 제공한 경우 나중에 설정된 양도담보는 효력이 없으나 위 법에 따른 동산담보권의 경우에는 순위를 달리하여 동산담보권이 성립한다.

위에서 본 바와 같이 새로운 담보제도를 도입하면서 기존 담보제도를 없애지 않고 병존하는 것으로 설계하였기 때문에 동일한 동산에 대하여 위 법에 의한 담보권과 기존의 동산담보가 함께 설정될 수 있다. 따라서 하나의 동산에 대하여 민법상의 인도와 위 법에 따른 담보등기가 있는 경우에 그 순위를 정하여야 하는데, 위 법은 인도와 등기의 선후에 따라 그 순위를 정하도록 하였다. 즉, 동일한 동산에 관하여 담보등기부의 등기와 인도(간이인도, 점유개정, 목적물반환청구권의 양도를 포함한다)가 행하여진 경우에 그 권리의 순위는 법률에 다른 규정이 없으면 그 선후에 따른다(동조 제3항).

Ⅱ. 동산담보권의 내용과 효력

1. 우선변제권 등

위 법에서 동산담보권의 내용과 효력에 관하여 상세히 규정하고 있다. 먼저 담보권자의 우선변제권에 관하여 법 제8조는 "담보권자는 채무자 또는 제3자가 제공한 담보목적물에 대하여 다른 채권자보다 자기채권을 우선변제 받을 권리가 있다"라고 정하고 있다. 그 밖에 법은 동산담보권의 불가분성(제9조), 동산담보권의 효력의 범위(제10조), 과실에 대한 효력(제11조), 피담보채권의 범위(제12조), 동산담보권의 양도(제13조), 물상대위(제14조), 담보목적물이 아닌 재산으로부터의 변제(제15조), 물상보증인의 구상권(제16조), 담보목적물에 대한 현황조사 및 담보목적물의 보충(제17조), 제3취득자의 비용상환청구권(제18조), 담보목적물 반환청구권(제19조), 담보목적물의 방해제거 및 방해예방청구권(제20조), 공동담보(제29조), 선의취득(제32조)에 관한 규정을 두고 있다.

2. 질권, 저당권과의 비교

(1) 피담보채권의 범위에 관하여 "동산담보권은 원본, 이자, 위약금, 담보권실행의 비용, 담보목적물의 보존비용 및 채무불이행 또는 담보목적물의 흠으로 인한 손해배상의 채권을 담보한다. 다만 설정행위에 다른 약정이 있는 경우에는 그 약정에 따른다"라고 정하고 있는데(법 제12조), 이는 질권에 관한 민법 제334조와 동일한 취지이다. 저당권의 경우 지연배상에 대하여 1년분에 한하여 저당권을 행사할 수 있다는 제한이 있는 것(제360조 단서)과 다르다.

(2) 동산담보권은 피담보채권과 분리하여 양도할 수 없다고 정하였기 때문에(법 제13조) 피담보채권과 함께 양도하는 것은 허용된다. 이 경우 물상보증인의 동의는 필요하지 않다. 저당권의 경우에는 피담보채권과 함께 저당권을 양도하거나 다른 담보로 할 수 있으나(제361조), 동산담보권의 경우에는 이를 다시 담보로 제공할 수 있는지에 관하여 아무런 규정을 두고 있지 않다. 동산담보권의 전담보를 허용할 경우 전저당의 경우보다 복잡한 문제를 야기할 수 있기 때문에 이를 허용하지 않은 것이다.

(3) 물상대위에 관하여 법 제14조는 "동산담보권은 매각, 임대, 멸실, 훼손 또는 공용징수 등으로 인하여 담보설정자가 받을 금전이나 그 밖의 물건에 대하여도 행사할 수 있다. 이 경우 그 지급 또는 인도 전에 압류하여야 한다"라고 규정하고 있다. 이는 담보목적물을 매각하거나 임대한 경우에도 그 대가(매출채권 또는 차임채권)에 대하여 물상대위를 허용한 것으로 질권에 관하여 매각, 임대의 경우 물상대위를 부인하고 있는 민법 제342조보다 그 범위가 더 넓다. 담보권의 객체인 동산이 담보설정자의 점유를 이탈한 경

우에는 그 동산에 권리를 행사하는 것이 사실상 곤란하기 때문에 인정하는 것이다. 이 점은 질권의 경우도 유사하나 동산담보권자의 지위를 강화하기 위하여 특별히 인정한 것이다(특히 제3자가 선의취득하는 경우 동산담보권자는 매매대금채권에 대하여 물상대위를 하는 방법으로 대응할 수 있다는 점에서도 실익이 있다). 이처럼 매매대금 채권이나 임대료 채권에 물상대위가 인정되는 경우에는 기존의 담보권 객체도 존재하므로 기존의 담보권과 물상대위와의 관계가 문제된다. 이 점에 관해서는 이중으로 행사할 수 있다는 견해(중첩적 긍정설)와 하나를 선택하여 행사하여야 한다는 견해(선택적 긍정설)가 있다.

(4) 위 법은 동산담보권에 기한 담보물반환청구권 등에 관하여도 규정하고 있다. 담보권자는 담보목적물을 점유한 자에 대하여 담보권설정자에게 반환할 것을 청구할 수 있다(제19조 제1항). 담보권자는 직접 담보목적물을 점유할 권원이 없기 때문에 담보권자로 하여금 담보권설정자에게 반환하라는 청구를 할 수 있도록 한 것이다. 다만 담보권자가 담보목적물을 점유할 권원이 있거나 담보권설정자가 담보목적물을 반환받을 수 없는 사정이 있는 경우에 담보권자는 담보목적물을 점유한 자에 대하여 자신에게 반환할 것을 청구할 수 있다(동조 제2항). 위 두 경우에 점유자가 그 물건을 점유할 권리가 있는 때에는 반환을 거부할 수 있다(동조 제3항). 또한 담보목적물의 방해제거청구권과 방해예방청구권에 관하여도 준용 형식을 취한 저당권과 달리 제20조에서 명확한 규정을 두고 있다.

Ⅲ. 동산담보권의 실행

1. 담보권의 실행방법

위 법은 동산담보권의 실행에 관하여 상세한 규정을 두고 있다. 담보권 실행 방법으로 경매를 원칙으로 하되(제21조 제1항), 정당한 이유가 있는 경우에는 사적 실행을 허용하고 있는데(동조 제2항 전문), 그 방법으로는 담보권자가 담보목적물을 직접 변제에 충당하는 "귀속정산"과 이를 매각하여 그 대금을 변제에 충당하는 "처분정산"을 인정하고 있다. 사적 실행방법으로 귀속정산만을 인정하고 있는 질권이나 가등기담보와 달리 처분정산까지 인정하고 있는 것이다.

귀속정산과 처분정산을 하려면 정당한 이유가 있어야 한다. 예컨대 목적물의 가치가 적어 비용을 들여 경매를 하는 것이 불합리한 경우, 경매를 하면 정당한 가격을 받기 어려운 사정이 있는 경우, 공정시세가 있어 경매에 의하지 않더라도 공정한 가격을 산출할 수 있는 경우에는 정당한 이유가 있다고 볼 수 있다. 사적 실행을 함으로써 경매에 의한 경우에 비하여 채무자가 불리하게 되는 것을 막기 위한 것인데, 채무자가 불리하게 되는 경우가 아니라면 정당한 이유를 넓게 인정하는 것이 바람직할 것이다. 선순위담보권자(담보등기부에 등기되어 있거나 담보권자가 알고 있는 경우로 한정한다)가 있는 경우에는 후순위담보권자가 처분정산이나 귀속정산을 함으로써 선순위담보권자의 이익이 침해될 수 있기 때문에 그의 동의를 받아야 한다(같은 항 후문).

2. 담보권실행에 관한 사전 약정

위 법은 동산담보권 실행에 관하여 당사자가 사전에 약정하는 것을 허용한다. 제31조 제1항 본문은 "담보권자와 담보권설정자는 이 법에서 정한 실행절차와 다른 내용의 약정을 할 수 있다"라고 정하고 있다. 다만 사적 실행의 경우에 법에 정해진 담보권 실행 통지 없이 담보권자가 담보목적물을 처분하거나 직접 변제에 충당하기로 하는 약정은 무효라고 규정하고 있다(같은 항 단서). 이는 유담보계약을 허용하되 사적 실행을 위한 최소한의 절차로서 담보권 실행의 통지절차를 밟도록 한 것이다.

3. 담보권의 실행절차

(1) 경매

담보권 실행을 위한 경매절차는 민사집행법상 유체동산에 대한 경매절차에 관한 규정(제264조, 제271조, 제272조)을 준용하고 있다(제22조 제1항). 담보설정자가 담보목적물을 점유하는 경우에 경매절차는 압류에 의하여 개시한다(동조 제2항).

(2) 사적 실행

피담보채권의 변제기가 도래하고, 담보권실행방법을 채무자 등(채무자, 담보목적물의 물상보증인 및 제3취득자를 말한다. 제2조 제9호)과 담보권자가 알고 있는 이해관계인에게 통지한 다음 그 도달일로부터 1개월의 기간이 경과하여야 한다(제23조 제1항 본문). 동산은 변질되거나 가치가 훼손되기 쉬운 점을 고려하여 청산기간을 가등기담보 등에 관한 법률상의 청산기간(2개월)보다 단기인 1개월로 정한 것이다. 다만 멸실 또는 훼손될 염려가 있거나 가치가 급속하게 감소될 우려가 있는 경우에는 그러하지 아니하다(같은 항 단서).

사적 실행으로 인하여 담보권자나 매수인이 담보목적물의 소유권을 취득하면 그 담보권자의 권리와 그에 대항할 수 없는 권리는 소멸한다(제24조). 따라서 담보권자의 권리보다 선순위의 권리는 소멸하지 않는다. 이 점은 소멸주의를 채택하고 있는 경매와 다르다. 사적 실행의 경우에도 선순위자의 권리를 무조건 소멸하는 것으로 정하면 선순위자가 보호받지 못하는 결과를 초래할 수 있기 때문이다.

담보권자가 담보목적물을 점유하고 있는 경우에는 피담보채권 전부를 변제받을 때까지 유치할 수 있고(제25조 제1항), 담보권자가 담보목적물을 점유하고 있지 않는 경우 담보권자는 담보권의 실행을 위하여 필요한 경우에는 채무자 등에게 목적물인도를 청구할 수 있다(동조 제2항). 이 경우 담보권자는 선량한 관리자의 주의로 담보목적물을 관리하여야 하고(동조 제3항), 과실을 수취하여 다른 채권자보다 먼저 피담보채권의 변제에 충당할 수 있다(동조 제4항).

후순위권리자는 청산금이 채무자 등에게 지급되기 전에 담보권자에게 채권에 기한 청산금의 지급을 요구할 수 있고(제26조 제1항), 또한 후순위권리자의 경매청구권도 인정된다(동조 제2항). 후순위권리자는 선순위권리자의 사적 실행에 대하여 동의하지 않는 경우 경매를 청구하여 담보권자의 사적 실행을 저지할 수 있다. 후순위권리자의 경매청구 등으로 경매가 개시된 경우에는 동산담보권자는 사적 실행 절차를 중지하여야 한다(제23조 제5항).

담보권자가 사적 실행 후 매각대금 등에 대한 분쟁 발생이 예상된 경우 매각대금의 전부나 일부를 공탁하여 청산금 지급의무에서 벗어날 수 있다(제27조). 담보권자는 가등기담보 등에 관한 법률과 마찬가지로 청산금을 공탁할 수 있지만 동산담보권에 관하여는 위 가등기담보의 경우보다 권리관계가 복잡할 수 있기 때문에 이해관계인과의 분쟁을 피하기 위하여 담보권자로 하여금 매각대금 전부를 공탁할 수 있게 한 것이다. 한편 매각대금 등을 공탁할 때 이해관계인 등에 대한 통지의무를 "담보권자가 알고 있는 이해관계인"으로 한정하고 있는데(동조 제1항 후문), 이는 담보권자가 이해관계인의 존재를 정확히 파악하기가 어렵다는 점을 고려한 것이다.

담보권실행이 종료되기 전에 채무자 등은 피담보채무를 변제하고 담보등기의 말소를 청구함으로써 담보목적물의 처분을 막을 수 있다(제28조 제1항). 담보권실행을 위한 경매의 경우에는 민사집행법에 경매절차의 중지에 관한 규정을 두고 있으므로 위 규정은 사적 실행의 경우에만 적용된다.

Ⅳ. 공동담보

위 법에서 공동담보에 관한 규정을 두고 있다. 따라서 다른 장소에 있는 다수의 목적물을 공동담보로 제공할 수 있다. 규정의 내용은 대체로 민법 제368조의 규정과 같다.

동일한 채권의 담보로 여러 개의 담보목적물에 동산담보권을 설정한 경우에 그 담보목적물의 매각대금을 동시에 배당할 때에는 각 담보목적물의 매각대금에 비례하여 그 채권의 분담을 정한다(법 제29조 제1항. 동시배당의 경우이다). 제1항의 담보목적물 중 일부의 매각대금을 먼저 배당하는 경우에는 그 대가에서 그 채권 전부를 변제받을 수 있다. 이 경우 경매된 동산의 후순위담보권자는 선순위담보권자가 다른 담보목적물의 동산담보권 실행으로 변제받을 수 있는 금액의 한도에서 선순위담보권자를 대위하여 담보권을 행사할 수 있다(동조 제2항. 이시배당의 경우이다). 담보권자의 사적실행의 경우에도 제1항과 제2항을 준용한다. 다만 제1항에 따라 각 담보목적물의 매각대금을 정할 수 없는 경우에는 제23조 제2항에 따른 통지에 명시된 각 담보목적물의 평가액 또는 예상매각대금에 비례하여 그 채권의 분담을 정한다(동조 제3항).

Ⅴ. 근담보권

동산담보권은 그 담보할 채무의 최고액만을 정하고 채무의 확정을 장래에 보류하여 설정할 수 있다. 이 경우 그 채무가 확정될 때까지 채무의 소멸 또는 이전은 이미 설정된 동산담보권에 영향을 미치지 아니한다(법 제5조 제1항). 제1항의 경우 채무의 이자는 최고액 중에 포함된 것으로 본다(동조 제2항).

Ⅵ. 선의취득

1. 이 법에 의하여 등기된 담보목적물의 소유권, 질권을 취득하는 경우에는 민법 제249조부터 제251조까지의 규정을 준용한다(법 제32조). 동산담보권이 설정되어 있는 물건이라고 하더라도 소유권의 이전에는 아무런 지장이 없기 때문에 제3자가 담보목적물의 소유권을 자유롭게 취득할 수 있다. 그러므로 제3자는 담보목적물에 대하여도 소유권이나 질권을 취득할 수 있다. 민법 제249조는 양도인이 정당한 소유자가 아닌 때에 적용되는데, 동산담보권이 설정된 경우에는 담보권설정자는 여전히 정당한 소유자이기 때문에 위 민법 규정을 그대로 적용할 수 없다. 그런 이유로 위 규정을 둔 것인데, 그 의미는 제3자가 담보목적물에 대한 소유권을 취득할 당시 동산담보권의 제한을 받지 않는, 온전한 소유권을 취득한다는 뜻이다. 따라서 평온, 공연하게 담보목적물을 양수한 자가 동산담보권의 존재를 과실 없이 알지 못하고 그 동산을 점유한 경우에는 동산담보권이 설정되어 있는 때에도 양수인은 그 동산에 관하여 동산담보권의 부담이 없는 소유권을 취득한다.

2. 위 법에서 동산담보권은 등기되어 공시가 이루어지므로 담보목적물을 양수하려는 자로서는 동산담보등기를 미리 조사할 의무를 부담한다고 보아야 하는지 문제된다. 이를 인정한다면 선의취득을 인정할 여지는 거의 없을 것이다. 동산담보의 목적물은 보관하고 있는 장소도 다양하고, 고액부터 저액까지 천차만별이고, 거래가 1회에 끝나는 경우와 계속적으로 이루어지는 경우가 있으며, 양수인도 대규모 상인인 경우와 소비자인 경우 등 그 형태가 매우 다양하다. 따라서 이러한 경우를 모두 포괄하여 양수인에게 일률적으로 등기부를 조사할 의무가 있다고 한다면 거래의 신속과 안전을 해하게 되고 거래비용을 높일 우려가 있으므로 어떤 경우에 양수인을 선의, 무과실로 볼 수 있는지는 개별 사안에 따라 여러 사정을 고려하여 판단할 수밖에 없을 것이다.

3. 양수인이 점유를 이전받지 않고 담보등기를 한 경우 동산담보권의 선의취득

을 인정할 수 있는지 문제된다. 민법상 동산의 선의취득의 경우 인도가 있어야 하는데, 위 법 제32조가 민법 제249조를 준용한다고 규정하고 있으므로 점유를 이전받지 않은 이상 담보등기를 한 것만으로는 선의취득을 인정할 수 없다. 또한 동산담보권자로 등기가 되어 있는 사람으로부터 양도받기로 하는 계약을 체결하고 담보권이전등기를 하였으나 원래의 담보등기에 원인무효 등의 사유가 있는 경우 무효인 담보등기를 유효한 것으로 믿고 동산담보권을 양수했다고 하더라도 담보등기에 공신력이 인정되지 아니한 이상 동산담보권을 취득하지 못한다. 결론적으로 동산담보권은 선의취득의 대상이 될 수 없다는 것이다.

제3절 채권담보권

Ⅰ. 채권담보권의 성립

1. 채권담보권

채권담보권은 지명채권을 담보의 목적으로 한 담보권이다. 즉, 담보약정에 따라 금전의 지급을 목적으로 하는 지명채권을 목적으로 등기한 담보권을 말한다(법 제2조 제3호).

2. 담보의 목적

(1) 금전채권

담보로 제공할 수 있는 채권은 금전채권에 한한다(법 제34조 제1항). 금전 이외의 채권은 가치를 환산하기 곤란하고, 기업 등이 사업자금을 조달하기 위하여 담보로 제공하려는 경우 대상이 되는 채권은 사실상 금전채권에 한정될 가능성이 높기 때문이다. 이에 대하여는 비금전채권도 질권의 대상으로 되어 있으므로 이와 균형을 맞추는 차원에서 비금전채권이라고 하더라도 가액을 산정할 수 있는 경우에는 채권담보권의 객체가 될 수 있다고 보아야 한다는 견해도 있다.

(2) 장래 채권

여러 개의 채권(채무자가 특정되었는지 여부를 묻지 아니하고 장래에 발생할 채권을 포함한다)이더라도 채권의 종류, 발생 원인, 발생 연월일을 정하거나 그 밖에 이와 유사한 방법으로 특정할 수 있는 경우에는 이를 목적으로 하여 담보등기를 할 수 있다(동조 제2항).

종래 판례(88다카6358)는 발생개연성설에 따라 장래 채권의 양도가 유효하려면 특정가능성과 발생가능성이 있어야 한다고 보아 양도계약 당시에 그 목적물인 채권의 특정이 가능할 것과 가까운 장래에 발생할 것이 상당한 정도로 기대될 것을 요한다고 보았다. 그러나 이에 대하여는 장래채권의 처분에 관한 일반 법리에 의할 경우 특정가능성만을 요구하면 충분한데도 장래채권의 처분의 일종인 장래채권의 양도의 경우에만 유독 발생 개연성을 요건으로 하는 것은 그 근거가 없다는 비판과 발생개연성에 관한 판단기준이 애매모호하여 자의적으로 흐를 수 있고, 집합채권양도에 대한 수요를 제대로 수용하지 못하게 된다는 비판이 제기되었다. 이와 함께 장래채권의 양도적격과 관련하여 생기는 분쟁은 모두 양도당시에는 그 발생 여부가 확실하지 않았던 장래채권이 그 분쟁 당시에는 모두 실제로 발생하였던 것임에도 불구하고, 즉 분쟁 당시에는 실제로 현실화된 장래채권임에도 법원이 다시 그 양도 당시로 소급하여 그 당시를 기준으로 발생가능성 여부를 따질 수 있다는 것은 납득하기 어렵다는 비판도 제기되었다. 이에 위 법은 특정가능성만 있으면 충분하다고 하여 발생가능성을 그 요건으로 요구하고 있지 않다 이로써 담보로 제공할 수 있는 장래 채권의 범위는 넓어지게 되었다.

Ⅱ. 채권담보등기의 효력

1. 제3자에 대한 대항요건

채권담보등기는 제3자에 대한 대항요건이다. 즉, 약정에 따른 채권담보권의 득실변경은 담보등기부에 등기한 때에 지명채권의 채무자(이하 "제3채무자"라 한다) 외에 제3자에게 대항할 수 있다(법 제35조 제1항). 이는 제3자에 대한 대항력을 취득하기 위한 "확정일자 있는 통지나 승낙" 대신에 담보등기 제도를 채택한 것이다.

2. 제3채무자에 대한 대항요건

제3채무자에 대한 대항요건은 민법 제349조, 제450조 소정의 제3채무자에 대한 통지나 승낙이다. 즉, 담보권자 또는 담보권설정자(담보권 양도의 경우에는 그 양도인 또는 양수인을 말한다)는 제3채무자에게 등기사항증명서를 건네주는 방법으로 그 사실을 통지하거나 제3채무자가 이를 승낙하지 아니하면 제3채무자에게 대항하지 못한다(제35조 제2항). 제3채무자에 대한 대항요건은 제3채무자에게 변제하여야 할 상대방을 알려주어 이중변제의 위험을 방지하는 기능을 한다.

채권양도 통지는 양도인이 하여야 하는 것이 원칙이나 담보권자나 담보설정자(담보권 양도의 경우에는 양도인이나 양수인) 모두 할 수 있도록 통지권자의 범위를 확대하여 놓았다. 채권질권과 달리 채권담보권은 담보권설정자와 담보권자가 공동으로 담보등기를 하므로 제3채무자가 담보등기의 내용을 쉽게 확인할 수 있고, 허위 내용의 통지를 할 가능성이 낮다. 또한 채권을 담보로 제공한 사실을 통지하는 이익은 주로 담보권설정자보다는 담보권자에게 있다. 이런 이유로 담보권자나 그 양수인도 이를 통지할 수 있도록 한 것이다.

제3채무자가 특정되지 않은 장래의 채권에 대하여 담보등기를 한 경우에 제3채무자에 대한 대항요건을 어떻게 구비할 것인지 문제된다. 채권에 대한 담보등기 후 담보목적물인 채권이 발생하여 제3채무자가 특정된 이후에 담보권자나 담보권설정자가 제3채무자에게 담보등기 사실을 통지하면 대항력을 취득한다고 볼 것이다.

3. 담보등기와 민법상 통지 등의 순위

동일한 채권에 관하여 담보등기부의 등기와 확정일자 있는 통지 또는 승낙이 있는 경우에 담보권자 또는 담보의 목적인 채권의 양수인은 법률에 다른 규정이 없으면 제3채무자에게 등기와 그 통지의 도달 또는 승낙의 선후에 따라 그 권리를 주장할 수 있다(동조 제3항). 채권이 이중으로 담보로 제공되어 이중의 담보등기를 한 경우에는 등기의 시간적 순서에 따라 우열관계가 결정되고, 또한 채권담보등기와 확정일자 있는 통지의 도달 또는 승낙이 경합하는 경우에도 등기와 확정일자 있는 통지의 도달 또는 승낙의 시간적 순서에 따라 우열이 결정된다는 의미이다. 만일 채권담보등기와 확정일자 있는 통지의 도달 또는 승낙이 동시에 이루어졌다면 담보권자와 양수인의 순위는 동등한 것이 되고, 원칙적으로 안분비례로 배당하여야 할 것이다. 위 통지와 승낙에 관하여는 채권양도에 관한 민법 제451조 및 제452조를 준용한다(동조 제4항).

위 법에 의한 채권담보권자가 담보등기를 마친 후에서야 동일한 채권에 관한 채권양도가 이루어지고 확정일자 있는 증서에 의한 채권양도의 통지가 제3채무자에게 도달하였으나 위 법 제35조 제2항에 따른 담보권설정의 통지는 제3채무자에게 도달하지 않은 상태에서는 제3채무자에 대한 관계에서 채권양수인만이 대항요건을 갖추었으므로 제3채무자로서는 채권양수인에게 유효하게 채무를 변제할 수 있고 이로써 채권담보권자에 대하여도 면책된다. 다만 채권양수인은 채권담보권자에 대한 관계에서는 후순위로서, 채권담보권자의 우선변제적 지위를 침해하여 이익을 받은 것이 되므로, 채권담보권자는 채권양수인에게 부당이득으로서 그 변제받은 것의 반환을 청구할 수 있다. 그러나 그 후 위 통지가 제3채무자에게 도달한 경우에는 그 통지가 채권양도의 통지보다 늦게 제3채무자에게 도달하였더라도 채권양수인에게 우선하는 채권담보권자가 제3채무자에 대한 대항요건까지 갖추었으므로 제3채무자로서는 채권담보권자에게 채무를 변제하여야 하고, 채권양수인에게 변제하였다면 특별한 사정이 없는 한 이로써 채권담보권자에게 대항할 수 없다(2015다71856).

4. 이상을 종합해 보면 채권담보 등기제도의 기본구조는 ① 제3자에 대한 대항요건과 제3채무자에 대한 대항요건의 분리, ② 제3자에 대한 대항요건으로서 편리성과 투명성이 높은 등기방식 채택, ③ 제3채무자에 대한 대항요건으로서 제3채무자를 이중지급방지위험 및 항변권절단 등으로부터 보호하기 위한 통지방식 존치(다만 양수인도 통지가능)로 요약될 수 있다.

Ⅲ. 채권담보권의 실행

담보권자는 피담보채권의 한도에서 채권담보권의 목적이 된 채권을 직접 청구할 수 있다(법 제36조 제1항). 채권담보권의 목적이 된 채권이 피담보채권보다 먼저 변제기에 이른 경우에는 그 변제금액의 공탁을 청구할 수 있다. 이 경우 제3채무자가 변제금액을 공탁한 후에는 채권담보권은 그 공탁금에 존재한다(동조 제2항). 담보권자는 제1항 및 제2항에 따른 채권담보권의 실행방법 외에 민사집행법에서 정한 집행방법으로 채권담보권을 실행할 수 있다(동조 제3항).

Ⅳ. 준용규정

채권담보권에 대하여는 동산담보권에 관한 규정과 민법 제348조(저당채권에 대한 질권과 부기등기), 제352조(질권설정자의 권리처분제한)를 준용하고 있다(법 제37조). 동산담보권에 관한 규정 중 준용되는 규정으로는 담보권의 우선변제권(제8조), 불가분성(제9조), 담보권의 효력이 미치는 범위(제10조), 과실에 대한 효력(제11조), 피담보채권의 범위(제12조), 담보권의 양도(제13조), 물상대위(제14조), 담보목적물 이외의 재산으로부터의 변제(제15조), 물상보증인의 구상권(제16조), 담보목적물의 보충(제17조) 등의 규정을 들 수 있다. 그러나 채권의 성질상 점유를 전제로 하는 목적물 반환청구권(제19조), 목적물의 점유(제25조), 선의취득(제32조) 등은 준용되지 않는다.

제4절 담보등기

동산 및 채권의 담보등기에 관하여는 법 제4장(제38조 내지 제57조)에서 상세히 규정하고 있다.

Ⅰ. 관장기관과 관할

위 법 제39조에서 규정하고 있다.

Ⅱ. 등기의 방식과 절차

1. 등기관은 접수번호의 순서에 따라 전산정보처리조직에 의하여 담보등기부에 등기사항을 기록하는 방식으로 등기사무를 처리하여야 한다(법 제40조 제2항). 등기신청서류를 편철하는 방식으로 등기를 하는 미국과 달리 부동산등기부와 유사하게 운영하도록 한 것이다. 담보등기부는 담보설정자별로 구분하여 작성한다(제47조 제1항).

담보등기는 등기의무자와 등기권리자가 공동으로 신청한다(법 제41조 제1항, 공동신청주의). 다만 경정등기나 승소판결에 의한 등기는 등기권리자 등이 단독으로 신청할 수 있다(동조 제2항, 제3항).

2. 담보권의 존속기간은 최장 5년이다(법 제49조 제1항 본문). 동산, 채권 등의 유동성 등을 이유로 존속기간을 제한한 것이다. 다만 담보권에 관한 연장등기를 할 수 있으나 연장등기를 한 때로부터 5년을 초과할 수 없다(같은 항 단서).

제6장 가등기담보와 양도담보

제1절 총설

Ⅰ. 비전형담보의 의의와 작용

1. 의의

민법상 담보물권은 유치권, 질권, 저당권이다. 이를 전형담보(典型擔保)라고 한다. 그 중 적극적으로 신용수수의 역할을 하는 것은 약정담보물권인 질권과 저당권이다. 그렇지만 거래계에서는 이러한 민법상의 담보물권 제도를 불편하고 불만스럽게 여겨 자기들의 요청에 충족할 수 있는 모습의 담보제도를 개발하여 이용하게 되었다. 이와 같이 민법이 예정하지 않았던, 새로 마련된 담보방법을 비전형담보(非典型擔保) 또는 변칙담보(變則擔保)라고 한다.

2. 작용

위와 같은 비전형담보를 이용하게 된 이유는 다음과 같다.

① 기업용 동산(기계나 원료 등)이나 상품 이외에는 담보에 제공할 만한 적당한 재산을 가지고 있지 않은 경우에 신용을 얻기 위하여 이용할 수 있는 전형담보는 질권이다. 그러나 점유질인 질권을 이용하면 채무자는 기업용 동산을 생산 활동에 이용할 수 없다. 또한 생산한 상품을 입질한 때에는 이를 매각하거나 처분하기 어려워진다. 여기서 동산을 담보에 제공하되 저당권을 설정하는 것과 같은 결과, 즉 동산저당의 결과를 가져오기 위하여 거래계에서 이용하게 된 것이다.

② 질권과 저당권을 실행하는 방법은 원칙적으로 담보권실행을 위한 경매이다. 따라서 목적물의 값이 피담보채권을 넘고 있더라도 채권자가 그 초과분을 취득하지 못한다. 이에 채권자로서는 그 초과분까지 취득하기 위한 방법을 모색하게 되었는데, 그것이 바로 변칙적 담보제도이다.

③ 담보권실행경매는 그 절차가 번거롭고(시간도 오래 걸린다), 복잡하며, 목적물을 제대로

환가하지 못하는 등(보통 시가보다 저렴하게 매각된다) 여러 문제를 안고 있다. 이에 이러한 결함이 있는 절차를 회피하기 위하여 변칙적 담보제도를 이용하게 된 것이다.

그렇지만 비전형담보에도 문제가 없는 것은 아니다. 채권 담보 목적으로 소유권을 이전하는 경우와 같이 채권자가 피담보채권의 범위를 넘어서 목적재산의 가치 전부를 차지하게 되기 때문에 담보설정자와 다른 채권자를 보호할 필요가 크다. 변칙담보를 이용함으로써 채권자가 얻을 수 있었던 이익은 판례와 입법을 통해 많이 줄어들었다. 하지만 거래계에서는 끊임없이 새로운 담보방법을 만들어 내려고 하고 있다. 채권의 신속하고도 확실한 회수를 꾀하려는 채권자 측의 요청에 부응하는 완벽한 제도가 없는 이상 변칙담보는 없어지지 않을 것이고, 더 나아가 거래계에서 예상하지 못한 새로운 변칙담보가 생겨날 가능성도 있는 것이다.

Ⅱ. 비전형담보의 분류

1. 비전형담보에는 여러 종류가 있으나 공통적인 법률적 특징이 있는데, 그것은 채권담보의 수단으로 대외적으로는 채무자나 제3자가 소유하는 목적물의 소유권을 채권자에게 이전하는 형식을 취한다는 점이다(법률적 · 실체적으로 소유권이 이전하는지 여부는 별개의 문제이다). 이에 따라 "권리이전형 담보"라고 부르기도 한다. 이 점에서 제한물권의 법리에 따른 담보물권과 본질적으로 다르다.

재산권이전 형식의 담보의 기능으로는 우선변제권의 간이화, 많은 자금의 융통 가능성, 직접점유의 이전 없는 동산담보의 실현, 담보 객체의 다양화를 들기도 한다.

2. 비전형담보는 여러 기준에서 분류할 수 있는데(학자마다 분류하는 방법에 차이가 있다), 여기서는 자금을 획득하는 방법이 매매에 의한 것인지, 소비대차에 의한 것인지를 기준으로 분류하기로 한다.

(1) 자금을 매매에 의하여 얻는 것

이는 필요한 자금을 소비대차가 아니라 매매의 형식을 이용하는 것이다. 예컨대 1억 원의 자금을 필요로 하는 甲이 그의 부동산을 1억 원에 乙에게 매도하여 필요한 자금(매매대금)을 얻고, 나중에 이를 반환함으로써 그 부동산을 되찾아오는 방법이다. 그 법률적 수단으로는 환매와 재매매의 예약이라는 두 가지 방법이 있다. 이 둘 사이에는 기간(환매에 관하여는 제591조의 부동산 5년, 동산 3년이라는 제한이 있으나 재매매의 예약에 관해서는 기간의 제한이 없다)과 등기(환매에서는 제592조가 정하는 바와 같이 환매권의 보류를 등기할 수 있으나, 재매매의 예약에서는 청구권 보전을 위한 가등기를 할 수 있다)에서 약간의 차이가 있을 뿐, 법률구성에는 차이가 없다. 이 둘을 합하여 매도담보(賣渡擔保)라고 부른다.

매도담보에 대하여는 그러한 형태의 비전형담보의 관념은 해소되어야 한다는 견해도 유력하다. 피담보채권이 없는 채권담보란 형용모순이라는 것이다. 독일에서 환매특약부 매매의 형식을 띤 매도담보라는 개념은 동산에 대한 비점유질이라는 경제적·사회적 필요를 충족하기 위하여 등장한 것인데, 그 후 양도담보제도가 확고하게 법적 승인을 얻음으로써 그 사명을 다한 사어(死語)에 불과하게 되었다는 것이다.

(2) 자금을 소비대차에 의하여 얻는 것

이는 필요한 자금을 금전소비대차에 의하여 얻는 것이다. 이에는 계약체결과 동시에 담보목적물의 소유권을 채권자에게 이전하는 형식을 취하는 것과 채무불이행이 있는 때에 목적물의 소유권을 채권자에게 이전하는 형식을 취하는 것이 있다. 전자를 "좁은 의미의 양도담보" 또는 "본래적 의미의 양도담보"라고 하는데(매도담보와 이를 합하여 "넓은 의미의 양도담보"라고 한다), 예컨대 1억 원의 자금을 필요로 하는 甲이 소비대차계약에 의하여 乙로부터 1억 원을 빌리면서 이 채무를 담보하기 위하여 甲이 소유하는 동산이나 부동산의 소유권을 乙에게 이전하는 형식을 취하는 것이다. 후자는 자금을 융통받으면서 채권자와 채무자 사이에 채무자가 채무를 불이행한 경우에 채무의 변제를 갈음하여 채무자 소유의 동산이나 부동산으로(보통은 부동산이다) 변제할 것을 미리 약정하는 경우이다. 즉, 소비대차계약을 맺으면서 당사자가 대물변제예약을 하는 것을 말한다. 대물변제예약의 효과로 채무불이행시 채권자가 목적물의 소유권을 취득하는 형식으로 채권의 만족을 꾀하게 된다. 이때에는 장래의 소유권취득을 보전하기 위하여 가등기를 하는 경우가 있다. 그러한 가등기를 함으로써 채권자는 약정담보물권자와 같은 우선적 지위를 확보하게 되는데, 이러한 모습의 비전형담보를 가등기담보라고 부른다.

Ⅲ. 비전형담보에 대한 연혁

1. 의용민법시대

위에서 설명한 바와 같이 비전형담보는 양도담보, 매도담보, 가등기담보의 셋으로 나눌 수 있는데, 이들은 모두 의용민법시대에도 이용되고 있었다. 이들은 모두 소유권이전 형식을 취하는바, 종래의 학설과 판례는 그 형식대로 채권자에게 소유권이 이전된다고 보고 있었다. 그 결과 채권자는 채무자의 채무불이행이 있으면 담보목적물을 모두 차지함으로써 목적물의 가치 중 채권액을 초과하는 부분까지 취득하여 폭리를 취할 수 있었다. 여기서 채권자의 폭리를 막고 채무자를 보호할 필요가 생겼는데, 판례와 학설은 목적물의 가치와 채권액 사이에 부당히 큰 불균형이 있을 경우에는 폭리행위로서 무효라고 보고 있었다.

2. 민법 제607조 · 제608조의 신설

현행 민법은 제607조와 제608조를 신설하였다(이들 규정은 일본 민법에는 없다). 이들 규정에 의하면 소비대차의 당사자가 채권액을 초과하는 물건에 관하여 담보의 목적으로 대물변제예약 또는 가등기담보계약을 하면 그 대물변제예약은 무효로 되었다. 판례도 이러한 결과를 확인하였다. 그러나 그러한 대물변제예약을 무효라고 한다면 선의의 제3자 보호나 거래안전이 문제된다. 무효인 대물변제예약에 따라 행해진 등기도 무효가 되므로 그 무효의 등기에 터 잡아 이루어진 제3자의 등기도 역시 무효로 되기 때문이다. 그 후 판례가 변경되어 채권자의 정산의무를 인정하였다. 이에 따라 민법 제607조 · 제608조의 규정은 대물변제예약이나 가등기담보를 규율하는 데 매우 효과적이었다. 그런데 위 규정들은 대물변제예약에 관한 것이어서 양도담보나 매도담보에는 적용되지 아니하여 채권자가 폭리를 꾀할 수 있어 문제였다. 그 후 판례가 다시 변경되어 양도담보와 매도담보에도 위 규정들이 적용된다고 함으로써 결국 비전형담보의 형태가 대물변제예약이든 양도담보이든 상관없이 정산을 요구하게 되었다.

위와 같이 위 규정들에 의하여 채권자가 담보목적물을 모두 차지할 수 없게 되자 거래계에서는 채무자가 불이행한 때에 소송절차를 거치지 않고 채권자가 곧바로 소유권이전등기를 할 수 있도록 하기 위하여 제소전화해의 절차를 밟는 것이 많이 이용되었다. 그 결과 채무자는 비록 정산을 요구할 수 있어도 목적물을 회수할 수는 없게 되었다. 왜냐하면 제소전화해가 성립하여 화해조서가 작성되면 확정판결과 동일한 효력이 있기 때문에(판례는 무제한기판력설을 취하고 있다) 채무자로서는 소유권이전등기의 말소와 같은, 기판력에 반하는 주장을 할 수 없기 때문이다. 이러한 점을 악용하여 채권자는 단지 집행권원을 얻는 수단으로 법원에 제소전화해를 신청하여 채무자를 괴롭혀 왔던 것이다. 이에 가등기담보 등에 관한 법률 시행 이후 법원은 제소전화해로 인한 폐해를 막기 위하여 당사자 사이에 화해가 이루어졌더라도 제소전화해조서의 작성을 거절하기도 하였다.

3. 가등기담보 등에 관한 법률의 제정

이러한 과정을 거쳐 가등기담보 등에 관한 법률이 제정되어 1984년 시행되기에 이르렀다. 이 법률은 가등기담보뿐만 아니라 양도담보, 매도담보에도 적용된다. 당사자들이 환매, 대물반환의 예약 등 어떠한 표현을 사용하든 관계없이 이 법률이 적용된다(이 점에서 일본의 1979년 시행된 "가등기담보계약에 관한 법률"이 판례에 의하여 정리된 가등기담보에 관하여만 적용되는 것과 다르다). 다만 가등기담보에 대하여는 비교적 상세한 규정을 두고 있는 반면에, 양도담보에 관하여는 가등기담보에 관한 규정이 적용되거나 준용됨을 인정할 수 있는 조문을 두는 형식으로 간략하게 규정되어 있다. 위 법률은 등기나 등록과 같은 공시방법이 있는 것에 한하여 적용된다. 따라서 등기나 등록에 의하여 공시되지 않는 물건이나 재산권을 목적으로 한 비전형담보는 위 법률에 의하여 규율되지 않는다.

입법의 필요성에 관하여는 입법의 초기단계에서 유저당의 폐해를 막기 위한 특별입법은 우리 민법 제607조, 제608조가 있는 한 필요 없으며, 판례에 의하여서도 가등기담보에 유저당의 효력을 인정하지 아니하고 있으므로 이러한 목적을 위해 특별법을 제정할 필요성은 없었다는 비판적인 의견도 있었다. 또한 내용면에서 이러한 규제입법이 지나치게 비전형담보의 효율성을 억압할 때에 결국 이러한 담보를 이용하는 것을 꺼리게 만들어 이 법 자체의 실효성을 상실시킬 것이라고 우려하는 목소리도 있었다.

제2절 가등기담보

제1관 서설

Ⅰ. 가등기담보의 의의와 작용

1. 의의

채권 특히 금전채권을 담보하기 위하여 채권자와 채무자(또는 제3자) 사이에 채무자(또는 제3자) 소유의 부동산에 관하여 대물변제예약 또는 매매예약 등을 하면서 채무불이행이 있는 경우 채권자가 예약완결권을 행사함으로써 발생하게 될 장래의 소유권이전등기청구권을 보전하기 위하여 가등기를 하는 것을 "가등기담보"라고 한다. 요컨대 채권담보를 위하여 가등기를 이용하여 행해지는 대물변제예약 또는 매매예약 등을 말한다. 이 경우 채무자의 채무불이행이 있으면 채권자는 예약완결권을 행사하고 소유권이전등기를 함으로써 채권의 만족을 얻는다. 소유권이전의 형식을 취한다는 점에서 양도담보와 유사하다. 다만 양도담보에서는 양도담보설정계약과 동시에 소유권이전의 형식을 취하는 반면에, 가등기담보에서는 채권자가 가등기만을 취득할 뿐이고, 소유권은 채무자(또는 제3자)에게 그대로 남아 있게 되나 채무불이행이 있으면 채권자가 예약완결권을 행사하여 소유권이전등기를 함으로써 비로소 그때 소유권을 취득하게 된다. 이때 장래의 소유권이전등기청구권을 보전하기 위하여 행해지는 가등기를 일반적으로 "담보가등기"라고 부른다.

2. 가등기담보의 여러 모습

(1) 대물변제예약과 가등기를 하는 경우

예컨대 소비대차에 의하여 甲이 乙로부터 1,000만원을 이율 연25%로 1년간 빌리면서 변제기에 원리금을 갚지 않을 때에는 甲 소유의 시가 2,000만 원인 부동산을 乙에게 이전할 것을 미리 약정하고, 이 예약에 따라 乙이 가지는 장래의 소유권이전등기청구권을 보전하기 위하여 가등기를 하면 乙의 채권은 담보된다. 만일 甲이 변제기에 원리금 1,250만 원을 갚지 않으면 乙은 예약완결권을 행사하여 대물변제를 성립시킴으로써(그 방법은 가등기에 기한 본등기를 하는 것이다) 시가 2,000만 원의 부동산소유권을 취득하게 된다. 그 결과 乙은 원리금에 충당하고도 남은 750만 원까지 차지하게 되는 이익을 누리게 된다. 이 초과분을 어떻게 조정할지에 관하여는 후술하기로 한다.

(2) 매매예약과 가등기를 하는 경우

앞의 예에서 甲이 乙로부터 돈을 빌릴 때 차용금상당액을 매매대금으로 하여 甲 소유의 부동산을 乙에게 매도하는 매매예약을 하고, 乙이 매매예약에 따라 가지는 장래의 소유권이전등기청구권을 보전하기 위하여 가등기를 하면 乙의 채권은 담보된다. 만일 甲이 변제기에 원리금을 갚지 않으면 乙은 예약완결권을 행사하여 본계약인 매매계약을 성립시킴으로써(그 방법은 가등기에 기한 본등기를 하는 것이다) 부동산의 소유권을 취득하고, 대여금 채권과 매매대금 채권을 상계한다. 그 실질에서는 대물변제예약을 한 경우와 차이가 없다.

(3) 매매를 하고 가등기를 하는 경우

위 매매예약을 하는 대신에 매매계약을 하고 가등기를 해도 같은 결과가 된다. 이때 乙은 매수인으로서 가지는 소유권이전등기청구권을 보전하기 위하여 가등기를 하는 것이다.

3. 작용

(1) 가등기담보는 앞서 설명한 바와 같이 유저당계약과 함께 이용되고 있었다. 그 이유는 채권자는 ① 저당권과 대물변제예약 중 자기에게 유리한 어느 하나를 선택하여 채권을 회수할 수 있고, ② 대물변제예약이 폭리행위로서 무효가 되더라도 저당권에 기하여 우선변제를 받을 수 있으며, ③ 대물변제예약을 실행함으로써 복잡하고 시간이 오래 걸리는 저당권실행 절차를 밟지 않아도 되기 때문이었다. 그런데 대물변제예약은 채무자에게 매우 불리한 것이어서 의용민법시대의 통설과 판례는 폭리행위로서 무효가 된다고 함으로써 문제를 해결하려고 하였음은 전술한 바 있다. 그러나 이러한 해석론은 채무자보호와 폭리행위 방지에 충분한 것이 되지 못하였다.

(2) 그 후 민법을 제정하면서 제607조와 제608조를 두어 채권자의 폭리행위를 규제하게 되었다. 제607조를 위반한 대물변제예약은 제608조에 의하여 채무자에게 불리한 것은 그 효력이 없게 되었는데, 여기서 "그 효력이 없다"는 것이 무엇을 의미하는지에 관하

여 처음에 판례는 제607조를 위반한 대물변제예약은 단순 무효라고 보았으나 이렇게 보면 대물변제예약에 기한 가등기나 소유권이전등기도 무효가 되어 그 무효인 등기를 바탕으로 하여 이루어진 제3자 명의의 등기도 역시 무효가 되므로 선의의 제3자 보호 또는 거래의 안전이 문제되었다. 그 후 판례를 변경하여 채권자의 청산의무를 인정하였다. 즉, 대물변제예약이 제607조를 위반하여 제608조에 따라 무효인 경우 차주인 채무자의 채무불이행을 이유로 그 무효인 대물변제예약을 바탕으로 하여 채권자인 대주에게 소유권이전등기가 되면 그 등기는 차주의 채무원리금 채무를 담보하는 범위 내에서는 그대로 효력이 있다고 보았고, 이때의 담보는 정산을 요한다는 의미(초과분은 채무자에게 반환하여야 한다는 의미)에서 "약한 의미의 양도담보"라고 하였다.

(3) 그런데 1960년대 후반에 들어와 저당권을 설정하지 않고 단순히 대물변제예약을 하고, 그 예약상의 소유권이전등기청구권을 보전하기 위하여 가등기를 함으로써 채권담보의 목적을 이루려는 관행이 널리 행해지게 되었다. 뿐만 아니라 채무불이행의 경우에 소송절차를 거치지 않고 채권자가 곧바로 본등기를 할 수 있도록 하기 위하여 편법으로 제소전 화해를 하는 것이 일반화되었다. 이러한 경우 채권자는 대물변제예약을 저당권과 함께 이용하는 위 세 가지 이유 중 ①과 ②의 이점은 없지만 ③의 이점은 그대로 누릴 수 있게 된다. 또한 가등기를 할 뿐이어서 덜 번거롭고 비용면에서도 유리하였으며, 피담보채권액보다 훨씬 높은 가치의 부동산을 목적으로 함으로써 고리를 취하는 경우도 있었다. 물론 이 경우에도 판례에 따라 청산이 요구되는 점은 변함이 없었다.

(4) 1970년대 들어와 위와 같은 가등기담보는 금융기관이 아닌 사인 사이의 금전대차에서도 널리 이용되었다. 그리하여 이제는 가등기담보에 따르는 문제들을 판례에만 의존하여 해결하기에는 역부족이라고 판단하게 되었다. 이에 당사자의 목적이 채권담보에 있음을 직시하여 법 형식에 구애됨이 없이 채권자의 권리를 일종의 담보권으로 구성하고, 그 효과도 그 한도에서 인정하는 방향으로 해석하자는 주장이 힘을 얻게 되었다. 때마침 일본이 1978년에 "가등기담보계약에 관한 법률"을 제정하자 그 영향으로 1983년에 일본의 위 법률을 참고로 하여 "가등기담보 등에 관한 법률"을 제정하기에 이르렀다. 이 법률의 제정으로 채권자는 종래와 같이 귀속청산을 할 수는 있으나 그 외에는 종전보다 많이 불리해졌다. 특히 후순위채권자의 경매 신청을 막지 못하고 경매절차 내에서 배당을 받을 수 있을 뿐인 점(위 법 제14조 참조), 목적부동산의 값이 채권액보다 높을 때에는 그 차액만큼의 청산금을 준비하여야 하는 점 등으로 인하여 채권자에게 너무 경직한 제도가 되어 채권자가 기피하는 경향을 보이기 시작했다. 이러한 이유로 가등기담보제도는 거의 이용되지 않게 되었다. 일본에서도 마찬가지여서 위 법률을 가등기담보의 압살법(壓殺法)이라고 평하기도 하였다.

Ⅱ. 가등기담보의 성질

가등기담보의 성질에 관하여 통설은 일종의 담보물권으로서 특수저당권 또는 준저당권이라고 한다. 그 이유는 ① 가등기담보권자에게 경매청구권이 인정되고, 가등기담보권을 저당권으로 보고 있고(제12조), ② 담보목적물에 대하여 제3자가 경매절차를 밟게 되면 가등기담보권은 저당권으로 취급되어 가등기담보권자가 가등기의 순위를 가지고 우선변제를 받으며(제13조), ③ 도산절차와 국세징수절차에서 가등기담보권자는 저당권자와 마찬가지로 취급되는데(제17조 제1항, 제3항), 이러한 경매청구권, 우선변제권, 별제권 등은 모두 담보물권의 특유한 효력이기 때문이다. 따라서 저당권에 관한 규정은 원칙적으로 가등기담보에 유추 적용되고, 가등기담보에는 담보물권의 통유성인 부종성, 수반성, 불가분성, 물상대위성 등이 있다고 본다.

Ⅲ. 가등기담보 등에 관한 법률(이하 "가담법"이라 한다)의 적용범위

1. 가담법 제1조와 제2조 제1호에 의하면 가등기담보계약은 민법 제608조에 의하여 효력이 없게 되는 대물변제예약에 포함된 채권담보계약을 말한다. 여기서의 대물변제예약은 소비대차에 부수해서 대물변제의 예약을 한 경우이다. 준소비대차에 부수해서 한 경우도 포함된다(2003다29968). 따라서 가담법의 적용을 받는 것은 소비대차나 준소비대차의 당사자가 그 소비대차나 준소비대차에서 생긴 채무를 담보하기 위하여 대물변제예약을 한 경우라는 것이 된다. 판례도 같다. 즉, 매매대금채권을 담보하기 위한 경우(96다31895), 물품대금의 선급금반환을 위한 채무의 담보를 위한 경우(92다22879), 공사잔대금 채권을 담보하기 위한 경우(96다31116)에는 가담법이 적용되지 않는다. 다수설(광의설 또는 무제한설)은 위 판례(협의설 또는 제한설)에 반대하면서 채무자 보호를 위하여 피담보채무가 소비대차나 준소비대차상의 채무가 아닌 경우에도 가담법이 유추 적용되어야 한다고 본다. 그 이유는 실제 거래계에서는 소비대차가 아닌 계약상의 채무를 피담보채권으로 하여 비전형담보를 설정하는 일은 매우 자주 보는 일로서 이러한 경우에 소비대차상의 채무와 달리 취급할 하등의 필요도 없거니와 소비대차, 준소비대차상의 채무자는 약자이고, 그 외의 채무자는 강자라는 논리는 무리라고 하지 않을 수 없다는 것이다.

나아가 매매대금 채권과 대여금 채권 모두를 담보하기 위하여 가등기담보를 설정한 경우 판례는 ① 가등기담보의 주목적이 매매대금채권의 확보에 있고 대여금 채권의 확보는 부수적 목적인 경우에는 가담법이 적용되지 않고(2002다50484), ② 두 채권이 병존하다가 매매대금 채권이 변제로 소멸하여 대여금 채권만이 남게 되면 가담법이 적용되지만(2003다29968), ③ 매매대금 채권을 피담보채권으로 하여 가등기담보를 설정하였다가 대여금 채권이 피담보채권에 포함되더라도 가담법이 적용되지 않는다고 본다(2000다29356).

2. 약정 당시의 목적물의 시가가 채권원리금에 미치지 못하는 경우에도 가담법이 적용되지 않는다(2005다61140, 가담법 제1조 참조). 그런데 약정 이후에 담보목적물의 가액이 상승하여 피담보채권을 초과한 경우 판례(97다4005, 개발계획의 발표에 의하여 지가가 급등한 경우이다)는 "부동산에 관하여 정산절차를 예정한 약한 의미의 양도담보 약정이 이루어졌다면 채권자는 채무의 변제기 후 반드시 담보권 실행을 위한 정산절차를 거쳐야만 하는 것이고, 채무자로서는 채권자가 담보권을 실행하여 정산절차를 마치기 전에는 채무를 변제하고 부동산에 대한 채권자 명의의 소유권이전등기의 말소를 구할 수 있다고 할 것인바, 이는 양도담보 약정 당시 당해 부동산의 시가가 채권 원리금에 미달한다 하더라도 마찬가지이다."라고 판시한 바 있다(청산을 요한다는 취지이다).

제 2 관 가등기담보권의 설정과 이전

Ⅰ. 가등기담보권의 설정

가등기담보권은 가등기담보계약과 가등기를 함으로써 설정된다.

1. 가등기담보계약

가담법 제2조 제1호에 "담보계약이란 민법 제608조에 따라 그 효력이 상실되는 대물반환의 예약(환매, 양도담보 등 명목이 어떠하든 그 모두를 포함한다)에 포함되거나 병존하는 채권담보계약을 말한다"라고 규정하고 있다. 가등기담보계약은 채무를 담보하기 위하여 그 불이행이 있는 때에 채무자 또는 제3자에게 속하는 소유권 기타의 권리를 채권자에게 이전할 목적으로 한 대물변제예약 또는 그 밖의 계약이다. 그 계약에 의하여 채권자는 그의 권리에 관하여 가등기나 가등록을 할 수 있다.

(1) 계약당사자

채권자와 채무자, 또는 채권자와 물상보증인이다(가담법 제2조 제2호 참조).

(2) 계약의 요건

(가) 채권을 담보하는 것일 것

전술한 바와 같이 여기서의 채권은 소비대차에 의한 채권, 즉 금전 기타 대체물의 급부를 목적으로 하는 것이어야 한다.

(나) 담보의 목적으로 행한 것

담보의 목적인지 여부는 계약마다 개별적으로 판단하여야 한다. 대물변제예약을 하는 경우에는 일반적으로 담보목적이 있는 것으로 추정할 수 있을 것이다. 그러나 매매예약이나 매매계약을 하는 경우에도 당연히 담보목적이 있다고 볼 수 없다. 따라서 매매예약이나 매매계약의 경우에는 가등기담보인지 아니면 본래의 매매예약이나 매매계약인지는 여러 사정을 고려하여 구체적·개별적으로 결정하여야 할 것이다.

(다) 채무불이행이 있는 때에는 일정한 권리를 채권자에게 이전한다는 내용의 계약일 것

가등기담보계약은 소유권 등 권리의 이전을 목적으로 하는 계약이면 되고, 그 명칭은 묻지 않는다(가담법 제2조 제1호). 따라서 대물변제예약에 한하지 않으며, 매매예약이나 매매계약이라는 명칭을 사용하고 있더라도 상관없다. 양도담보계약은 계약을 체결하자마자 권리를 채권자에게 이전하는 것이므로 여기서 말하는 가등기담보계약에는 포함되지 않는다.

(라) 채권자의 계약상의 권리에 관하여 가등기(또는 가등록)를 할 수 있는 것일 것

부동산등기법 제3조에 열거되어 있는 부동산에 관한 권리(이들은 부동산등기법 제88조에 의하여 가등기를 하는 것이 가능하다) 중 권리질권·저당권·전세권을 제외한(가담법 제18조 참조) 그 밖의 권리, 즉 소유권, 지상권, 지역권, 임차권 등의 권리가 그것이다. 그러나 실제로 이용되는 것은 대부분 소유권이다. 이하 부동산소유권에 한정하여 설명하기로 한다.

2. 가등기(또는 가등록)

공시방법인 가등기 또는 가등록을 갖추어야 한다. 보통은 소유권이전청구권의 보전을 위한 가등기를 한다. 이처럼 채권담보의 목적으로 마친 가등기를 담보가등기라고 한다(가담법 제2조 제3호).

(1) 피담보채권의 금액, 채무자, 이자 등은 기록하지 않는다. 따라서 가등기담보권에 의한 목적물가치의 우선적 지배범위를 후순위담보권자를 비롯한 제3자에 대하여 공시하지 못한다. 결국 가등기담보권을 설정하면 후순위권리자의 성립을 방해함으로써 목적부동산의 담보가치를 효율적으로 이용할 수 없게 된다. 또한 담보가등기와 보통의 가등기는 등기부상으로는 구별되지 않기 때문에 등기부상의 기록만으로는 담보가등기인지 여부를 알 수 없다. 담보가등기인 경우 등기예규 제1057호에 의하면 "소유권이전담보가등기" 또는 "저당권설정가등기"라고 기록하여야 하나 실제로는 담보가등기임에도 이렇게 기록하지 아니하는 경우도 있기 때문이다. 가등기가 담보가등기인지 여부는 등기부상 표시나 등기 시에 주고 받은 서류의 종류에 의하여 형식적으로 결정될 것이 아니고, 거래의 실질과 당사자의 의사해석에 따라 결정될 문제이다(91다36932). 즉, 당해 가등기가

담보 가등기인지 여부는 당해 가등기가 실제상 채권담보를 목적으로 한 것인지 여부에 의하여 결정되는 것이지 당해 가등기의 등기부상 원인이 매매예약으로 기재되어 있는지 아니면 대물변제예약으로 기재되어 있는가 하는 형식적 기재에 의하여 결정되는 것이 아니라는 것이다(98마1333). 부동산의 강제경매절차에서 경매 목적 부동산이 낙찰된 때에도 소유권이전등기청구권의 순위보전을 위한 가등기는 그보다 선순위의 담보권이나 가압류가 없는 이상 담보목적의 가등기와는 달리 말소되지 아니한 채 낙찰인에게 인수되는 것인바, 권리신고가 되지 않아 담보가등기인지 순위보전의 가등기인지 알 수 없는 경우에도 그 가등기가 등기부상 최선순위이면 집행법원으로서는 일단 이를 순위보전을 위한 가등기로 보아 낙찰인에게 그 부담이 인수될 수 있다는 취지를 입찰물건명세서에 기재한 후 그에 기하여 경매절차를 진행하면 족한 것이지, 반드시 그 가등기가 담보가등기인지 순위보전의 가등기인지 밝혀질 때까지 경매절차를 중지하여야 하는 것은 아니다(2003마1438).

(2) 일반적으로 가등기는 순위보전적 효력을 가지나 가등기담보권자는 목적물이 다른 채권자에 의하여 경매(강제경매 또는 담보권실행경매)에 부쳐진 경우에 가등기인 채로(가등기에 기한 본등기를 하지 않고서도) 가등기의 순위를 가지고 우선변제권을 행사할 수 있다(가담법 제13조). 따라서 담보가등기는 마치 담보물권을 공시하는 것과 같은 기능과 효력을 갖는다.

Ⅱ. 가등기담보권의 양도성

1. 가등기담보권자는 채무자로부터 변제기에 피담보채권을 변제받음으로써, 또는 그러한 변제가 없는 경우에는 가등기담보권을 실행함으로써 투하자금을 회수할 수 있다. 그러나 피담보채권의 변제기가 되기 전에 투하자금을 회수하려면 가등기담보권을 처분하여야 한다. 가등기담보권도 일종의 담보물권 또는 특수저당권이므로 보통의 물권과 같이 이전성 또는 양도성을 가진다.

2. 구체적인 양도방법에 관하여 보건대, 저당권의 처분에 관한 민법 제361조를 적용하여 채권과 함께 양도할 수 있을 뿐이라고 하여야 한다. 따라서 가등기담보권부 채권의 양도는 채권의 양도 겸 가등기담보권의 양도이므로 부동산물권변동의 일반원칙에 따라 물권적 합의와 등기를 하여야 효력이 생기며(등기는 가등기에 권리이전의 부기등기를 한다), 채권양도에 관한 민법 제449조 내지 452조에 의한 대항요건을 갖추어야 한다.

제 3 관 가등기담보권의 효력

Ⅰ. 총설

가등기담보권은 일종의 담보물권이므로 우선변제적 효력이 가장 중요한 효력이다. 가담법이 정하고 있는 그 실현방법은 두 가지이다. 하나는 가등기담보권자가 목적부동산의 소유권을 취득하는 형식으로 목적물의 가치를 취득하여 피담보채권을 회수하는 방법이다. 이를 "권리취득에 의한 실행" 또는 "귀속정산"이라고 한다. 다른 하나는 가등기담보권자가 경매를 신청함으로써 목적부동산을 현금화하여 그 대가로부터 피담보채권의 변제를 받는 방법이다. 이를 "경매에 의한 실현"이라고 한다. 가등기담보권자는 이 두 가지 중 원하는 것을 선택할 수 있다(가담법 제12조 제1항). 이에 반하여 양도담보권자는 경매청구권이 없기 때문에 권리취득에 의한 실행만이 인정된다. 판례(2002다42001)는 가담법이 제3조와 제4조에서 가등기담보권의 사적 실행방법으로 귀속정산의 원칙을 규정함과 동시에 제12조와 제13조에서 그 공적 실행방법으로 경매의 청구 및 우선변제청구권 등 처분정산을 별도로 규정하고 있는 점, 위 제4조가 제1항 내지 제3항에서 채권자의 청산금 지급의무, 청산기간 경과와 본등기청구, 청산금의 지급의무와 부동산의 소유권이전등기 및 인도 채무의 동시이행관계 등을 순차로 규정한 다음, 제4항에서 제1항 내지 제3항에 반하는 특약으로서 채무자등에게 불리한 것은 그 효력이 없다고 규정하고 있는 점, 나아가 제11조는 채무자등은 청산금 채권을 변제받을 때까지 그 채무액을 채권자에게 지급하고 그 채권담보의 목적으로 경료된 소유권이전등기의 말소를 청구할 수 있다고 규정하고 있는 점 등을 종합하여 보면, 가등기담보권의 사적 실행에 있어서 채권자가 청산금의 지급 이전에 본등기와 담보목적물의 인도를 받을 수 있다거나 청산기간이나 동시이행관계를 인정하지 아니하는 '처분정산'형의 담보권실행은 가담법상 허용되지 아니한다고 본다. 그 밖에 다른 채권자에 의하여 경매절차가 개시된 경우에 그 절차 내에서 우선변제를 받는 방법(배당참가)도 인정된다(이는 엄격히 말하자면 가등기담보권의 실행 자체는 아니다).

Ⅱ. 일반적 효력

1. 효력이 미치는 범위

(1) 피담보채권의 범위

가등기담보권의 피담보채권의 범위에 관하여는 저당권에 관한 민법 제360조가 적용된다(가담법 제3조, 제4조 참조). 따라서 원본, 이자, 위약금, 채무불이행에 의한 손해배상, 실행비용이 피담보채권에 포함된다. 다만 지연배상은 원본의 이행기를 경과한 1년분에 한

한다(민법 제360조 단서). 저당권에서 이들은 모두 등기사항이나 가등기담보에서는 이들을 등기할 방법이 없다. 등기 없이 제3자, 특히 후순위권리자에 대하여도 주장할 수 있다. 이런 이유로 가등기담보권을 설정하면 목적부동산의 담보가치를 효율적으로 이용할 수 없게 된다는 점에 관하여는 전술한 바 있다.

채권자와 채무자가 가등기담보권설정계약을 체결하면서 가등기 이후에 발생할 채권도 후순위권리자에 대하여 우선변제권을 가지는 가등기담보권의 피담보채권에 포함시키기로 약정할 수 있고, 가등기담보권을 설정한 후에 채권자와 채무자의 약정으로 새로 발생한 채권을 기존 가등기담보권의 피담보채권에 추가할 수도 있으나, 가등기담보권 설정 후에 후순위권리자나 제3취득자 등 이해관계 있는 제3자가 생긴 상태에서 새로운 약정으로 기존 가등기담보권에 피담보채권을 추가하거나 피담보채권의 내용을 변경, 확장하는 경우에는 이해관계 있는 제3자의 이익을 침해하게 되므로, 이러한 경우에는 피담보채권으로 추가, 확장한 부분은 이해관계 있는 제3자에 대한 관계에서는 우선변제권 있는 피담보채권에 포함되지 않는다(2011다28090).

(2) 목적물의 범위

가등기담보의 효력이 미치는 목적물의 범위는 설정계약에서 정한 바에 따라야 하지만 부합물·종물 등에 관하여는 민법 제358조에 따라 그 범위에 포함된다고 보아야 한다.

(3) 물상대위

가등기담보권은 일종의 담보물권이므로 당연히 물상대위성을 가진다고 보아야 한다.

2. 대내적 효력

가등기담보권이 설정되더라도 목적물의 소유권은 가등기담보권의 실행 전에는 설정자에게 귀속한다. 따라서 설정자는 자유로이 목적물을 이용할 수 있고, 제3자를 위한 용익권을 설정할 수도 있다. 그러나 채권자가 가등기담보권을 실행하여 그 담보목적부동산의 소유권을 취득하기 위하여 가담법에 따라 채무자에게 담보권 실행을 통지한 경우 청산금을 지급할 여지가 없는 때에는 2개월의 청산기간이 경과함으로써 청산절차는 종료되고, 이에 따라 채권자는 더 이상의 반대급부의 제공 없이 채무자에 대하여 소유권이전등기청구권 및 목적물 인도청구권을 가진다 할 것임에도 채무자가 소유권이전등기의무 및 목적물 인도의무의 이행을 지연하면서 자신이 담보목적물을 사용·수익할 수 있다고 하는 것은 심히 공평에 반하여 허용될 수 없으므로 이러한 경우 담보목적물에 대한 과실수취권 등을 포함한 사용·수익권은 청산절차의 종료와 함께 채권자에게 귀속된다(2000다20465).

3. 대외적 효력

(1) 담보권자의 처분

전술한 바와 같이 채권자는 가등기담보권을 제3자에게 처분할 수 있다.

(2) 국세우선권과의 관계

가등기담보권은 국세기본법, 국세징수법, 지방세기본법을 적용할 때 이를 저당권으로 본다(가담법 제17조 제3항). 국세우선권과 저당권의 관계에 관하여는 전술한 바 있다.

(3) 설정자의 파산 등 도산절차

파산재단에 속하는 부동산에 설정한 담보가등기권리에 대하여는 채무자 회생 및 파산에 관한 법률 중 저당권에 관한 규정을 적용한다(가담법 제17조 제1항). 따라서 담보가등기권리자는 환취권이 아닌 별제권을 가진다(위 법률 제411조). 파산재단에 속하지 아니하는 파산자의 부동산에 대하여 설정되어 있는 담보가등기권리자에 관하여는 준별제권자에 관한 위 법률 제414조를 준용한다(가담법 제17조 제2항). 담보가등기권리는 위 법률을 적용할 때에는 저당권으로 본다(동조 제3항). 따라서 설정자에 대하여 회생절차가 개시된 경우 가등기담보권은 회생담보권으로 다루어지게 된다(위 법률 제141조).

Ⅲ. 가등기담보권의 실행

1. 권리취득에 의한 실행

피담보채권의 변제기가 지나도록 채무자가 이행하지 않는 경우 가등기담보권자는 담보목적물로부터 피담보채권을 변제받기 위하여 목적부동산의 소유권을 취득할 수 있다. 그러나 가등기담보권자에 의한 소유권취득은 채무자의 채무불이행이 있는 때에 곧바로 할 수 있는 것이 아니다. 그에 앞서 채무자등에게 일정사실을 통지하고, 통지 후 2개월의 청산기간이 지나야 가등기담보권자가 소유권을 취득할 수 있다. 뿐만 아니라 만일 목적부동산의 가액이 채권액을 넘으면 그 차액을 채무자등에게 지급하여야 한다. 그러므로 이 실행방법은 실행통지 · 청산 · 소유권취득의 3단계를 거치게 된다.

(1) 실행통지(가담법 제3조)

(가) 채권자가 담보계약에 따른 담보권을 실행하여 그 담보목적부동산의 소유권을 취득하기 위하여는 그 채권의 변제기 후에 제4조의 청산금의 평가액을 채무자등에게 통지하고, 그 통지가 채무자등에게 도달한 날부터 2개월(이하 "청산기간"이라 한다)이 지나야 한다. 이 경우 청산금이 없다고 인정되는 경우에는 그 뜻을 통지하여야 한다(제1항). 여기

서의 "청산금의 평가액"은 채권자가 주관적으로 평가한 값(일본에서는 "청산금 견적액"이라고 한다)을 말하며, 객관적인 평가액에 미치지 못해도 상관없다(2015다13171, 가담법 제3조, 제4조를 위반하여 담보가등기에 기한 본등기가 이루어진 경우에는 본등기는 무효이고, 설령 본등기가 가등기권리자와 채무자 사이에 이루어진 특약에 따라 이루어졌더라도 만일 특약이 채무자에게 불리한 것으로 무효라면 본등기는 여전히 무효이다). 목적물의 값이 채권액에 미달할 경우(예약 당시가 아닌 실행통지 당시를 기준으로 한다. 왜냐하면 전자라면 가담법 자체가 적용되지 않기 때문이다) 그 차액은 무담보채권으로 남게 된다. 청산금이 없다고 인정되는 경우에 그 뜻을 통지하도록 한 이유는 채무자로서는 채권자가 사적실행과 경매 중 어느 실행방법을 택하였는지 알 수 없고, 따라서 통지도 없고 경매도 하지 않으면 실행하였는지를 알 수 없기 때문이다.

제1항에 따른 통지에는 통지 당시의 담보목적부동산의 평가액과 민법 제360조에 규정된 채권액을 밝혀야 한다. 이 경우 부동산이 둘 이상인 경우에는 각 부동산의 소유권이전에 의하여 소멸시키려는 채권과 그 비용을 밝혀야 한다(제2항). 후단의 경우 민법상 공동저당과 달리 채권자가 자유롭게 할당할 수 있다고 본다.

(나) 통지의 상대방(채무자등)은 채무자 · 물상보증인 · 담보가등기 후 소유권을 취득한 제3자이다(가담법 제2조 제2호). 통지는 이들 모두에게 하여야 한다. 즉, 채무자등의 일부에 대하여 위 통지를 하지 않으면 청산기간이 진행할 수 없게 되고, 따라서 가등기담보권자는 그 후 적절한 청산금을 지급하거나 실제 지급할 청산금이 없다고 하더라도 가등기에 기한 본등기를 청구할 수 없으며, 설령 편법으로 본등기를 마쳤다고 하더라도 그 소유권을 취득할 수 없다(2001다81856).

(다) 통지 시기는 피담보채권의 변제기 이후이면 언제라도 좋다.

(라) 통지 방법에는 제한이 없으며, 구두로도 충분하다. 다만 통지 시기는 청산기간의 기산일에 해당되므로 내용증명우편 등으로 확실하게 할 필요가 있다. 가등기담보 중 예약형(대물변제예약과 매매예약 등)에서는 예약완결의 의사표시를 해야 하나 이 의사표시와 위 실행통지는 동일한 통지로 해도 상관없다.

(마) 통지의 일반적 효력

통지는 사적실행의 착수를 고지하는 의미 외에, 청산기간을 진행시키고, 사적실행에 의하여 변제받을 채권의 범위를 고정시키는 효력과 그 밖에 후술하는 바와 같이 후순위 채권자로 하여금 피담보채권의 변제기 전에도 경매청구를 할 수 있게 하는 효과도 있다(가담법 제12조 제2항).

(2) 청산

위와 같은 실행통지를 한 후 목적부동산의 값이 채권액을 초과하는 경우에는 가등기담보권자는 청산기간 경과 후 다음과 같이 청산을 해야 목적부동산의 소유권을 취득할 수 있다.

(가) 청산의무

채권자는 피담보채권의 범위 내에서만 목적물의 가치를 취득할 수 있을 뿐이므로 목적물가액과 채권액의 차액을 청산금으로서 채무자등에게 지급하여야 한다(가담법 제4조 제1항). 이 청산의무의 발생 시기는 청산기간이 만료한 때이다. 그 이전에 변제하여도 후순위권리자에게 대항하지 못한다(가담법 제7조 제2항).

위 청산의무에 관한 가담법 제4조 제1항을 위반하는 특약으로서 채무자등에게 불리한 것은 무효이다(동조 제4항 본문). 위 규정을 위반하여 담보가등기에 기한 본등기가 이루어진 경우에는 그 본등기는 무효라고 할 것이고, 설령 그와 같은 본등기가 가등기권리자와 채무자 사이에 이루어진 특약에 의하여 이루어졌다고 할지라도 만일 그 특약이 채무자에게 불리한 것으로서 무효라고 한다면 그 본등기는 여전히 무효일 뿐, 이른바 약한 의미의 양도담보로서 담보의 목적 내에서는 유효하다고 할 것이 아니다(92다20132). 따라서 채무자등이 채권자에 대하여 청산금의 지급을 면제하는 것과 같이 청산을 하지 않기로 하는 특약은 무효이다. 그러나 청산기간이 지난 후에 하는 그러한 특약은 제3자의 권리를 해하지 아니하는 한 유효하다(같은 항 단서). 그러한 특약은 채무자등의 자유의사에 의한 것으로 볼 수 있고, 채권자가 폭리를 취할 위험이 없기 때문이다.

(나) 청산방법

종래 청산방법에는 귀속청산과 처분정산이 있었다, 전자는 채권자가 가등기에 기한 본등기를 함으로써 소유권을 취득함과 동시에 청산금을 지급하기로 하는 것이다. 후자는 채권자가 본등기를 갖추어 소유권을 먼저 취득한 후에 그것을 제3자에게 처분해서 청산금을 지급하는 것이다. 그런데 가담법은 제4조 제2항에서 채권자는 청산금을 지급한 후에 가등기에 의한 본등기를 청구할 수 있다고 하고, 또한 동조 제3항에서 가등기에 기한 본등기청구, 목적물인도청구와 청산금의 지급 사이에 동시이행관계가 있는 것으로 하고 있으며, 동조 제4항에서 이에 반하는 특약으로서 채무자등에게 불리한 것은 무효라고 하고 있으므로 청산금지급과 본등기청구의 동시이행관계를 배제하는 처분정산방식은 부정된다고 보아야 한다. 결국 청산은 귀속청산방법만이 허용된다는 것이다.

(다) 청산금의 액수

청산금은 실행통지 당시의 목적부동산의 가액에서 피담보채권액을 뺀 금액이다(가담법 제4조 제1항 전단). 그러나 목적부동산 위에 담보가등기 전에 선순위담보권 등이 있는 경우에는 그 채권액도 합산하여 공제하여야 한다(같은 항 후단). 가등기담보권자가 청산을 거쳐 목적부동산의 소유권을 취득하게 되면 그 부동산 위에 성립하고 있는 선순위담보권에 대하여 책임을 지기 때문이다. 위 "선순위담보권 등"에는 담보가등기 전에 성립하고 있던, 대항력있는 임차권도 포함된다.

청산금을 산정할 때 목적부동산의 가액은 그 객관적 가액을 말하는 것이며 채권자가 실행통지에서 표시한 목적물의 평가액이 아니다. 다만 목적부동산의 가액을 평가하는 일은 일반인으로서는 쉽지 않으므로 그 금액이 객관적 가치와 다르다고 하더라도 채무자가 변제하지도 않은 상황에서 청산기간이 진행하지 않는다고 보는 것은 채권자에게 너무 가혹하다. 따라서 위 금액이 적정시가와 맞지 않는다고 하여 통지를 무효라고 볼 수는 없을 것이다. 만일 채무자 입장에서 보았을 때 청산금이 적다면 채권자가 가등기담보권을 실행하여 그 담보목적부동산의 소유권을 취득하기 위하여 채무자에게 담보권 실행을 통지하고 2월의 청산기간이 경과한 후에도 채무자는 정당하게 평가된 청산금을 지급받을 때까지 목적부동산의 소유권이전등기 및 인도채무의 이행을 거절하면서 피담보채무 전액과 그 이자 및 손해금을 지급하고 그 채권담보의 목적으로 경료된 가등기의 말소를 청구할 수 있다(94다3087). 반대의 경우 채권자가 통지한 평가액이 객관적 가액을 넘더라도 채권자는 그가 통지한 청산금의 금액에 관하여 다툴 수 없다(가담법 제9조, 이를 "통지의 구속력"이라고 한다).

(라) 청산금 지급 청구권자

① 채무자등(가담법 제4조 제1항)

여기서의 채무자등은 전술한 바와 같이 가등기담보권의 설정자(채무자 또는 물상보증인)와 가등기담보권 설정 후에 그 설정자로부터 목적부동산의 소유권을 취득한 제3자(제3취득자)이다(가담법 제2조 제2호). 제3취득자는 가등기담보권의 부담이 있는 목적부동산의 소유권을 취득하므로 청구권자가 된다.

② 후순위권리자(가담법 제5조 제1 내지 3항)

여기서의 후순위권리자는 가등기담보권 등기 후에 등기된 저당권자·전세권자 및 담보가등기권자를 말한다(가담법 제2조 제5호). 이들은 목적부동산의 가치에서 선순위인 담보가등기권자가 지배하는 담보가치를 뺀 나머지 가치를 지배하지만 이들의 권리는 담보가등기권자의 소유권취득으로 소멸하므로 청구권자가 된다.

후순위권리자는 그 순위에 따라 청산금에서 자기 채권의 만족을 얻어야 할 의무가 있는 것은 아니다. 후술하는 바와 같이 후순위권리자는 청산기간 내에서는 그 피담보채권의 변제기 도래 전이라도 목적부동산을 경매할 수 있다(가담법 제12조 제2항).

선순위담보권자를 청구권자에서 제외한 것은 담보가등기권자가 그의 권리의 실행으로 목적부동산의 소유권을 취득하더라도 선순위담보권은 소멸하지 않고 그대로 존속하기 때문이다.

③ 담보가등기 후에 대항력 있는 임차권을 취득한 자(가담법 제5조 제5항)

여기서의 대항력 있는 임차권은 제3자에게 효력이 있는 임차권으로서 등기된 부동산

임차권(민법 제621조)뿐만 아니라 주택인도 및 주민등록 전입신고가 된 경우의 주택임차권을 포함한다. 가담법 제5조 제5항은 이러한 임차권자에게 적극적으로 청산금지급청구권을 인정하지는 않고, 청산금의 범위에서 보증금의 지급과 목적부동산의 인도 사이에 동시이행의 관계에 있다는 취지로 규정하고 있다. 예컨대 甲의 소유인 부동산(시가 5,000만원)에 乙이 4,000만원의 채권을 담보하기 위하여 가등기담보권을 취득한 후 丙이 甲으로부터 대항력 있는 임차권(보증금 2,500만원)을 취득하고, 그 후 乙이 위 가등기담보권을 실행하여 위 부동산의 소유권을 취득한 경우 乙이 丙에게 위 부동산의 인도를 청구하면 丙의 임차권은 비록 대항력이 있더라도 소멸하나 丙은 보증금 중 1,000만원(5,000만원-4,000만원)의 지급과 동시에 위 부동산을 인도하겠다고 항변할 수 있다는 것이다(그 결과 실질적으로는 임차권자가 청산금 지급 청구권을 가지는 것이 된다). 나머지 보증금 1,500만원에 대하여 丙은 일반채권자로서 임대인인 甲에게 반환을 구할 수 있다.

주택임차인이 가지는 보증금 중 일정액(소액보증금)에 대해서는 목적부동산의 소유권을 취득한 가등기담보권자는 우선적으로 반환하여야 하므로 주택임차인은 이 범위에서 청산금 지급 청구권을 가지는 셈이 된다.

(마) 청산금 지급 청구권의 보장을 위한 조치

위 청구권자 중에서 후순위권리자와 담보가등기 후에 대항력 있는 임차권을 취득한 자의 청구권 행사를 보장하기 위하여 가담법은 다음과 같은 규정을 두고 있다.

① 채무자등 이외의 권리자에 대한 통지

채권자는 제3조 제1항에 따른 통지가 채무자등에게 도달하면 지체 없이 후순위권리자에게 그 통지의 사실과 내용 및 도달일을 통지하여야 한다(제6조 제1항). 제3조 제1항에 따른 통지가 채무자등에게 도달한 때에는 담보가등기 후에 등기한 제3자(제1항에 따라 통지를 받을 자를 제외하고, 대항력 있는 임차권자를 포함한다)가 있으면 채권자는 지체 없이 그 제3자에게 제3조 제1항에 따른 통지를 한 사실과 그 채권액을 통지하여야 한다(제6조 제2항). 제1항과 제2항에 따른 통지는 통지를 받을 자의 등기부상의 주소로 발송함으로써 그 효력이 있다. 일반의 의사표시와 달리 발송주의를 취하고 있는바, 채권자로서는 이러한 이해관계인을 알 수 없으므로 그 주소를 알아내어 반드시 도달되도록 하라고 하는 것은 지나치게 가혹하기 때문에 제대로 송달받을 가능성이 가장 큰 곳으로 발송함으로써 채권자의 의무는 종료되게 한 것이다. 그러나 대항력 있는 임차권자에게는 그 담보목적 부동산의 소재지에 발송하여야 한다(동조 제3항).

② 청산금지급과 관련된 제한

채무자가 청산기간이 지나기 전에 한 청산금에 관한 권리의 양도나 그 밖의 처분은 이로써 후순위권리자에게 대항하지 못한다(제7조 제1항). 후순위권리자를 보호하기 위함이다. 여기서의 처분은 양도·입질·포기·상계 등을 의미한다. 채권자가 청산기간이 지나기 전에 청산금을 지급한 경우, 또는 제6조 제1항에 따른 통지를 하지 아니하고 청산금을 지급한 경우에도 제1항과 같다(동조 제2항). 일부의 자에게만 통지를 하지 않은 경우에는 그 자에 대해서만 대항하지 못한다고 본다. 담보가등기 후에 대항력 있는 임차권을 취득한 자에게도 대항하지 못한다고 본다.

이러한 채권자의 변제 제한의 효력은 후순위권리자에게만 적용되는 상대적인 것이므로 후순위권리자는 청산금채권이 아직 소멸하지 않은 것으로 보고 채권자에게 직접 권리를 행사할 수 있고, 후순위권리자가 채권자에게 청산금을 지급하여 줄 것을 청구하게 되면 채권자로서는 청산금의 이중 지급의 책임을 면할 수 없다는 취지일 뿐이지, 후순위권리자가 존재한다는 사유만으로 채무자에게 담보권의 실행을 거부할 권원을 부여하는 것은 아니다. 따라서 제6조 제1항의 통지를 받은 후순위권리자가 채권자에게 직접 권리를 행사한 바가 없고, 또한 청산기간을 경과하게 되면 채권자는 채무자에게 청산금을 변제할 수 있음은 물론, 채권자가 채무자에 대하여 가등기담보에 의하여 담보되지 아니한 별개의 금전채권을 가지고 있는 경우에는 이것을 자동채권으로 하여 채무자의 청산금채권을 상계할 수 있다(96다17776).

③ 후순위권리자의 권리행사

후순위권리자는 그 순위에 따라 채무자등이 지급받을 청산금에 대하여 제3조 제1항에 따라 통지된 평가액의 범위에서 청산금이 지급될 때까지 그 권리를 행사할 수 있고, 채권자는 후순위권리자의 요구가 있는 경우에는 청산금을 지급하여야 한다(제5조 제1항). 가등기담보가 사적 실행되는 경우 후순위담보권자를 보호하는 방법으로는 후순위권리자로 하여금 직접 청산금 중에서 자기의 채권을 지급받게 하는 방안과 목적물이 멸실된 것으로 보아 그 대체물인 청산금에 대하여 물상대위를 하게 하는 방안(일본법이 취하고 있다)이 있는데, 후순위권리자가 청산금 중에서 어차피 지급받게 될 자기의 채권에 대하여 압류하고 전부명령 등을 받게 하는 것은 쓸데없이 번잡한 절차일 뿐만 아니라 법률에 무지한 후순위권리자로 하여금 자칫하면 자신의 권리를 행사할 기회를 상실하게 할 위험이 있으므로 간편하게 자신의 채권을 만족받도록 전자의 방안을 채택한 것이다.

이처럼 후순위권리자가 있을 때에는 채무자등의 청산금지급청구권은 청산기간의 경과로 추상적으로 발생하지만 이를 현실적으로 행사할 수 있는 구체적 청구권은 청산기간의 경과시까지 후순위권리자의 권리행사가 없을 것을 정지조건으로 하여 발생하였다가 청산금지급 시까지 후순위권리자의 권리행사를 해제조건으로 하여 소멸하는 조건부권리라고 할 수 있다. 후순위권리자는 제1항의 권리를 행사할 때에는 그 피담보채권의 범위에서 그 채권의 명세와 증서를 채권자에게 교부하여야 한다(동조 제2항). 채권자가 제2항의 명세와 증서를 받고 후순위권리자에게 청산금을 지급한 때에는 그 범위에서 청산금채무는 소멸한다(동조 제3항). 제1항의 권리행사를 막으려는 자는 청산금을 압류하거나 가압류하여야 한다(동조 제4항). 담보가등기 후에 대항력 있는 임차권을 취득한 자에게는 청산금의 범위에서 동시이행의 항변권에 관한 민법 제536조를 준용한다(동조 제5항).

(바) 청산금의 공탁

일반채권자가 채무자등의 청산금채권을 압류하거나 가압류한 경우 가등기담보권자는 채무자등에게 청산금을 지급할 수 없는데(민사집행법 제227조 제1항, 제296조 제3항), 청산금 지급의무와 목적부동산에 관한 소유권이전등기의무는 동시이행의 관계에 있으므로(가담법 제4조 제3항) 결국 가등기담보권자는 목적부동산의 소유권을 취득할 수 없다. 뿐만 아니라 청산금을 지급할 때까지 다른 채권자가 경매를 청구할 수 있으므로 채권자는 매우 불안한 처지에 빠지게 된다. 이에 가등기담보권자를 보호하기 위하여 가담법은 청산금의 공탁제도를 인정하고 있다.

청산금채권이 압류되거나 가압류된 경우에 채권자는 청산기간이 지난 후 이에 해당하는 청산금을 공탁하여 그 범위에서 채무를 면할 수 있다(제8조 제1항). 제1항에 따라 공탁이 있는 경우에는 채무자등의 공탁금출급청구권이 압류되거나 가압류된 것으로 본다(동조 제2항). 채권자는 제14조(강제경매 등 개시결정이 있는 경우)에 따른 경우 외에는 공탁금의 회수를 청구할 수 없다(동조 제3항). 경매개시결정이 있는 경우에는 가등기담보권자가 청산을 통해서 목적부동산의 소유권을 취득할 수는 없기 때문에 공탁금 회수청구권을 인정한 것이다. 이처럼 공탁금의 회수를 제한한 것은 변제공탁에 비하여 공탁요건을 완화한 대신에 일단 공탁이 있은 다음에는 함부로 이를 회수할 수 없게 하여 당사자 사이의 이해관계를 조정하기 위함이다. 채권자는 제1항에 따라 공탁을 한 경우에는 채무자등과 압류채권자 또는 가압류채권자에게 지체 없이 공탁의 통지를 하여야 한다(동조 제4항).

후순위권리자가 청산금에 대하여 권리를 행사하려면 물상대위의 방법에 의하여 청산금채권을 압류하여야 하는 일본법과 달리, 우리 나라에서는 후순위권리자는 압류없이 직접 채권자에 대하여 청산금의 지급을 청구할 수 있으므로 후순위권리자가 청산금채권을 압류한다는 것은 거의 기대할 수 없고, 채무자의 제3채권자가 압류나 가압류를 한다든지 후순위권리자의 일반채권자가 압류나 가압류를 할 때에만 이 조문이 적용될 수 있을 뿐이므로 청산금의 공탁제도는 채권자의 보호를 위하여 실질적으로 별다른 의미가 없다고 본다.

(3) 소유권취득

가등기담보권자가 실행통지를 하고, 청산기간이 지난 후 청산을 하게 되면 가등기담보권자는 담보가등기에 의하여 소유권이전등기를 함으로써 목적부동산의 소유권을 취득한다.

(가) 목적부동산의 가액이 채권액을 초과하지 않아 청산금이 없는 경우에 가등기담보권자는 청산기간이 지난 후에 곧바로 가등기에 따른 본등기를 청구할 수 있다(제4조 제2항).

(나) 목적부동산의 가액이 채권액을 초과하여 청산금이 있는 경우에 가등기담보권자는 청산기간이 지난 후에 청산금을 그 청구권자에게 지급하여 청산하거나 청산금을 공탁하여 가등기에 의한 본등기를 청구할 수 있다. 이때 가등기담보권자의 본등기청구권 및 목적물 인도청구권과 채무자 또는 물상보증인이 취득하는 청산금청구권 사이에는 동시이행관계가 있다(동조 제3항). 따라서 이 경우 소유권 취득 시기는 청산금의 지급과 상환으로 소유권이전의 본등기를 한 때이다.

(다) 위 제4조 제2항과 제3항을 위반하는 특약으로서 채무자등에게 불리한 것은 그 효력이 없다. 다만 청산기간이 지난 후에 행하여진 특약으로서 제3자의 권리를 침해하지 아니하는 것은 그러하지 아니하다(동조 제4항).

위와 같은 청산절차를 마치지 않은 상태에서 가등기에 의한 본등기를 한 경우 본등기는 무효이다. 제3조, 제4조를 위반하여 담보가등기에 기한 본등기가 행해진 경우 약한 의미의 양도담보로서 담보의 목적 범위 내에서 유효라고 할 것이 아니다(가담법 시행 전의 판례와 다르다). 다만 가등기담보권자가 제3조, 제4조에 정한 절차에 따라 청산금의 평가액을 채무자등에게 통지한 후 채무자에게 정당한 청산금을 지급하거나 지급할 청산금이 없는 경우에는 채무자가 통지를 받은 날부터 2월의 청산기간이 지나면 위와 같이 무효인 본등기는 실체적 법률관계에 부합하는 유효한 등기로 될 수 있을 뿐이다. 이처럼 담보가등기에 기하여 마쳐진 본등기가 무효인 경우, 담보목적 부동산에 대한 소유권은 담보가등기 설정자인 채무자등에게 있고 소유권의 권능 중 하나인 사용수익권도 당연히 담보가등기 설정자가 보유한다. 따라서 채무자가 자신이 소유하는 담보목적 부동산에 관하여 채권자와 임대차계약을 체결하고 채권자에게 차임을 지급하거나 채무자가 자신과 임대차계약을 체결하고 있는 임차인으로 하여금 채권자에게 차임을 지급하도록 하여 채권자가 차임을 수령하였다면 특별한 사정이 없는 한 위 차임은 피담보채무의 변제에 충당된 것으로 보아야 한다(2018다300661).

(4) 법정지상권

토지 및 그 지상의 건물이 동일한 소유자에게 속하는 경우에 그 토지나 건물에 대하여 제4조 제2항에 따른 소유권을 취득하거나 담보가등기에 따른 본등기가 행하여진 경우에는 그 건물의 소유를 목적으로 한 지상권이 설정된 것으로 본다. 이 경우 그 존속기간과 지료는 당사자의 청구에 의하여 법원이 정한다(제10조). "제4조 제2항에 따른"이라고 규정하고 있으나 경매에 의한 실행의 경우에도 적용된다고 본다.

(5) 채무자등의 가등기 말소청구권

(가) 제11조 본문은 "채무자등은 청산금채권을 변제받을 때까지 그 채무액(반환할 때까

지의 이자와 손해금을 포함한다)을 채권자에게 지급하고 그 채권담보의 목적으로 마친 소유권이전등기의 말소를 청구할 수 있다"라고 규정하고 있다. 이 규정은 말소의 대상을 "소유권이전등기"라고 하고 있으므로 양도담보에 관한 것이다. 그렇지만 가등기담보의 경우에도 가등기 말소청구권을 부정할 아무런 이유가 없다. 소유권이전등기의 말소를 구할 수 있는데, 오히려 본등기 전 단계인 가등기의 말소를 구할 수 없다고 하는 것을 불합리하기 때문이다. 통설과 판례(94다3087)도 같다. 따라서 채무자등이 채무를 변제하면 물권적 청구권의 성질을 가지는 가등기말소청구권을 가지게 된다.

(나) 채무자등은 언제까지 변제해야 가등기담보권을 소멸시켜 가등기를 말소시킬 수 있는가. 양도담보에 관하여 제11조 본문은 "청산금채권을 변제받을 때까지"라고 규정하고 있는데, 이는 가등기담보에도 유추적용된다고 본다. 다만 판례(90다9872)는 저당권과 마찬가지로 그 채무액의 지급을 선이행하여야 가등기의 말소를 구할 수 있다고 본다. 청산금이 없는 경우 채권자는 청산기간이 지나면 가등기에 의한 본등기를 함으로써 목적 부동산의 소유권을 취득할 수 있다(제4조 제2항). 그러나 이 경우 청산기간이 지났다고 하더라도 채권자가 아직 본등기를 하기 전이라면 채무자등은 채무액을 지급함으로써 가등기의 말소를 청구할 수 있다고 보아야 한다.

(다) 채무자의 가등기말소청구는 채권자가 청산금을 지급하지 않고 있는 동안에는 언제든지 가능한가. 이에 관하여 제11조 단서는 "채무의 변제기가 지난 때부터 10년이 지나거나 선의의 제3자가 소유권을 취득한 경우에는 소유권이전등기의 말소를 청구할 수 없다"라고 규정하고 있다(일본법에는 청산기간 지난 후 5년이 지나거나 제3자가 선의, 악의를 불문하고 소유권을 취득한 경우라고 규정하고 있다).

위 규정은 양도담보에 관한 규정이지만 채무의 변제기가 지난 때부터 10년이 지난 경우 소유권이전등기의 말소를 청구할 수 없다는 규정은 본등기 전의 가등기담보에도 적용된다고 본다(다수설). 이렇게 채무자의 권리를 제한한 것은 권리의 불확정한 상태가 너무 오래 방치됨을 막고, 10년 후까지 말소청구권을 인정하는 것은 채권자에게 지나치게 가혹하다는 것에 그 입법취지가 있다. 판례(2012다47074)는 위 기간을 제척기간으로 보고, "채무자등이 위 제척기간이 경과하기 전에 피담보채무를 변제하지 아니한 채, 또는 그 변제를 조건으로 담보목적으로 마친 소유권이전등기의 말소를 청구하더라도 이를 제척기간 준수에 필요한 권리의 행사에 해당한다고 볼 수 없으므로 채무자등의 위 말소청구권은 위 제척기간의 경과로 확정적으로 소멸한다"라고 본다.

"선의의 제3자가 소유권을 취득한 경우"는 "선의의 제3자가 소유권이전등기를 받은 경우"라고 개정함이 옳다. 그런데 제4조 제2항, 제3항에 의하면 채권자는 청산기간 경과 후 청산금의 지급과 상환으로 가등기에 기한 본등기를 청구할 수 있으므로 청산기간이 지난 후 청산금을 지급하지 않고 있으면 비록 본등기를 갖추고 있다고 하더라도(이것이 가능한 경우는 채권자가 미리 본등기에 필요한 서류를 교부받고 있는 때와 제소전 화해를 한 때이다) 그러한 등기는 무효이다. 따라서 가등기담보권자는 소유권을 취득하지 못한다고 하여야 한다. 그렇지만 청산기간이 지난 후 청산금을 지급하지 않고, 또는 가담법이 정하는 청산절차를 밟지 않고 소유권이전의 본등기를 마친 채권자가 본등기가 되어 있는 점을 악용하여 제3자에게 소유권이전등기를 하는 경우 위 법리를 그대로 적용한다면 제3자는 소유권을 취득하지 못하게 되고, 만일 제3자가 선의라면 거래의 안전을 해치게 된다. 이러한 상황을 해결하기 위하여 채무자등이 가등기말소를 청구하지 못하게 함으로써 선의의 제3자를 보호하려는 것이 위 규정의 의미이다. 위 규정에 대하여는 우리 민법상 등기의 공신력이 인정되지 않음에도 등기의 공신력을 인정하는 결과가 되므로 부당하다고 하는 견해도 있고, 위 규정은 등기의 공신력을 인정하는 규정이 아니라 제3자 보호 규정이라고 하는 견해도 있다.

2. 경매에 의한 실행

가등기담보권자는 권리취득에 의한 실행의 방법 외에 목적부동산의 담보권 실행 경매를 청구하여 경매대금으로부터 자기 채권의 변제를 받을 수 있다(제12조 제1항 전단). 경매청구권은 가담법이 담보권자를 위하여 획기적으로 인정한 것이다. 이 경우 경매에 관하여는 담보가등기권리를 저당권으로 본다(같은 항 후단). 그 의미는 담보가등기를 한 때에 저당권 설정등기를 한 것으로 본다는 뜻이다. 따라서 가등기담보권의 우선순위는 담보가등기를 한 때를 기준으로 결정된다.

Ⅳ. 경매에서 가등기담보권자의 배당참가

가등기담보의 목적물에 대해서는 다른 권리자의 신청에 따라 경매절차가 개시될 수도 있다. 예컨대 목적물 위에 저당권이나 전세권이 설정되어 있으면 그들이 담보권실행을 위한 경매를 신청할 수 있을 것이고, 또한 목적물의 소유자인 채무자나 물상보증인의 일반채권자가 강제경매를 신청하는 수도 있다. 이러한 경우 가등기담보권자의 배당참가와 관련된 문제에 관하여 살피기로 한다.

1. 배당참가가능 여부

가등기담보권자에게 경매청구권이 인정되는 이상 제3자의 신청으로 경매절차가 개시된 때에도 가등기담보권자로 하여금 그 절차에 참가케 하고, 그 절차내에서 자기 채권의 만족을 얻도록 하는 것이 타당하다. 만일 이를 인정하지 않는다면 후순위자에 의하여 경매절차가 진행된 경우에 나중에 경매절차가 가등기담보권자에 의하여 뒤집어질 수 있어 경매절차의 안정을 크게 해치게 될 것이기 때문이다. 이에 제13조 전단은 담보가등기가 되어 있는 부동산에 관하여 다른 채권자에 의한 경매가 개시된 경우에 가등기담보권자는 다른 채권자보다 자기 채권의 우선변제를 받을 권리가 있다고 함으로써 가등기담보권자의 배당참가를 인정하고 있다. 그리고 가등기담보권이 설정되어 있는 부동산에 관하여 경매가 행해진 때에는 가등기담보권은 그 부동산의 매각으로 소멸하는 것으로 규정함으로써(제15조) 가등기담보권자로 하여금 배당참가 이외의 방법으로는 만족을 얻을 수 없게 하였다. 즉, 가등기담보권자로 하여금 배당참가에 의하지 않고 부동산 매각 후에 가등기담보권에 기한 경매를 신청할 수 없게 함으로써 경매절차가 재차 개시되는 것을 방지하고 있다.

2. 배당참가절차

(1) 원래 가등기는 등기부상 기록만으로는 그것이 담보 목적의 가등기인지 여부를 알 수 없다. 설령 담보목적의 가등기라고 하더라도 등기부상으로는 채권액을 알 수 없다. 따라서 가등기담보의 경우에는 저당권의 경우와 달리 법원이 직권으로 당연히 배당참가를 인정할 수는 없다. 즉, 가등기담보권자는 배당요구를 하지 않더라도 당연히 배당받을 수 있는 채권자가 아니다. 이에 가담법은 가등기가 되어 있는 부동산에 대해 강제경매 등의 개시결정이 있는 경우 경매법원은 가등기권리자에게 가등기가 담보가등기인 때에는 그 내용 및 채권(이자 그 밖의 부수적 채권을 포함한다)의 존부·원인 및 수액을, 담보가등기가 아닌 때에는 그 내용을 각각 신고할 것을 최고하여야 하는 것으로 하고(제16조 제1항), 채권신고를 한 가등기담보권자만이 배당을 받을 수 있는 것으로 하고 있다(동조 제2항).

(2) 가담법은 가등기담보가 설정되어 있는 부동산에 관하여 경매가 개시된 경우에 가등기담보권자가 배당참가를 할 수 있음을 인정하고(제13조 전단), 이 경우 그 순위에 관하여는 그 담보가등기권리를 저당권으로 보고 그 담보가등기를 마친 때에 그 저당권의 설정등기가 행해진 것으로 본다(동조 후단)라고 정하고 있다. 이는 가등기담보권을 저당권으로 의제함으로써 가등기인 채로 저당권과 같이 취급하려는 것이다.

3. 후순위담보권자의 경매와 가등기담보권자의 지위

후순위담보권자에 의한 담보권실행경매가 있는 경우 가등기담보권자는 그 절차에 참가하여 배당요구를 하면 선순위담보권자가 우선변제를 받고 난 나머지로부터 배당을 받게 된다. 전술한 바와 같이 후순위담보권자가 경매를 신청하여 그 절차가 개시된 경우 채권자(가등기담보권자)는 채무자등 및 후순위저당권자에게 청산금의 평가액을 통지하여야 하고, 이 통지에는 구속력이 있어 채권자는 청산금이 평가액보다 적다는 주장을 하지 못한다. 후순위담보권자도 청산금이 평가액에 미달한다는 주장을 하지 못하나 그 대신에 평가액에 불만이 있는 경우에는 경매청구권을 행사함으로써(후순위권리자는 청산기간 내에 한하여 피담보채권의 변제기가 되기 전에도 목적부동산의 경매를 청구할 수 있다. 제12조 제2항) 가등기담보권자에 의한 목적물의 취득을 막을 수 있다. 이는 가등기담보권자가 목적부동산의 가액을 낮게 평가하여 청산금을 적게 지급하려는 경우를 대비하여 후순위담보권자에게 경매청구권을 인정하여 가등기담보권자의 소유권취득을 방지하려는 것이다. 후순위권리자로서는 채권자가 결정한 청산금의 범위 내에서만 그 권리를 행사할 수 있으므로 채권자와 채무자등이 담합하게 되면 후순위권리자는 피해를 볼 수밖에 없고, 그러한 경우 후순위권리자는 자기의 고유한 경매청구권을 행사하여 사적 실행을 저지할 수 있으면 피해를 막을 수 있겠지만 사적 실행 시까지 자기 채권의 변제기가 도래하지 아니하여 경매를 청구할 수 없다고 한다면 위와 같은 피해를 막을 길이 없게 된다. 이에 변제기 도래전이라고 하더라도 경매를 청구할 수 있도록 한 것이다.

후순위담보권에 의한 경매신청이 가등기담보권자가 청산금을 지급하기 전에(청산금이 없는 경우에는 청산기간이 지나기 전에) 행해진 때에는 가등기담보권자는 그 가등기에 따른 본등기를 청구할 수 없다(제14조). 이에 따라 가등기담보권자는 후순위담보권자보다 먼저 담보권의 실행에 착수한 경우라고 하더라도 후순위담보권자의 신청으로 개시된 경매절차에서 우선변제를 받을 수 밖에 없다. 이러한 경매우선주의는 가등기담보권자에게 불리한 것이지만 사적실행이 종료될 때까지 사적실행보다 경매가 우선한다는 취지는 아니고, 사적실행 도중에 경매의 신청이 있으면 사적실행절차를 중단하여야 한다는 의미일 뿐이다.

제 4 관 가등기담보권의 소멸

1. 소유권이전에 의한 소멸

가담법 제3조 이하의 절차에 의하여 목적부동산의 소유권이 채권자에게 이전한 때에 가등기담보권은 소멸한다.

2. 경매에 의한 소멸

가등기담보권이 설정되어 있는 부동산에 관하여 통상의 강제경매나 담보권실행경매가 행해지는 경우 그 부동산의 매각으로(매수인이 매각대금을 완납한 때에) 가등기담보권은 소멸한다.

3. 기타의 원인에 의한 소멸

채무의 변제, 목적물의 멸실, 피담보채권의 시효소멸에 의해서도 가등기담보권은 소멸한다. 그러나 가등기담보권이 독립하여 시효로 소멸하지는 않는다.

제3절 양도담보

제1관 총설

Ⅰ. 양도담보의 의의와 작용

1. 의의

(1) 넓은 의미에서 양도담보는 비전형담보의 하나로서 채권담보의 목적으로 물건의 소유권이나 그 밖의 재산권을 채권자에게 이전하는 형식의 담보를 의미한다. 채무자가 이행하지 않는 경우에는 채권자가 목적물로부터 우선변제를 받지만 채무자가 이행을 하는 경우에는 목적물을 소유자에게 반환하게 된다. 이러한 양도담보에는 전술한 바와 같이 다음과 같은 두 가지의 모습이 있다.

① 신용의 수수를 소비대차가 아닌 매매의 형식으로 하고(그리하여 이를 "매도담보"라고 한다) 당사자 사이에 따로 채권·채무관계를 남기지 않는 방식이다. 예컨대 乙이 甲으로부터 금전을 차용하면서 甲에게 담보의 목적이 되는 물건을 매각하고, 차용금 대신에 매매대금을 수수한 후 나중에 乙이 甲에게 매매대금을 반환하면 甲으로부터 목적물을 찾아갈 수 있는 것으로(그 방법은 환매와 재매매예약이다) 약정하는 것이다. 이 경우 甲은 乙에 대하여 매매대금의 반환을 청구할 권리를 가지지 않는다.

② 신용의 수수를 채권·채무의 형식으로 남겨 두는 방식이다(이를 "협의의 양도담보"라고 한다). 예컨대 甲이 乙(차용인)과 소비대차계약을 맺고, 乙이 그 소비대차에서 생긴 채무의 담보로 그 소유의 물건의 소유권을 甲에게 이전하는 것이다. 이 경우 甲은 乙에 대하여 채무의 변제를 청구할 권리를 가지고 있다.

위에서 본 바와 같이 매도담보와 협의의 양도담보 사이의 근본적인 차이는 당사자 사이에 채권·채무관계가 남는지 여부, 즉 융자자가 자금의 반환을 청구할 수 있는지 여부이다. 역사적으로는 매도담보에서 협의의 양도담보로 발전해 왔다. 담보제도의 측면에서 본다면 반환을 청구할 수 있는 쪽이 좀 더 합리적이기 때문이다. 오늘날 양도담보라고 하면 일반적으로 협의의 양도담보를 가리킨다.

(2) 그런데 가담법이 시행된 이후 매도담보나 협의의 양도담보 모두 가담법의 적용을 받게 되었다(가담법 제2조 제1호). 가담법이 적용되는 한도에서는 매도담보와 협의의 양도담보를 구분하지 않고 있다. 그리하여 매도담보와 협의의 양도담보를 구별할 필요가 없다는 견해도 있다. 그러나 매도담보와 협의의 양도담보는 계약의 내용이 다르고, 가담법이 적용되지 않는 경우도 있으므로 양자의 구분이 의미가 전혀 없는 것은 아니다. 이하

설명은 협의의 양도담보에 관한 것이지만 매도담보에 관해서도 그대로 적용된다.

(3) 양도담보는 다시 누가 점유하는지에 따라 양도질과 양도저당으로 나누어진다. 전자는 점유가 질권처럼 채권자에게 이전하는 것이고, 후자는 점유를 저당권처럼 담보설정자에게 남겨 두는 것이다.

(4) 원래 양도담보는 동산저당의 효과를 거두기 위한 목적으로 동산양도담보에서 시작되었으나 그 후 부동산을 목적으로 하는 양도담보가 많이 이용되었다. 부동산을 목적으로 하거나 그 밖에 등기·등록으로 공시되는 재산권을 목적으로 하는 것에 대해서는 가담법이 적용된다(가담법 제18조 참조).

2. 작용

(1) 양도담보제도는 오래 된 제도이다. 뿐만 아니라 우리에게만 특유한 제도도 아니다. 법제사적으로 양도담보가 먼저 발달하고, 이어 점유질을 거쳐 비점유질인 저당이라는 제도로 발전하였음은 전술한 바와 같다. 그러나 근대 법전은 우리 민법을 포함하여 양도담보제도를 법제화하지 않고, 제한물권으로서 질권과 저당권이라는 담보물권만을 인정하고 있다. 우리의 경우 의용민법시대부터 명문의 규정이 없음에도 불구하고 금융거래상 양도담보는 실제의 거래에서 매우 빈번히 사용되었고, 판례에 의하여 그 유효성이 인정되어 왔다.

(2) 이처럼 담보물권제도가 있는데도 양도담보를 거래에서 이용하게 된 이유는 무엇일까. 다음의 두 가지로 요약할 수 있다(앞서 설명한 바 있는 비전형담보를 이용하게 된 이유와 유사하다).

① 동산양도저당의 실현

양도담보가 그 작용을 발휘하는 것은 저당권의 목적이 되지 못하는 재화에 관해서이다. 대표적인 것이 동산인데, 동산은 질권의 목적으로 할 수 있으나 질권을 설정하려면 목적물을 질권자에게 인도하여야 하기 때문에 설정자가 사용·수익하지 못하는 문제가 있다. 그러나 양도담보에 의한다면 동산을 채권자에게 인도하지 않고 담보로 할 수 있다. 이에 저당권의 목적이 되지 못하는 재화를 양도담보의 방법으로 담보로 제공하여 자금을 융통할 수 있게 된 것이다. 특히 중소기업자가 그의 기업시설인 동산을 스스로 점유하면서 이를 담보에 제공하여 자금을 얻는 수단으로 많이 이용되었다.

② 우선변제절차의 간이화

질권이나 저당권에서는 원칙적으로 담보권실행경매에 따라 실행을 하게 된다. 그러나 이 절차는 번거롭고 비용이 많이 들며, 또한 시장가격보다 낮은 가격에 낙찰되기도 한다. 따라서 채권자로서는 담보물의 평가시 시장가격보다 낮게 평가하는 경향이 있다. 그러나 양도담보는 경매절차에 의하여 목적물을 환가하는 것이 아니어서 위와 같은 경매절차의 단점을 피할 수 있고, 따라서 담보물의 값도 높게 평가되어 더 많은 자금을 융통받을 수 있는 장점이 있다.

(3) 그렇지만 양도담보는 많은 위험이 따르는 제도이다. 양도담보는 필요 이상의 것, 즉 소유권을 양도하는 방식을 취하기 때문에 채무자가 채권자의 불성실이나 배신으로 인해 목적물을 상실할 위험이 있다. 뿐만 아니라 제3자, 특히 일반채권자를 해할 위험도 적지 않다. 그러므로 이 제도를 운영함에 있어서는 무엇보다도 폭리행위의 수단으로 이용되지 못하도록 하여야 한다. 이런 견지에서 가담법이 양도담보에 관하여 합리적으로 규율하고 있기는 하나 부동산을 비롯한 그 밖에 등기나 등록으로 공시되는 재산권에 한하여 규율하고 있고, 또한 그 규제 내용도 부분적이라는 등 아직도 규정이 불충분하다는 지적이 많다.

Ⅱ. 양도담보의 성질

양도담보의 성질에 관해서는 가담법 시행 전과 후로 나누어서 살필 필요가 있다. 왜냐하면 가담법의 시행으로 종래의 판례·다수설인 신탁적 양도설은 수정되어야 했기 때문이다. 즉 가담법 제4조 제2항은 "채권자는 담보목적부동산에 관하여 이미 소유권이전등기를 마친 경우에는 청산기간이 지난 후 청산금을 채무자등에게 지급한 때에 담보목적부동산의 소유권을 취득한다"고 규정하고 있는데, 이는 양도담보를 설정하여 소유권이전등기까지 하여도 그것만으로는 채권자에게 소유권이 이전되지 않는다는 것을 전제로 하므로 종래의 신탁적 양도설에 부합하지 않기 때문이다. 이하 가담법이 적용되는 양도담보를 중심으로 설명하기로 한다.

1. 가담법 시행 전의 이론

(1) 양도담보는 채권담보라는 목적을 위하여 소유권이전의 형식을 취하는 것이어서 목적과 형식이 일치하지 아니하므로 그 성질에 관하여는 담보의 면을 중시하는 견해(담보물권설)와 형식의 면을 중시하는 견해(신탁적 양도설)의 대립이 있었다. 판례와 다수설은 신탁적 양도설에 따라 양도담보는 채권자에게 소유권, 기타의 재산권을 신탁적으로 양도하여 채권담보의 목적을 달성하려는 제도라고 이해하고 있었다. 즉, 당사자 사이에 양도담보관계를 성립시키는 계약(양도담보 설정계약)은 신탁행위이며, 이에 의하여 물건의 소유권, 기타의 재산권은 채권자에게 이전한다는 것이다. 이 경우 채권자는 목적물을 채권담보의 목적으로만 행사하여야 할 채무를 부담하고, 변제기에 이르러 채무불이행이

있으면 채권자가 목적물로부터 우선변제를 받게 된다는 것이다.

(2) 의용민법 시절 위와 같은 양도담보, 즉 양도담보의 목적물의 소유권이 제3자에 대한 외부관계에서만 채권자에게 이전하고, 당사자 사이의 대내관계에서는 설정자에게 소유권이 보류되는 유형의 양도담보를 "외부적 이전형 양도담보"라고 하고, 이에 대하여 목적물의 소유권이 대내관계에서도 채권자에게 이전하는 유형의 양도담보를 "대내외 이전형 양도담보"라고 하였다. 민법 시행 후 판례는 외부적 이전형 양도담보를 "약한 양도담보"라고 하고, 대내외 이전형 양도담보를 "강한 양도담보"라고 하였다. 또한 양도담보는 유담보형과 정산형으로 나누어지는바, 전자는 목적물의 가액이 원리금에 충당하고 남더라도 채무자에게 반환하지 않는 것, 즉 정산하지 않는 것이고, 후자는 나머지가 있으면 채무자에게 반환하는 것, 즉 정산하는 것을 말한다.

(3) 양도담보가 담보를 위한 신탁적 양도라는 것은 일제 강점기의 조선고등법원 판례에서 나타나기 시작한 것이다. 이러한 양도담보에는 소유권이 외부관계에서만 이전하는 것과 대내외 모두 이전하는 것이 있으나 외부적 이전형으로 추정함이 원칙이었다. 이러한 외부적 이전형에 대하여는 권리의 관계적 귀속이라는 관념을 인정하는 것으로서 甲에 대한 관계에서는 소유자이고, 乙에 대한 관계에서는 소유자가 아니라는 것과 같은 관계적 소유권을 인정하는 것이라면 그러한 관계의 설정을 위한 의사표시는 물권법정주의에 반하는 것으로서 무효라는 비판이 제기되었다. 한편 당사자가 유담보특약을 하는 것은 상관없으며, 다만 그 유담보특약이 사회질서를 위반한 경우에는 그 유담보특약만이 무효일 뿐이고, 양도담보계약까지 무효로 되는 것은 아니라고 하였다. 이는 외부적 이전형과 대내외 이전형 외에 정산형과 유담보형이 있을 수 있고(약한 양도담보에도 유담보특약을 할 수 있다), 그 중 유담보형은 그에 관한 특약이 있는 경우에만 인정된다는 것을 뜻한다. 따라서 유담보특약이 없으면 정산형으로 인정된다는 것이었다. 이러한 조선고등법원의 태도는 그대로 대법원에 의하여 계승되었다.

(4) 민법이 시행된 후에는 민법 제607조, 제608조와의 관계에서 위와 같은 판례이론에 문제가 생기게 되었다. 그것은 특약에 의한 유담보형이 유효한지의 문제이다. 판례는 처음에는 민법 제607조, 제608조가 양도담보에는 적용되지 않는다고 하다가 태도를 바꾸어 양도담보에도 적용되고, 그 결과 유담보형의 양도담보는 현행 민법상 허용되지 않으며, 다만 정산형만이 유효하다고 하였다. 그 이유는 유담보의 특약을 한 때에는 언제나 대물변제의 예약을 한 것이 되기 때문이라는 것이다. 매도담보의 경우에도 환매특약부 매매가 대물변제의 예약에 해당하기 때문에 민법 제607조, 제608조가 적용된다는 전제에서 목적부동산의 값이 채무액을 초과하면 그 환매특약부 매매는 무효가 된다고 하여 당사자 사이에 정산을 요구하였다.

2. 가담법 제정 후의 이론

(1) 가담법의 적용범위

가담법 제1조는 "이 법은 차용물의 반환에 관하여 차주가 차용물을 갈음하여 다른 재산권을 이전할 것을 예약할 때 그 재산의 예약 당시 가액이 차용액과 이에 붙인 이자를 합산한 액수를 초과하는 경우에 이에 따른 담보계약과 그 담보의 목적으로 마친 가등기 또는 소유권이전등기의 효력을 정함을 목적으로 한다"라고 규정하고 있다. 이 규정은 가등기담보를 규제하려는 것이 동법의 목적임을 밝히고 있는 것은 분명하나 "소유권이전등기의 효력"을 정한다는 부분이 무엇을 뜻하는지는 명확하지 않다. 하지만 종래의 판례가 민법 제607조, 제608조가 양도담보에도 적용된다고 한 점, 가담법 제2조 제1호에서 "담보계약이란 민법 제608조에 따라 그 효력이 상실되는 대물반환의 예약(환매, 양도담보 등 명목이 어떠하든 그 모두를 포함한다)에 포함되거나 병존하는 채권담보 계약을 말한다"라고 규정하고 있는 점, 가담법 제4조 제2항에서 "채권자는 담보목적부동산에 관하여 이미 소유권이전등기를 마친 경우에는 청산기간이 지난 후 청산금을 채무자등에게 지급한 때에 담보목적부동산의 소유권을 취득한다"라고 규정하고 있는 점, 가담법 제11조에서 "채무자등은 청산금채권을 변제받을 때까지 그 채무액(반환할 때까지의 이자와 손해금을 포함한다)을 채권자에게 지급하고 그 채권담보의 목적으로 마친 소유권이전등기의 말소를 청구할 수 있다"라고 규정하고 있는 점등을 종합해 보면 부동산양도담보의 경우에도 가담법이 적용된다고 볼 수 있다. 또한 부동산에 관하여 환매특약부 매매나 재매매예약부 매매와 같은 매도담보를 한 경우에도 가담법이 적용된다. 가담법이 적용되는 경우 양도담보의 성질에 관하여는 아래 (2)에서 설명한다.

가담법은 등기나 등록과 같은 공시방법이 마련되어 있는 것에 한하여 그에 관한 권리이전형 담보를 합리적으로 규율함으로써 채무자를 보호하려는 법률이다. 따라서 그러한 공시방법이 없는 "동산을 목적으로 한 양도담보"에는 동법이 적용되지 않는다. 또한 부동산 양도담보의 경우에도 피담보채권이 소비대차가 아닌 경우에는 적용되지 않는다. 가담법이 적용되지 않는 경우 양도담보의 성질에 관하여는 아래 (3)에서 설명한다.

(2) 가담법이 적용되는 경우

학설은 담보물권설(통설)과 신탁적 소유권이전설(소수설)로 나뉜다. 후자를 주장하는 학자들도 담보물권의 통유성을 유추적용하여야 한다고 본다. 판례도 담보물권설을 취한 것(91다21770, 2000두8752, 2002다19254)과 신탁적 소유권이전설을 취한 것(94다46428)이 있어 일관성이 있다고 볼 수 없다.

살피건대 양도담보설정계약을 하는 경우 외형상 목적물의 권리를 채권자에게 이전하는 형식을 띠게 된다. 그렇다고 하더라도 채권자의 의도는 어디까지나 채권담보에 있는 것으로 채권액의 범위 내에서 목적물의 교환가치만을 지배하는 것으로 충분하다. 따라서 목적물의 잔여가치는 여전히 설정자에게 남아 있다고 하여야 한다. 다시 말하자면 비록 외형적으로는 권리이전의 형식을 취하고 있을지라도 그러한 외형적인 법형식을 떠나 채권자는 양도담보권이라는 일종의 담보권을 가질 뿐이고, 설정자에게는 소유권에서 이 양도담보권을 뺀 권리가 귀속하는 것으로 구성하여야 한다(일본 판례도 같다). 그렇다면 설정계약의 효과로서 일종의 담보물권이 채권자에게 귀속한다고 구성하는 것이 가장 알기 쉬운 설명일 것이다. 이렇게 해석하여야 "채무의 변제를 담보하기 위하여 채권자가 부동산에 관한 물권을 이전받는 경우에는 채무자, 채권금액 및 채무변제를 위한 담보라는 뜻이 적힌 서면을 등기신청서와 함께 등기관에게 제출하여야 한다"라고 규정하고 있는 부동산 실권리자명의 등기에 관한 법률 제3조 제2항에도 부합한다. 다만 이렇게 해석할 경우 소유권이전의 외형과 일치하지 않게 되는 문제가 있다. 당사자가 원하는 바는 담보의 목적으로 진정한 소유권을 이전하는 것인데, 당사자의 의사를 무시하고 담보권을 설정한 것으로 의제하는 것은 사적자치의 원칙상 문제가 있다는 것이다. 공시방법과 실체관계가 부합하지 않게 된다는 것인데, 이러한 문제점에 대하여는 이하 개별적으로 설명하기로 한다.

(3) 가담법이 적용되지 않는 경우

동산양도담보에 관하여 학설은 담보물권설과 신탁적 양도설로 나뉜다. 판례(98다47283, 2006도4263)는 신탁적 양도설("신탁적 소유권이전설"이라고도 한다)을 따르고 있다. 즉 채권자와 채무자 사이의 대내적 관계에서는 채무자가 소유권을 보유하나 대외적인 관계에서는 동산의 소유권이 채권자에게 이전된다고 한다.

제 2 관 양도담보권의 설정

양도담보권은 그 설정을 목적으로 하는 양도담보계약과 목적권리의 이전에 필요한 공시방법을 갖춤으로써 성립한다.

1. 양도담보계약

채권담보의 목적으로 채무자 또는 제3자(물상보증인)의 재산권을 채권자에게 양도하고, 채무불이행이 있으면 그 재산권으로부터 채권을 변제받기로 하는 내용의 계약이다.

(1) 계약의 성질

양도담보권의 설정에는 반드시 일정한 재산권을 양도하여야 하므로 양도담보계약은 채권계약과 물권계약의 두 성격을 갖는다. 낙성·불요식의 계약이며 많은 경우 피담보채권을 발생시키는 계약(예컨대 소비대차계약)과 함께 체결된다.

(2) 당사자

채권자와 채무자 또는 제3자이다. 설정자는 채무자에 한하지 않고, 제3자(물상보증인)라도 상관없다. 양도담보권자는 채권자가 아니어도 된다(89다카13384).

(3) 목적물

재산적 가치가 있는 것으로서 양도성이 있으면 무엇이든 목적물이 될 수 있다. 동산·부동산은 물론이고, 채권·주식·지식재산권 등도 목적물이 될 수 있다. 동산을 일괄하여 양도담보로 제공할 수 있고, 채권을 일괄하여 양도담보로 제공할 수도 있다(이를 "집합물양도담보"라고 하는데, 이에 대하여는 후술한다). 이를 양도담보의 "담보 객체 다양화 기능"이라고 한다.

(4) 계약내용

채권을 담보할 목적으로 목적물을 양도하여 채무불이행이 있으면 그 목적물로부터 채권을 변제받기로 하는 내용의 계약이다. 다만 채권담보의 목적으로 재산권을 이전한다고 약정하였다면 채무불이행이 있는 때에는 목적물로부터 채권의 변제에 충당한다라는 내용의 약정이 없더라도 이러한 약정이 당연히 포함되어 있다고 보아야 한다.

2. 목적권리의 이전과 공시방법

(1) 목적권리의 이전

양도담보는 권리이전의 형식을 이용하여 채권담보의 목적을 달성하려는 것이므로 반드시 목적물에 대한 권리가 채권자에게 이전되어야 한다. 양도담보를 설정하면서 권리를 이전함이 없이 채무불이행이 있으면 양도한다는 계약은 양도담보가 아니라 대물변제의 예약에 지나지 않는다.

(2) 공시방법

(가) 부동산의 경우

채권자 앞으로 소유권이전등기를 하여야 한다. 이때 등기원인을 무엇이라고 기재하여야 하는지 문제된다. 부동산등기법에는 규정이 없으나 전술한 바와 같이 부동산 실권리자명의 등기에 관한 법률 제3조 제2항에 "양도담보"를 등기원인으로 기재하도록 규정하고 있다. 등기실무상 매매를 등기원인으로 기재하기도 한다.

차용금채무의 담보를 위한 양도담보계약이 체결되었으나 그에 따른 소유권이전등기가 경료되지 않은 경우, 양도담보는 그 담보계약에 따라 소유권이전등기를 경료함으로써 비로소 담보권이 발생하는 것이므로 채권자는 가담법상의 청산절차를 밟기 전에 우선 담보계약에 따른 소유권이전등기절차의 이행을 구하여 소유권이전등기를 받은 다음 같은 법에 따른 청산절차를 밟으면 되고, 따라서 채무자는 같은 법 소정의 청산절차가 없었음을 이유로 그 소유권이전등기절차이행을 거절할 수는 없다(96다31116).

(나) 동산의 경우

목적물이 동산인 때에는 인도가 있어야 한다. 동산소유권이전에 필요한 인도의 한 방법으로 점유개정(제189조)도 인정되나 점유개정에 의한 질권 설정이 인정되지 않는 것(제332조)과 같이 점유개정에 의한 양도담보 설정도 문제가 될 수 있다. 그러나 양도담보는 소유권이전의 형식을 이용하는 것이므로 동산소유권이전에 관하여 민법이 인정하는 모든 양도방법이 양도담보권의 설정에도 인정된다고 하여야 한다. 판례(2004다37430)도 같다. 즉 "금전채무를 담보하기 위하여 채무자가 그 소유의 동산을 채권자에게 양도하되 점유개정의 방법으로 인도하고 채무자가 이를 계속 점유하기로 약정한 경우 특별한 사정이 없는 한 그 동산의 소유권은 신탁적으로 이전되는 것에 불과하여, 채권자와 채무자 사이의 대내적 관계에서는 채무자가 소유권을 보유하나 대외적인 관계에서 채무자는 동산의 소유권을 이미 채권자에게 양도한 무권리자가 되는 것이어서 다시 다른 채권자와 사이에 양도담보설정계약을 체결하고 점유개정의 방법으로 인도하더라도 선의취득이 인정되지 않는 한 나중에 설정계약을 체결한 채권자로서는 양도담보권을 취득할 수 없는데, 현실의 인도가 아닌 점유개정의 방법으로는 선의취득이 인정되지 아니하므로 결국 뒤의 채권자는 적법하게 양도담보권을 취득할 수 없다." 이렇게 되면 양도저당을 가능하게 하는 것이어서 편리함도 있으나 점유개정은 공시의 기능이 전혀 없는 것이므로 설정자의 배신적인 목적물 처분행위로(물론 제2양도담보권자에게 점유개정에 의하지 않는 인도를 한 경우를 전제로 한다) 양도담보권자는 위험에 놓이게 되는 문제점이 있다.

(다) 그 밖의 경우

동산이나 부동산 이외의 재산권이 양도담보의 목적인 경우에도 당연히 그 권리의 이전에 필요한 공시방법을 갖추어야 한다. 지명채권의 경우에는 양도인의 통지나 채무자의 승낙이 그 대항요건이지만 성립요건은 아니므로 지명채권이 목적인 때에 당사자 사이에서는 양도담보계약만으로 양도담보권은 설정된다고 본다.

(라) 집합물 양도담보에 관하여

개별 동산은 가치가 적어 담보를 설정하기에 부적절한 경우가 많지만 다수의 동산을 모으면 가치가 커지기 때문에 담보로 활용할 가능성이 높아진다. 또한 양도담보의 경우에는 담보권자가 점유개정에 의하여 채무자로 하여금 담보목적물을 점유하게 함으로써 관리상의 위험과 불편을 덜 수 있고, 담보설정권자는 생산이나 영업에 사용되는 시설이나 판매 중인 상품도 담보로 제공할 수 있다. 그리하여 집합물 양도담보가 이용되기 시작하였는데, 담보에 대한 수요를 충족시키기 위하여 금융실무상 발전한 것으로 담보목적물을 확장시키는 기능을 수행하고 있다. 집합채권 양도담보도 인정된다(2002다40456).

판례는 일물일권주의의 예외로서 집합물 양도담보(특히 집합동산 양도담보)를 인정하고 있다. 판례는 후술하는 바와 같이 "분석적 구성"이 아닌 이른바 "집합물론적 구성"을 취하고 있다. 집합물론적 구성에 따르면 나중에 집합물에 반입되는 개별동산에 집합양도담보권의 효력이 미치는 시기는 반입시가 아니라 최초양도담보권 설정 시가 된다. 내용물에 증감·변동이 있더라도 집합물 그 자체가 하나의 물건인데, 하나의 물건에 대하여 그 구성부분에 따라 물권변동의 시점이 여러 개로 나뉠 수는 없기 때문이다. 이에 대하여 분석적 구성을 취하는 견해에 따르면 집합물이라는 것은 일물일권주의를 취하고 있는 우리 민법이 인정하고 있는 법 개념이 아니라고 비판하면서 애초 담보계약의 내용으로 장래 채무자가 취득하는 동산 각각에 대하여 미리 "포괄적 사전점유개정 약정"이 체결된 것으로 해석함으로써 계약 당시에 구비된 담보의 대세적 효력을 그 후 채무자가 취득한 동산에 자동적으로 미치게 할 수 있다고 주장한다. 실제로 담보설정자가 제3자로부터 물건을 인도받으면 담보권자가 바로 간접점유의 취득과 아울러 양도담보권자가 된다는 것이다. 이 견해에 따르면 집합물을 구성하는 개개의 물건에 관하여 집합물에의 반입시에 개별적으로 물권변동의 효력이 발생한다고 보게 된다.

2002다72385 판결은 일단의 증감 변동하는 동산을 하나의 물건으로 보아 이를 채권담보의 목적으로 삼는 이른바 "유동집합물에 대한 양도담보설정계약"도 유효하다는 전제 아래, "양도담보의 효력이 미치는 범위를 명시하여 제3자에게 불측의 손해를 입지 않도록 하고 권리관계를 미리 명확히 하여 집행절차가 부당히 지연되지 않도록 하기 위하여 그 목적물을 특정할 필요가 있으므로, 담보목적물은 담보설정자의 다른 물건과 구별될 수 있도록 그 종류, 소재하는 장소 또는 수량의 지정 등의 방법에 의하여 외부적·객관적으로 특정되어 있어야 하고, 목적물의 특정 여부 및 목적물의 범위는 목적물의 종류, 장소, 수량 등에 관한 계약의 전체적 내용, 계약 당사자의 의사, 목적물 자체가 가지는 유기적 결합의 정도, 목적물의 성질, 담보물 관리와 이용방법 등 여러 가지 사정을 종합하여 구체적으로 판단하여야 한다"라고 판시한 바 있다. 또한 88다카20224 판결은 "양도담보계약서 중 양도물건목록에 소재지, 보관창고명과 목적물이 양만장 내 뱀장어, 수량 약 백만 마리라고 기재되어 있을 뿐이고, 특별히 위 양만장 내의 뱀장어 중 1,000,000마리로 그 수량을 지정하여 담보의 범위를 제한한 사실이 인정되지 않는다면 위 양도담보계약서에 기재된 수량은 단순히 위 계약 당시 위 양만장 내에 보관하고 있던 뱀장어 등의 수를 개략적으로 표시한 것에 불과하고 당사자는 위 양만장 내의 뱀장어 등 어류전부를 그 목적으로 하였다고 봄이 당사자의 의사에 합치된다고 할 것이고, 성장을 계속하는 어류일지라도 특정 양만장 내의 뱀장어 등 어류 전부에 대한 양도담보계약은 그 담보목적물이 특정되었으므로 유효하게 성립하였다고 할 것이다. 집합물에 대한 양도담보권설정계약이 이루어지면 그 집합물을 구성하는 개개의 물건이 변동되거나 변형되더라도 한 개의 물건으로서 동일성을 잃지 아니하므로 양도담보권의 효력은 항상 현재의 집합물 위에 미치는 것이고, 따라서 양도담보권자가 담보권설정계약 당시 존재하는 집합물을 점유개정의 방법으로 그 점유를 취득하면 그 후 양도담보설정자가 그 집합물을 이루는 개개의 물건을 반입하였다 하더라도 그때마다 별도의 양도담보권설정계약을 맺거나 점유개정의 표시를 하여야 하는 것은 아니다"라고 판시하고 있다.

여러 개의 동산을 일괄하여 양도담보의 목적으로 하는 양도담보설정계약을 체결하면서 향후 일정 장소에 편입되는 동산에 대해서도 양도담보의 효력을 받는 것으로 약정한 경우에, 이를 특정된 동산들을 목적물로 한 양도담보로 볼 것인지, 아니면 일단의 증감 변동하는 동산을 하나의 물건으로 보아 이를 목적물로 한 이른바 유동집합동산 양도담보로 볼 것인지는 양도담보설정계약의 해석의 문제이다. 양도담보설정계약이 기계기구 또는 영업설비 등 내구연수가 장기간이고 가공 과정이나 유통 과정 중에 있지 아니한 여러 개의 동산을 목적으로 하고 있으며, 담보목적물마다 명칭, 성능, 규격, 제작자, 제작번호 등으로 특정하고 있는 경우에는, 원칙적으로 특정된 동산들을 일괄하여 양도담보의 목적물로 한 계약이라고 보아야 하므로 향후 편입되는 동산을 양도담보 목적으로 하기 위해서는 편입 시점에 제3자가 그 동산을 다른 동산과 구별할 수 있을 정도로 구체적으로 특정하여야 한다(2015다221286).

집합동산양도담보의 공시방법은 점유개정이다. 점유개정에 의한 인도는 대외적으로 권리관계를 표상하기에는 매우 불완전한 공시방법이어서 도산에 직면한 채무자가 허위의 양도담보를 만들어 내서 일반채권자에게 피해를 줄 수도 있다. 집합물을 이중으로 양도담보로 제공한 경우 동산양도담보와 마찬가지의 법리로 나중의 양도담보는 무효가 된다(2004다45943). 즉, 금전채무를 담보하기 위하여 채무자가 그 소유의 동산을 채권자에게 양도하되 점유개정의 방법으로 인도하고 채무자가 이를 계속 점유하기로 한 경우에는, 특별한 사정이 없는 한 동산의 소유권은 신탁적으로 이전됨에 불과하여 채권자와 채무자 사이의 대내적 관계에서 채무자는 의연히 소유권을 보유하나 대외적인 관계에 있어서 채무자는 동산의 소유권을 이미 채권자에게 양도한 무권리자가 되는 것이어서 채무자가 다시 다른 채권자와 사이에 양도담보설정계약을 체결하고 점유개정의 방법으로 인도를 하더라도 현실의 인도가 아닌 점유개정으로는 선의취득이 인정되지 아니하므로 나중에 설정계약을 체결한 채권자는 양도담보권을 취득할 수 없다.

양도담보가 미치는 범위도 문제된다. 돈사에서 대량으로 사육되는 돼지를 집합물에 대한 양도담보의 목적물로 삼은 경우, 그 돼지는 번식, 사망, 판매, 구입 등의 요인에 의하여 증감 변동하기 마련이므로 양도담보권자가 그 때마다 별도의 양도담보권설정계약을 맺거나 점유개정의 표시를 하지 않더라도 하나의 집합물로서 동일성을 잃지 아니한 채 양도담보권의 효력은 항상 현재의 집합물 위에 미치게 되고, 양도담보설정자로부터 위 목적물을 양수한 자가 이를 선의취득하지 못하였다면 위 양도담보권의 부담을 그대로 인수하게 된다. 또한 돈사에서 대량으로 사육되는 돼지를 집합물에 대한 양도담보의 목적물로 삼은 경우, 위 양도담보권의 효력은 양도담보설정자로부터 이를 양수한 양수인이 당초 양수한 돈사 내에 있던 돼지들 및 통상적인 양돈방식에 따라 그 돼지들을 사육·관리하면서 돼지를 출하하여 얻은 수익으로 새로 구입하거나 그 돼지와 교환한 돼지 또는 그 돼지로부터 출산시켜 얻은 새끼돼지에 한하여 미치는 것이지 양수인이 별도의 자금을 투입하여 반입한 돼지에까지는 미치지 않는다(2004다22858).

2012다19659 판결은 "양도담보권자가 점유개정의 방법으로 양도담보권설정계약 당시 존재하는 집합물의 점유를 취득하면 그 후 양도담보권설정자가 집합물을 이루는 개개의 물건을 반입하였더라도 별도의 양도담보권설정계약을 맺거나 점유개정의 표시를 하지 않더라도 양도담보권의 효력이 나중에 반입된 물건에도 미친다. 다만 양도담보권설정자가 양도담보권설정계약에서 정한 종류·수량에 포함되는 물건을 계약에서 정한 장소에 반입하였더라도 그 물건이 제3자의 소유라면 담보목적인 집합물의 구성부분이 될 수 없고 따라서 그 물건에는 양도담보권의 효력이 미치지 않는다. 민법 제261조는 첨부에 관한 민법 규정에 의하여 어떤 물건의 소유권 또는 그 물건 위의 다른 권리가 소멸한 경우 이로 인하여 손해를 받은 자는 '부당이득에 관한 규정에 의하여 보상을 청구할 수 있다'고 규정하고 있는데, 이는 법률효과만이 아니라 법률요건도 부당이득에 관한 규정이 정하는 바에 따른다는 의미이다. 한편 부당이득반환청구에서 이득이란 실질적인 이익을 의미하는데, 동산에 대하여 양도담보권을 설정하면서 양도담보권설정자가 양도담보권자에게 담보목적인 동산의 소유권을 이전하는 이유는 양도담보권자가 양도담보권을 실행할 때까지 스스로 담보물의 가치를 보존할 수 있게 함으로써 만약 채무자가 채무를 이행하지 않더라도 채권자인 양도담보권자가 양도받은 담보물을 환가하여 우선변제 받는 데에 지장이 없도록 하기 위한 것이고, 동산양도담보권은 담보물의 교환가치 취득을 목적으로 하는 것이다. 이러한 양도담보권의 성격에 비추어 보면, 양도담보권의 목적인 주된 동산에 다른 동산이 부합되어 부합된 동산에 관한 권리자가 권리를 상실하는 손해를 입은 경우 주된 동산이 담보물로서 가치가 증가된 데 따른 실질적 이익은 주된 동산에 관한 양도담보권설정자에게 귀속되는 것이므로, 이 경우 부합으로 인하여 권리를 상실하는 자는 양도담보권설정자를 상대로 민법 제261조에 따라 보상을 청구할 수 있을 뿐 양도담보권자를 상대로 보상을 청구할 수는 없다"고 판시하고 있다. 위 판결을 보면 부당이득반환청구권자는 대외적인 소유자인 양도담보권자라고 하면서 그 의무자는 양도담보권자가 아닌 양도담보권설정자라고 하여 일응 모순인 것처럼 보이나 부당이득에서 이득이란 실질적 이득을 의미하기 때문에 위 판결의 결론은 타당하다고 할 것이다.

제 3 관 양도담보권의 대내적 효력

I. 효력이 미치는 범위

1. 피담보채권의 범위

양도담보권의 피담보채권에 관해서는 저당권의 피담보채권에 관한 민법 제360조가 적용된다(가담법 제3조 제2항 참조). 따라서 원본 · 이자 · 위약금 · 채무불이행에 의한 손해배상(원본의 이행기가 경과한 1년분에 한한다) · 실행비용이 피담보채권에 포함된다. 저당권의 피담보채무의 범위에 관하여 민법 제360조가 지연배상에 대하여는 원본의 이행기일을 경과한 후의 1년분에 한하여 저당권을 행사할 수 있다고 규정하고 있는 것은 저당권자의 제3자에 대한 관계에서의 제한이며 채무자나 저당권설정자가 저당권자에 대하여 대항할 수 있는 것이 아니고, 민법 제360조가 양도담보의 경우에 준용된다고 하여도 마찬가지로 해석하여야 할 것이므로 양도담보의 채무자가 양도담보권자에 대하여 민법 제360조에 따른 피담보채권의 제한을 주장할 수는 없다(90다8855).

2. 목적물의 범위

이는 설정계약에서 정해지겠지만 부합물이나 종물에 관해서는 민법 제358조와 그에 관한 이론이 그대로 적용된다.

3. 물상대위

양도담보권은 일종의 담보로서의 성격을 가지므로 물상대위에 관한 민법 제342조가 유추적용된다. 판례도 같다. 즉, 동산에 대하여 양도담보를 설정한 경우 채무자가 채권자에게 위 동산의 소유권을 이전하는 이유는 채권자가 양도담보권을 실행할 때까지 스스로 담보물의 가치를 보존할 수 있도록 함으로써 만약 채무자가 채무를 이행하지 않더라도 채권자가 양도받았던 담보물을 환가하여 우선변제 받는 데에 지장이 없도록 하기 위한 것인바, 이와 같이 담보물의 교환가치를 취득하는 것을 목적으로 하는 양도담보권의 성격에 비추어 보면, 양도담보로 제공된 목적물이 멸실, 훼손됨에 따라 양도담보 설정자와 제3자 사이에 교환가치에 대한 배상 또는 보상 등의 법률관계가 발생되는 경우에도 그로 인하여 양도담보 설정자가 받을 금전 기타 물건에 대하여 담보적 효력이 미친다. 따라서 양도담보권자는 양도담보 목적물이 소실되어 양도담보 설정자가 보험회사에 대하여 화재보험계약에 따른 보험금청구권을 취득한 경우에도 담보물 가치의 변형물인 위 화재보험금청구권에 대하여 양도담보권에 기한 물상대위권을 행사할 수 있다(2006다

37106). 다만 제342조 후단은 적용되지 않는다고 본다(다수설). 왜냐하면 형식상으로는 목적물의 소유권이 양도담보권자에게 귀속하고 있기 때문이다. 동산 양도담보권자가 물상대위권 행사로 양도담보 설정자의 화재보험금청구권에 대하여 압류 및 추심명령을 얻어 추심권을 행사하는 경우 특별한 사정이 없는 한 제3채무자인 보험회사는 양도담보 설정 후 취득한 양도담보 설정자에 대한 별개의 채권을 가지고 상계로써 양도담보권자에게 대항할 수 없다(2012다58609).

Ⅱ. 목적물의 이용관계

1. 목적물의 점유 · 이용

목적물을 누가 점유할 것인지는 양도담보의 요소가 아니므로 당사자의 합의로 정하면 된다. 그러나 양도담보의 사회적 작용에 비추어 볼 때 목적물의 점유 · 이용은 채권자에게 맡기는 것(양도질)보다는 설정자에게 맡기는 것(양도저당)이 합목적적이다. 따라서 반대의 특약이 없는 한 설정자가 목적물을 점유 · 이용할 권한을 가지는 것으로 새겨야 한다. 판례(2001다40213)도 일반적으로 부동산을 채권담보의 목적으로 양도한 경우 특별한 사정이 없는 한 목적부동산에 대한 사용수익권은 채무자인 양도담보 설정자에게 있는 것이므로 설정자와 양도담보권자 사이에 양도담보권자가 목적물을 사용 · 수익하기로 하는 약정이 없는 이상 목적부동산을 임대할 권한은 양도담보 설정자에게 있다고 본다. 같은 이유로 양도담보권자는 사용 · 수익할 수 있는 정당한 권한이 있는 채무자나 채무자로부터 그 사용 · 수익할 수 있는 권한을 승계한 자에 대하여는 사용 · 수익을 하지 못한 것을 이유로 임료 상당의 손해배상이나 부당이득반환청구를 할 수 없다(2007다37394).

2. 이용관계의 법률적 구성

위와 같은 양도저당의 경우 목적물의 이용권을 어떻게 법률적으로 구성할 지에 관하여 채권자가 채무자에게 목적물에 대한 사용대차를 하거나 임대차를 하는 것으로 보는 견해(대차설)도 있다. 그러나 다수설(자기재산권행사설)은 이러한 구성을 너무 기교적 설명이라고 비판하면서 채권자는 양도담보권만을 취득하므로 설정자가 소유자로서 담보물을 이용하는 것이라고 본다.

Ⅲ. 양도담보권자 및 설정자의 목적물보관의무

양도담보권자와 설정자는 목적물의 처분 등으로 상대방의 권리를 소멸시켜서는 안 될 계약상의 의무를 부담하고 있으므로 한쪽 당사자가 그의 권리(양도담보권자는 담보권, 설정자는 소유권)를 잃는 것과 같은 사태가 생긴 때에는 상대방에 대하여 채무불이행에 의한 손해배상책임을 지게 된다.

1. 양도담보권자의 의무

후술하는 바와 같이 부동산양도담보나 동산양도담보에서는 양도담보권자가 목적물을 선의의 제3자에게 처분함으로써 설정자가 그의 권리를 잃게 되는 경우가 있다. 이때 설정자는 채무불이행에 의한 손해배상으로 목적물의 가치 전부의 배상을 청구할 수 있다.

2. 양도담보설정자의 의무

설정자가 목적동산을 직접점유하는 동산양도담보에서는 설정자가 그 동산을 양도담보의 부담이 없는 물건으로서(즉 양도담보 설정사실을 숨긴채) 제3자에게 처분하면 제3자는 선의취득의 법리에 의하여 양도담보권의 부담이 없는 소유권을 취득하게 되고, 양도담보권자는 그의 권리를 잃게 된다. 이때 채무불이행에 의한 손해배상액은 양도담보권자의 가치지배액인 피담보채권 상당액이다. 그리고 목적물을 훼손한 경우 손해배상청구권은 목적물의 가치가 피담보채권액 이하로 된 때에만 생기고, 배상액은 훼손 후의 목적물가액과 피담보채권액의 차액이다.

제 4 관 양도담보권의 대외적 효력

Ⅰ. 변제기 도래 전의 처분의 효력

1. 양도담보권자에 의한 처분의 효력

(1) 양도담보권자가 자기의 권리인 양도담보권을 처분할 수 있음은 당연하다. 그러나 양도담보권은 일종의 담보물권이어서 부종성에 따라 피담보채권과 분리하여 양도담보권만을 처분하지는 못한다고 하여야 한다. 즉, 양도담보권은 피담보채권과 함께 양도할 수 있을 뿐이다. 따라서 양도담보권의 양도를 위하여는 물권행위와 공시방법을 갖추어야 하고, 또한 채권양도에 관한 대항요건을 갖추어야 한다. 공시방법은 동산 양도저당의 경우 간접점유의 양도, 즉 목적물반환청구권을 양도하여야 하고, 동산 양도질의 경우 현실의 인도를 하여야 하며, 부동산의 경우 소유권이전등기를 하여야 한다.

(2) 양도담보권자가 양도담보의 목적물을 마치 자기의 소유물인 것처럼 가장하여 처분하면 어떻게 되는가. 소유권이전등기를 경료받은 부동산양도담보권자나 점유를 이전받은 동산양도담보권자는 대외적으로 소유권을 취득한 외관을 보이기 때문에 위와 같은 처분이 이루어질 수 있다. 이때 양수인이 완전한 소유권을 취득하는지, 그리고 설정자는 목적물을 도로 찾아올 수 있는지의 문제이다.

(가) 목적물이 동산인 경우 선의취득의 법리에 따라 선의의 제3자는 유효하게 소유권을 취득할 수 있다.

(나) 목적물이 부동산인 경우 선의취득이 인정되지 않으므로 제3자가 소유권을 취득할 수 있는지 문제된다. 양도담보권자는 외형상으로는 소유권을 취득하지만 그 권리의 실질은 담보권에 지나지 않는다. 그러나 대외적으로 권리이전의 형식을 취하기 때문에 양도담보권자와 거래하는 제3자를 보호해야 하는 문제가 생긴다. 가담법 제11조 본문은 "채무자등은 청산금채권을 변제받을 때까지 그 채무액(반환할 때까지의 이자와 손해금을 포함한다)을 채권자에게 지급하고, 그 채권담보의 목적으로 마친 소유권이전등기의 말소를 청구할 수 있다"라고 규정하고 있는 한편, 동조 단서는 선의의 제3자가 소유권을 취득한 경우 위와 같은 설정자의 소유권이전등기말소청구권을 제한하고 있다. 이를 다시 설명해 보면 가담법 제4조 제2항, 제3항에 의하여 양도담보권자는 비록 자기 앞으로 소유권이전등기가 되어 있다고 하더라도 소유권을 취득하지는 못하며, 청산기간이 지난 후 청산금을 설정자에게 지급해야 비로소 소유권을 취득하게 되는데, 청산금을 지급하기 전에는 설령 자기 앞으로 소유권이전등기가 되어 있는 것을 이용하여 제3자에게 처분하여 소유권이전등기를 해도 양도담보권자가 제3자에게 한 소유권이전등기는 이론상 무효이다. 그러나 이 이론을 관철한다면 거래의 안전이 문제된다. 이에 거래의 안전을 위해 선의의 제3자는 유효하게 소유권을 취득한다는 것이 위 단서 규정의 취지인 것이다. 이렇게 되면 결과적으로 등기의 공신력을 인정하는 것이 된다. 제3자의 선의는 추정된다고 보아야 하므로 채무자가 제3자의 악의를 증명하여야 한다.

양수인이 악의인 때에는 어떻게 되겠는가. 여기서 악의란 양도담보라는 사실과 청산절차를 아직 거치지 않은 사실을 모두 아는 것을 의미한다. 양도인은 소유권이 아닌 양도담보권만을 가지고 있으므로 악의의 양수인이 취득하는 권리도 양도담보권이다. 그리고 양도인과 양수인 사이의 계약은 양수인이 악의라고 하더라도 무효라고 볼 수는 없다. 따라서 설정자는 양수인을 상대로 원인무효를 이유로 직접 소유권이전등기의 말소를 청구할 수는 없고, 양수인을 양도담보권자로 보아 채권액을 제공하고 소유권이전등기의 말소를 청구할 수 있을 뿐이다.

2. 양도담보권설정자에 의한 처분의 효력

부동산의 경우에는 담보권자에게 소유권이전등기가 되어 있기 때문에 설정자가 목적물을 처분하는 것은 사실상 불가능하다. 그러나 동산의 경우에는 점유개정에 의하여 양도담보를 설정하는 것이 가능하므로 설정자가 제3자에게 목적물을 처분할 수 있다.

동산에 대하여 점유개정의 방법으로 이중으로 양도담보를 설정한 경우 원래의 양도담보권자는 뒤의 양도담보권자에 대하여 배타적으로 자기의 담보권을 주장할 수 있다(99다

65066). 왜냐하면 대외적인 관계에서 채무자는 점유개정의 방법으로 동산을 채권자에게 인도하였더라도 무권리자가 되는데(채권자가 양도담보권을 취득하기 때문이다), 채무자가 다시 다른 채권자와 사이에 양도담보 설정계약을 체결하고 점유개정의 방법으로 인도를 하더라도 선의취득이 인정되지 않는 한, 나중에 설정계약을 체결한 채권자는 양도담보권을 취득할 수 없고, 현실의 인도가 아닌 점유개정으로는 선의취득이 인정되지 아니하기 때문이다(2003다30463). 다만 제3자가 현실의 인도를 받으면 선의취득이 인정될 수 있는데, 이 경우 소유권을 양수한 경우에는 양도담보의 부담이 없는 소유권을 취득하게 되고, 양도담보권을 설정받은 경우에는 제1순위의 양도담보권을 취득하게 된다.

Ⅱ. 일반채권자와의 관계

1. 양도담보권자의 일반채권자와 양도담보설정자와의 관계

(1) 일반채권자의 압류

부동산의 경우 신탁적 양도설에 의하면 소유권은 양도담보권자에게 있으므로 양도담보권자의 일반채권자는 압류할 수 있다. 담보물권설에 의하면 양도담보권자의 일반채권자는 양도담보권자의 채권과 양도담보권을 압류하여야 할 것이므로 저당권부 채권에 대한 압류절차를 취하여야 할 것이다(통상 양도담보권자 명의로 소유권이전등기가 된 부동산에 대한 압류절차를 취하기 쉬운데, 이런 압류절차는 원칙적으로 무효라고 할 것이다).

동산의 경우 설정자가 직접점유를 하고 있는 때에는 양도담보권자의 일반채권자가 현실적으로 목적물을 압류하는 것은 생각하기 어렵다. 이 경우 양도담보권자의 일반채권자는 피담보채권과 함께 양도담보권을 압류하게 될 것이다. 양도담보권자가 설정자에 대하여 가지는 목적물반환청구권에 대한 집행절차를 취할 수도 있는지에 관하여는 견해가 나뉜다.

(2) 양도담보권자의 파산 등

양도담보권자의 파산에 의하여 설정자의 지위에 변동이 생기는 일은 없으므로 양도담보권자의 채권자가 압류한 경우와 마찬가지로 설정자는 피담보채권을 변제함으로써 목적물을 환취할 수 있다고 해석하여야 한다. 개인회생절차가 개시된 경우나 회생절차가 개시된 경우에도 마찬가지이다.

2. 양도담보설정자의 일반채권자와 양도담보권자의 관계

(1) 일반채권자의 압류

부동산의 경우에는 양도담보권자에게 소유권이전등기가 경료되므로 설정자의 일반채권자는 압류할 수 없다.

동산의 경우 통상 점유개정의 방법으로 인도하면 설정자가 목적물을 점유하게 되므로 설정자의 일반채권자가 압류하는 경우가 생긴다. 이처럼 동산 양도담보계약이 이루어지고 양도담보권자가 점유개정의 방법으로 인도를 받았다면 그 청산절차를 마치기 전이라 하더라도 담보목적물에 대한 사용수익권은 없지만 제3자에 대한 관계에 있어서는 그 물건의 소유자임을 주장하고 그 권리를 행사할 수 있다 할 것이므로 양도담보권자는 강제집행을 한 설정자의 일반채권자에 대하여 그 소유권을 주장하여 제3자이의의 소를 제기할 수 있다(93다44739). 이는 신탁적 양도설을 취하고 있는 판례에 의하면 당연한 결과이다. 집행증서를 소지한 동산양도담보권자는 양도담보권자인 지위에 기초하여 위와 같이 제3자이의의 소에 의하여 목적물건에 대한 양도담보권설정자의 일반채권자가 한 강제집행의 배제를 구할 수 있으나 그와 같은 방법에 의하지 아니하고 집행증서에 의한 담보목적물에 대한 이중 압류의 방법으로 배당절차에 참가하여 선행한 동산압류에 의하여 압류가 경합된 양도담보권설정자의 일반채권자에 우선하여 배당을 받을 수도 있다(2004다45943). 이 판결에 대하여는 자기 소유물인 담보목적물에 강제집행을 할 수 있는지 의문이고, 신탁적 양도설을 취하는 한 이와 같이 배당요구권까지 인정하는 것은 타당하지 않다는 견해도 있다. 그러나 민사집행법상 압류의 법리(압류채무자가 실제 보관자인가를 기준으로 함)에 비추어 자기 소유물에 대한 강제집행은 문제가 아니며, 양도담보권자는 본래 처분정산 내지 귀속정산을 통해 담보목적물의 가치 전부로부터 피담보채권의 만족을 우선하여 얻을 수 있고, 제3자의 강제집행을 제3자이의의 소로써 저지할 수 있는 지위에 있는데, 그러한 양도담보권자가 우선변제를 받기 위한 수단 중 하나로서 집행증서에 의한 환가를 선택한 것인 이상 비록 그 환가의 형태가 집행증서에 기한 강제집행이라고 하더라도 양도담보권자가 우선변제 받아야 함은 당연하다고 볼 것이다.

(2) 양도담보권설정자의 파산 등

설정자가 목적물을 점유하고 있는 동안에 파산하였다면 양도담보권자는 파산재단에 대하여 환취권을 행사할 수는 없다. 도산절차에서는 양도담보권을 담보권으로 취급하므로 양도담보권자는 별제권을 가진다(2000두8752). 설정자에 대하여 회생절차가 개시된 경우 양도담보권자는 회생담보권자로서 보호될 수 있다(91다42678).

Ⅲ. 제3자에 의한 침해

1. 양도담보의 목적물을 제3자가 불법점유하는 경우 양도담보권는 그 제3자에 대하여 반환청구권을 행사할 수 있다. 부동산의 양도담보권설정자도 비록 그 부동산의 등기명의가 양도담보권자 앞으로 되어 있다 할지라도 그 부동산의 불법점유자인 제3

자에 대하여는 그 실질적 소유자임을 주장하여 불법점유의 상태의 배제권을 행사할 수 있다(87다카2696). 가담법이 적용되는 경우라면 설정자는 그의 소유권에 기하여, 양도담보권자는 그의 양도담보권에 기하여 물권적 청구권을 행사할 수 있다. 가담법이 적용되지 않는 경우에는 양도담보권자가 소유권에 기하여 물권적 청구권을 행사할 수 있다. 그 밖에 목적물을 점유하고 있는 양도담보권자나 설정자는 점유보호청구권도 가지게 된다. 양도담보계약에 의하여 간접점유만을 가질 뿐인 당사자는 자기에게 직접 인도할 것을 청구하지는 못하지만 상대방(직접점유자)에게 인도할 것을 청구할 수 있다(다수설).

2. 제3자가 목적물을 멸실·훼손한 경우에는 양도담보권자와 설정자 모두 제3자에 대하여 손해배상청구권을 취득한다. 이때 양도담보권자가 청구할 수 있는 배상액은 피담보채권액을 한도로 한다. 설정자는 양도담보권자가 직접 가해자로부터 배상을 받으면 그만큼 피담보채무를 면한다.

제 5 관 우선변제를 받는 효력

Ⅰ. 총설

가담법의 적용을 받는 양도담보권은 일종의 담보권이기 때문에 당연히 우선변제효가 있다. 즉 채무자가 변제기에 채무를 이행하지 않으면 채권자는 그의 담보권을 실행하여 다른 채권자보다 우선하여 목적물로부터 자기채권의 만족을 얻을 수 있다. 우선변제권을 실행하는 방법이 문제되는바, 가담법은 가등기담보뿐만 아니라 일부 부동산양도담보에도 적용되므로 실행에 관한 제2조 내지 제11조는 원칙적으로 양도담보에도 적용된다고 하여야 한다. 따라서 가담법이 적용되는 부동산 양도담보는 가담법이 정하는 권리취득에 의한 실행을 하게 된다. 권리취득에 의한 실행 방법에 관하여는 가등기담보에서 자세히 살핀 바 있으므로 여기서는 간단히 언급하고자 한다.

Ⅱ. 양도담보권의 실행

양도담보권의 실행도 실행통지·청산·소유권취득의 3단계를 거치게 된다.

1. 실행통지

양도담보권자는 우선 가담법 제3조가 정하는 실행통지를 하여야 한다. 즉 피담보채권의 변제기가 된 후에 통지 당시의 목적물의 평가액과 피담보채권액을 채무자와 물상보증인에게 통지하여야 한다. 가담법 제3조 제1항 및 제2조 제2호에 의하면 설정자로부터 소유권을 취득한 제3자에게도 통지하여야 하나 이와 같은 제3자가 생기는 경우는 동산 양도저당의 경우 중 제3취득자가 양도담보의 부담이 있는 소유권을 취득하는 경우뿐이다.

만일 목적물의 값이 피담보채권액에 미달하는 경우에는 청산금이 없다는 뜻을 통지하여야 한다. 목적물의 값이 채권액에 미달하는 경우에 그 차액에 관해서는 무담보의 채권으로 존속한다. 통지의 방법에는 제한이 없으나 통지의 도달일이 청산기간의 기산일에 해당하기 때문에 서면으로 확실하게 하여야 한다.

2. 청산

실행통지를 한 경우에 목적물의 값이 채권액을 초과하면 양도담보권자는 다음과 같은 청산을 하여야 한다.

(1) 청산의무와 청산방법

양도담보권자는 청산기간(실행통지가 채무자에게 도달한 날부터 2개월)이 지난 후에 목적물가액(실행통지에서 표시한 평가액이 아니라 객관적 가액임)에서 채권액을 뺀 금액을 청산금으로 채무자 또는 물상보증인에게 지급하여 귀속청산을 하여야 한다. 청산방법으로 처분청산은 인정되지 않는다. 변제를 통한 소유권회복의 가능성이나 청산금의 확실한 지급면에서 귀속청산이 처분청산보다 채무자에게 유리하다. 청산기간이 지나기 전에 변제하여도 후순위권리자에게 대항하지 못한다. 위와 같은 청산의무에 관한 가담법 제4조 제1항을 위반하는 특약으로서 채무자 및 물상보증인에게 불리한 것은 무효이다. 그러나 청산기간이 지난 후에 하는 특약으로서 제3자의 권리를 침해하지 않는 경우에는 유효하다.

(2) 청산금의 액

가등기담보권의 실행에서와 같다.

(3) 청산금청구권자

채무자, 물상보증인, 양도담보권을 설정한 후에 소유권을 취득한 제3자이다. 그리고 후순위담보권자(설정자가 동산 양도담보권을 설정한 후에 제3자에게 담보권을 설정해 준 경우)도 포함된다. 선순위담보권자가 제외되는 이유에 대하여는 이미 가등기담보에서 설명하였다.

(4) 청산금의 공탁

가등기담보에서 전술한 바와 같이 채무자의 일반채권자가 청산금청구권을 압류 또는 가압류한 경우에 채권자를 보호하기 위하여 청산금의 공탁이라는 제도를 두고 있다.

3. 소유권취득

실행통지를 하고, 청산기간이 지난 후에 청산을 하면 양도담보권자는 청산기간이 끝나는 마지막 날에 목적물에 대한 소유권을 취득한다. 공시방법은 양도담보를 설정한 때에 이미 갖추고 있으므로 따로 할 필요가 없다.

(1) 목적물의 값이 채권액에 미달하여 청산금이 없는 경우에 청산기간이 끝나는 마지막 날에 목적물에 대한 소유권을 취득하고, 목적물의 인도를 청구할 수 있게 된다.

(2) 목적물의 값이 채권액을 초과하여 청산금이 있는 경우에는 청산기간이 지난 후에 청산금을 그 청구권자에게 지급하거나 청산금을 공탁한 때에 소유권을 취득한다. 이때 양도담보권자의 목적물인도청구권과 채무자등의 청산금 지급 청구권과의 사이에는 동시이행의 관계가 생기게 된다.

(3) 가담법 제4조 제2항 및 제3항을 위반하는 특약으로서 채무자등에게 불리한 것은 효력이 없다. 그러나 청산기간이 지난 후에 한 특약은 제3자의 권리를 침해하지 않는 한 유효하다.

4. 법정지상권

가등기담보에서 설명한 바와 같다.

제 6 관 양도담보권의 소멸

1. 피담보채권의 소멸

(1) 채무의 변제

채무가 변제되면 피담보채무는 소멸하고, 이에 따라 양도담보권도 소멸한다. 그런데 양도담보권을 설정할 때 대외적으로 소유권을 채권자에게 이전하는 형식을 취하였기 때문에 채무의 변제로 양도담보권이 소멸하더라도 양도담보권자의 소유권이전등기는 그대로 남아 있게 된다. 이때 채무자 또는 물상보증인에게 소유명의를 되돌릴 필요가 있는데, 그 방법으로는 채무자 또는 물상보증인이 물권적 청구권으로서 소유권이전등기의 말소를 구할 수 있고, 양도담보설정계약의 당사자로서 채권적 청구권을 행사하여 소유권이전등기의 말소를 구할 수도 있다. 채무자나 물상보증인은 언제까지 변제하여야 양도담보권을 소멸시킬 수 있는가. 가담법이 적용되는 경우 다음과 같다.

(가) 청산금이 있는 때에는 청산기간이 지난 후 청산금채권을 변제받을 때까지 그 채무

를 변제할 수 있다(제11조 본문).

(나) 청산금이 없으면 청산기간 내에 변제하면 된다.

그런데 (가)의 경우에 채무자나 물상보증인이 청산금을 지급받지 못하고 있다고 하여 언제까지나 채권액을 제공해서 소유권이전등기의 말소를 구할 수는 없는 것으로 하고 있다. 즉 ① 채무의 변제기가 지난 때부터 10년이 지난 때, ② 선의의 제3자가 소유권을 취득한 때에는 말소를 구할 수 없다(동조 단서). 위 ②의 의미에 관해서는 이미 설명하였다.

(2) 소멸시효의 완성

피담보채권이 시효로 소멸하면 양도담보권도 당연히 소멸한다.

2. 목적물의 멸실 · 훼손

양도담보의 목적물이 멸실·훼손되면 그 한도에서 양도담보권도 소멸한다. 그러나 피담보채권은 소멸하지 않고 존속한다.

제4절 소유권유보부 매매

I. 의의

1. 일반적으로 할부매매에서는 매도인의 대금채권의 담보를 위해 매수인에게 목적물을 인도하면서 인도된 목적물의 소유권은 대금이 완제될 때까지 매도인에게 남아있는 것으로 하는 것(소유권 유보 약정, Eigentumsvorbehalt)이 보통이다. 이 경우 매도인은 단순한 특약만으로 소유권을 자기에게 유보해 두었다가 매수인이 대금을 연체하면 그 유보된 소유권에 기해 매매의 목적물을 회수함으로써 대금채권을 확보할 수 있다. 이러한 담보기능은 실제로 간편하고 강력한 것이다.

2. 소유권유보부 매매도 일종의 비전형담보에 해당한다. 특히 양도담보는 원래 채무자가 채권자에게 소유권을 이전하는 반면, 소유권유보부 매매는 처음부터 채권자가 소유권을 가지고 있는 점에서 다르지만 실질적으로 담보의 기능을 하는 것은 양도담보와 유사하다. 이는 주로 동산의 할부매매와 관련하여 이용된다(할부거래에 관한 법률 제6조 제1항 제8호 참조). 2009도5064 판결에 의하면 "소유권유보부매매는 동산을 매매함에 있어 매매목적물을 인도하면서 대금완납시까지 소유권을 매도인에게 유보하기로 특약한 것을 말하며, 이러한 내용의 계약은 동산의 매도인이 매매대금을 다 수령할 때까

지 그 대금채권에 대한 담보의 효과를 취득·유지하려는 의도에서 비롯된 것이다. 따라서 부동산과 같이 등기에 의하여 소유권이 이전되는 경우에는 등기를 대금완납시까지 미룸으로써 담보의 기능을 할 수 있기 때문에 굳이 위와 같은 소유권유보부매매의 개념을 원용할 필요성이 없으며, 일단 매도인이 매수인에게 소유권이전등기를 경료하여 준 이상은 특별한 사정이 없는 한 매수인에게 소유권이 귀속되는 것이다"라고 한다.

Ⅱ. 법적 성질

학설은 나뉜다. 물권적 기대권설(매수인에게 인정되는 정지조건부 권리는 기대권으로서 물권적으로 보호되어야 한다는 견해)을 취하거나(독일 민법 제455조는 매수인은 물권적 기대권을 가진다고 규정한다) 담보물권설(매도인에게 유보된 소유권은 잔존대금을 피담보채권으로 하는 담보물권이라는 견해)을 취한다. 판례는 물권행위는 성립하지만 그 효력이 발생하기 위해서는 대금이 모두 지급되는 것을 조건으로 하는 "정지조건부 물권행위"로 파악한다. 즉 대금의 완제가 있으면 그것만으로 당연히 소유권이전의 효력이 생기는 것으로 본다(정지조건부 소유권이전설[7]). 96다14807 판결에 의하면 "동산의 매매계약을 체결하면서 소유권유보의 특약을 한 경우, 목적물의 소유권을 이전한다는 당사자 사이의 물권적 합의는 매매계약을 체결하고 목적물을 인도한 때 이미 성립하지만 대금이 모두 지급되는 것을 정지조건으로 하므로, 목적물이 매수인에게 인도되었다고 하더라도 특별한 사정이 없는 한 매도인은 대금이 모두 지급될 때까지 매수인뿐만 아니라 제3자에 대하여도 유보된 목적물의 소유권을 주장할 수 있고, 다만 대금이 모두 지급되었을 때에는 그 정지조건이 완성되어 별도의 의사표시 없이 목적물의 소유권이 매수인에게 이전된다"고 한다. 이와 같은 법리는 소유권유보의 특약을 한 매매계약이 매수인의 목적물 판매를 예정하고 있고, 그 매매계약에서 소유권유보의 특약을 제3자에 대하여 공시한 바 없고, 또한 그 매매계약이 종류물을 목적물로 하고 있다 하더라도 다를 바 없다(99다30534).

Ⅲ. 소유권유보부 매매의 법률관계

1. 대내적 효력

당사자 사이의 매매계약의 내용에 의해 규율되어야 할 것이나 일반적으로 매도인과 매수인 사이에서도 소유권은 매도인에게 있다. 다만 할부매매에 따른 특약에 의하여 목적물을 매수인이 인도받아 사용하는 데 지나지 않는다.

---

7) 물권행위 개념 긍정설은 물권행위라는 개념을 부정하면 소유권유보부 매매의 법률관계를 설명할 수 없다고 주장한다.

2. 대외적 효력

대외적으로도 소유권은 매도인에게 있다.

(1) 매수인의 처분 등

매매대금이 모두 지급되지 않은 한 매수인은 소유권을 취득하지 못한다. 이 상태에서 매수인(무권리자에 해당한다)이 목적물인 동산을 다른 사람에게 양도한 경우 양수인이 선의취득의 요건을 갖추거나 소유자인 매도인이 사후 추인을 하는 등의 특별한 사정이 없는 한 그 양도는 목적물의 소유자가 아닌 사람이 행한 처분으로서 효력이 없다(2009다93671). 위 판결은 이어 "양수인이 양도인으로부터 이 사건 기계를 인도받을 당시 양도인이 이 사건 기계를 원래의 매도인으로부터 할부로 매수하였는데 할부금 중 일부가 원래의 매도인에게 지급되지 못하고 있음을 알았다면 양수인으로서는 이 사건 기계를 양수함에 있어 원래의 양도인에게 이 사건 기계의 소유권이 양도인에게 있는지 여부를 문의하여야 할 주의의무가 있고, 이를 문의하였다면 이 사건 기계의 소유권이 원래의 양도인에게 유보되어 있음을 쉽게 알 수 있었음에도 이를 문의하지 아니하여 이 사건 기계에 대한 소유권이 양도인에게 있다고 믿은 데에 과실이 있다"라고 판시하고 있다.

매수인의 채권자가 목적물에 대하여 강제집행을 한 때에는 매도인은 대외적인 소유자로서 제3자 이의의 소(민집법 제48조)를 제기할 수 있다. 다만 2013다61190 판결은 "동산의 소유권유보부매매는 동산을 매매하여 인도하면서 대금 완납 시까지 동산의 소유권을 매도인에게 유보하기로 특약한 것을 말하며, 이러한 내용의 계약은 동산의 매도인이 매매대금을 다 수령할 때까지 대금채권에 대한 담보의 효과를 취득·유지하려는 의도에서 비롯된 것이다. 따라서 동산의 소유권유보부매매의 경우에, 매도인이 유보한 소유권은 담보권의 실질을 가지고 있으므로 담보 목적의 양도와 마찬가지로 매수인에 대한 회생절차에서 회생담보권으로 취급함이 타당하고, 매도인은 매매목적물인 동산에 대하여 환취권을 행사할 수 없다"고 한다.

매수인은 장래에 소유권을 취득할 수 있는 조건부 권리를 가지며, 따라서 이를 처분할 수 있다. 그런데 이는 매수인의 지위의 교체를 가져오는 것이므로 매도인의 동의를 필요로 한다고 본다.

이 사건 기계가 원고(매수인)의 지시에 의하여 매도인에 의하여 소외인에 납품됨으로써 원고가 소유권유보부 매매의 목적물인 이 사건 기계에 대하여 소외인의 직접점유를 통하여 간접점유를 가지는 경우에 피고가 소외인에 대한 채권의 실행으로 그 물건을 압류한 때에 원고는 소유권유보매수인 또는 정당한 권원 있는 간접점유자의 지위에서 민사집행법 제48조 제1항에서 정하는 "목적물의 인도를 막을 수 있는 권리"를 가진다고 할 것이므로 원고는 설사 이 사건 기계의 소유자가 아니라고 하더라도 점유자로서 피고를 상대로 하여 제3자이의의 소를 제기할 수 있다(2009다1894).

(2) 매도인의 처분 등

소유권유보부 매매에서는 매수인이 점유를 할 수 있도록 하기 위하여 먼저 인도를 하는 것이 계약의 기본적인 내용이고, 그에 따라 매수인은 목적물을 점유하는 것이 통례이므로 매도인이 목적물을 제3자에게 양도하는 일은 잘 일어나지 않는다. 같은 이유로 매도인의 일반채권자가 매수인이 점유하는 동산을 압류하는 일도 잘 일어나지 않는다. 매도인이 파산한 경우 매도인의 권리는 파산재단에 속한다.

3. 위험부담

목적물이 매수인에게 인도된 후에 당사자 쌍방의 책임 없는 사유로 멸실된 경우에 매수인의 할부금채무는 소멸하는지 문제된다. 우리 민법의 위험부담에 관한 채무자부담주의에 의하면 매수인의 할부금채무는 소멸한다고 보아야 할 것이다. 그러나 목적물이 이미 매수인에게 인도되었고, 대금의 완제가 있으면 매수인이 소유권을 자동적으로 취득하며 매도인에게 어떤 이행의무가 남아 있지 않다는 점에서 소유권이 매도인에게 있다고 하더라도 그 멸실에 대한 위험은 매수인이 부담하는 것으로 봄이 타당하다(독일 민법 제446조 참조). 따라서 매수인의 할부금채무는 소멸하지 않고 존속하는 것으로 해석된다(다수설).

Ⅳ. 소유권유보의 실행

매수인의 대금채무의 불이행이 있으면 매도인은 계약을 해제하고 유보된 소유권에 기하여 목적물의 반환을 청구할 수 있다. 이때 매도인은 수령한 매매대금에서 손해배상액을 공제한 금액을 매수인에게 반환하여야 한다.

사항색인

판례색인

<대법원 판례>